公司治理与收入分配公平性研究

申世永　著

中国财经出版传媒集团
中国财政经济出版社
·北 京·

图书在版编目（CIP）数据

公司治理与收入分配公平性研究 / 申世永著．
北京：中国财政经济出版社，2024.6（2024.10重印）
ISBN 978-7-5223-3217-8
Ⅰ．F279.245
中国国家版本馆CIP数据核字第2024RJ0935号

责任编辑：陆宗祥　　责任校对：徐艳丽
封面设计：卜建辰　　责任印制：张　健

公司治理与收入分配公平性研究
GONGSI ZHILI YU SHOURU FENPEI GONGPINGXING YANJIU

中国财政经济出版社 出版
URL：http：//www. cfeph. cn
E-mail：cfeph@ cfeph. cn

社址：北京市海淀区阜成路甲28号　邮政编码：100142
营销中心电话：010-88191522
天猫网店：中国财政经济出版社旗舰店
网址：https：//zgczjjcbs. tmall. com
北京虎彩文化传播有限公司印刷　各地新华书店经销
成品尺寸：170mm×240mm　16开　17.25印张　247 000字
2024年6月第1版　2024年10月北京第2次印刷
定价：42.00元
ISBN 978-7-5223-3217-8
（图书出现印装问题，本社负责调换，电话：010-88190548）
本社图书质量投诉电话：010-88190744
打击盗版举报热线：010-88191661　QQ：2242791300

序　言

PREFACE

17—19世纪的资本主义国家工作环境恶劣，工人至少工作12小时，且存在大量童工、资本要素残酷剥削劳动要素的现象比比皆是。20世纪初，德国的这一现象得到了极大改善，但是在美国这种剥削依然存在。评判资本要素与劳动要素是否能够分别获得他们的应得收入，可以从公司治理和劳资集体谈判两个维度来考量。

德国企业的核心决策机构是监事会，其重要特征是职工参与决定的制度，共分为四种类型：第一种，在拥有职工2000名以上的公司，监事会成员20名，由股东代表和职工代表组成，各占一半；第二种，在矿山和钢铁企业实行“对等加一”模式，监事会由同等人数的股东代表和职工代表，再加1名双方都能接受的“中立”人士组成；第三种，职工人数在500—2000名的公司，职工代表在监事会中占1/3的席位；第四种，人数不超500人的小公司，监事会中没有职工代表席位。

2003年，德国企业集体谈判覆盖率为68%，且这些谈判以行业集体谈判为主。劳动要素在谈判形式上拥有与资本要素平行、对峙的谈判权力。表现为：劳动要素抱团取暖，能够形成巨大的合力，人多力量大，最终劳动要素拥有与资本要素实质上的平衡、对峙权力。集体谈判劳资双方的权力结构是一种平衡、对峙的权力结构，劳动要素拥有实质性的收入分配权，劳动要素能够获得他们的应得收入。

德国工人阶级在马克思主义理论的指引下，持续不断地开展斗争，付出巨大的生命和血的代价，在公司治理环节取得了与资本要素共决的权力，拥有实质上的决策权和收入分配权；在集体谈判环节拥有与资本对等、对峙的权力，劳动要素的应得收入能够得到有效保障，资本要素剥削劳动要素现象在20世纪初得到终结。2006年，德国基尼系数是0.27。

美国企业普遍存在公司首席执行官兼任董事会主席的现象，约85%的董事会主席兼任首席执行官职务。执行董事人数占比约23%，外部董事在公司董事会中占比约77%。独立董事是外部董事中有充分“独立性”的董事，至少占60%以上。董事会中没有职工董事的身影，且不设立监事会。在公司治理环节，职工的劳动要素不拥有决策权和收入分配权。

2003年，美国企业集体谈判覆盖率为14%，且以企业内的集体谈判为主，劳动要素没有抱团取暖，不能形成巨大的合力，劳动要素不拥有与资本要素实质性的平衡、对等的权力，谈判建立在“强资本、弱劳动”的基础之上，谈判过程中劳资关系是一种“强资本、弱劳动”的权力机构，劳动要素不能足额获得他们的应得收入，存在一定的资本要素侵占劳动要素应有收入的现象。2004年，美国基尼系数是0.464。

本书借鉴德国的劳资共决制，在深入剖析公司治理与收入分配公平性关系基础上，提出“三方一圆”的收入分配制衡机制。中小股东选派董事进入董事会，大股东、中小股东与企业职工三方中，资本要素拥有61.8%的收入分配权、劳动要素拥有38.2%的收入分配权，任何两方联手起来无法侵占第三方的正当收入和利益。其政治、社会和经济价值表现如下：

第一，“三方一圆”收入分配制衡机制能够切实保障中小股东的正当收入。

上海证券交易所与深圳证券交易所于1990年相继成立至今，中国股票市场上仍然存在大股东侵占中小股东应得收入的问题。为了解决股东之间的收入侵占问题，被寄予厚望的独立董事制度被引入中国。2001年，中国证监会发布《关于在上市公司建立独立董事制度的指导意见》，要求2003年6月30日前各上市公司董事会成员中至少应包括1/3的独立董事。

但近20年来，独立董事“不独立”是制度运行中的关键问题，“人情董事”导致“花瓶董事”现象普遍存在，独立董事是大股东的朋友，他们对大股东的监督是“友情监督”，因此无法维护中小股东的利益。2023年4月，国务院办公厅发布《关于上市公司独立董事制度改革的意见》，对上市公司独立董事制度相关方面的改革进行了规定。同时配套发布了《上市公司独立董事管理办法（征求意见稿）》向社会征求意见。

笔者认为，董事会既要有大股东的席位，又要有中小股东的席位，应践行人人平等的社会主义原则，实行真正的同股同权。只有中小股东董事进入董事会，拥有席位和决策权，才能保障2亿中小股东的根本利益，早日实现共同富裕。

第二，“三方一圆”制衡机制促使民营企业快速成长壮大。

任正非的脾气很爆，但是他高风亮节，没有将其他股东以及职工的应得收入装入自己的口袋。华为给职工的待遇很高，不存在实际控制人获得超额收入的现象。正是股东之间以及劳资双方之间具有很好的凝聚力，华为才能够创造出巨大的收入和财富，近10年才能够投入1.11万亿元的资金用于研发，并掌握了核心技术。华为投入巨资用于研发是掌握核心技术的关键，企业内部很好的凝聚力才是其快速壮大的根本动力，而企业内不存在实际控制人获得超额收入是其成功的前提条件。

“三方一圆”的制衡机制，使大股东、小股东和职工三方互相约束并制衡。任何两方联手都无法损害第三方的正当利益，每一方都会打消损害其他群体正当利益的想法和行为，因而各方的收入才会进入自己的口袋。只有通过促进企业整体业绩的增长各方才能实现自身收入的增长。“三方一圆”的设计可以轻松地杜绝实际控制人获得超额收入，提高企业整体的凝聚力和竞争力，从而快速成长和壮大。

第三，“三方一圆”收入分配制衡机制能够切实保障劳动要素的应得收入。

中国劳动力供给远远大于需求，使民营企业的老板很“牛”，这样的国情非常有利于民营企业雇主。民营企业劳资关系是一种典型的强资本、弱劳动的权力关系。“有很多人想干这份工作，你不想干不要干了！”老板拥有不给工人涨工资足够的底气和理由。劳动要素应有的收入分配权缺失，其利益得不到有效保障。中国民营企业中仍然存在资本要素侵占劳动要素应有收入的现象。

“三方一圆”收入分配制衡机制，要求资本要素拥有61.8%的收入分配权，劳动要素拥有38.2%的收入分配权。他们之间没有互相侵占对方的权力，“大权”与“小权”之间呈制衡状态。股东董事无法剥夺职工董事应有的收入分配权，职工董事也无法剥夺股东董事应有的收入分配权，实现股东和职工能够分别足额获得他们应有的收入且不会被对方剥夺，切实保障劳动要素的应得收入。

第四，“三方一圆”收入分配制衡机制能够使劳资双方成为共患难的“一家人”。

劳资集体谈判存在缺陷：谈判是分配收入第一、增大收入总量第二的机制。如果谈判失败还可能引发工业行动，两败俱伤，对社会造成巨大危害。集体谈判机制下的劳资双方是一种不能共患难的“两家人”关系，不利于企业渡过难关。“三方一圆”的收入分配制衡机制是对德国劳资共决制的发展和完善，很好地解决了劳资谈判的缺陷。劳资双方每年召开12—24次经营发展讨论会，他们之间顺畅的信息沟通，能够使股东及时掌握公司存在的问题并使之及时得到解决，从而提高公司决策准确性，能够实现劳资双方“一家人”共患难、共发展。

第五，“三方一圆”收入分配制衡机制可以铲除国有企业存在的腐败问题。

中国国有企业改革稳步推进，一步一个脚印，成功探索出国有企业做大做强的路径。但是目前国有企业仍然存在以下一些美中不足的问题：职工缺乏积极性，消极怠工，管理粗放；只能上不能下，只能进不能出；存在腐败的现象；董事会与经理层关系不够顺畅；外部董事大多是“花瓶董事”；基层职工董事比例偏低；地方政府不当的行政干预。“三方一圆”收入分配制衡机制可以很好地解决国有企业存在的“公地悲剧”之顽疾。

最后，希冀“三方一圆”收入分配制衡机制能引起学界的重视，并不断得到完善和推广。

是为序。

2024年4月29日

目 录

CONTENTS

第一章

Chapter 1

导　论

一、财富观的发展历程

随着社会的不断进步，人类对财富的认识和看法也在不断发展。

《荷马史诗》认为，财富就是土地和畜群。《荷马史诗》在描绘当时英雄们富有的时候，总是描写他们拥有丰沃的田园、大量的农具和家畜。在当时的氏族贵族眼里，土地和畜群就是财富。

古希腊思想家色诺芬认为，财富就是具有使用价值的东西，但他并不认为所有具有使用价值的东西都是财富，而只有那些直接对所有者有使用价值的东西才是财富。色诺芬认为，奴隶主的经济活动目的就是得到更多具有使用价值的物品。

亚里士多德认为，真正的财富就是生活上的必需品，是对家庭和国家有用的东西，人们通过“家庭管理”取得物品以便消费。

重商主义学派认为，只有金银才是财富，金银货币是财富的唯一形态，一切经济活动的目的都是获得金银。

重农学派认为，社会财富就是从土地上生产出来的农产品，社会财富的真正源泉就是农业。

亚当·斯密认为，国民财富就是一个国家所生产的商品总量。但斯密有两种财富观：第一种，一个人贫穷与富有取决于他能享受到的人生的必需品、便利品和娱乐品，一个人所需要的物品仅有极小部分来源于自己劳动，大部分来源于他人劳动；第二种，一个人贫穷与富有，要看他能够支配多少劳动，要看他能够购买多少劳动。第一种财富观是以生产使用价值为目的，第二种财富观是以生产价值为目的。

西斯蒙第认为，财富是人类得到物质福利的手段，财富能满足人们的需要。人们用自己的劳动来创造财富是为了满足自己的愿望和需要，因此不能满足某种愿望或需要的东西就不能算作财富。

萨伊认为，财富就是具有效用的物品。他把物品满足人类需要的内在力量称为“效用”。创造具有任何有效用的物品就是创造财富，这是因为物品的效用是物品价值的基础，而物品的价值构成了财富。

马克思认为，在资本主义社会中商品是占统治地位的社会财富，货币是物质财富的一般代表，是财富的社会形式。不论财富的社会形式如何，使用价值总是构成财富的物质内容。货币是无限的，是物质财富的一般代表，因为它能直接转化成任何商品。

二、马克思的收入分配理论

（一）商品的价值和使用价值

商品是为交换而生产的且对他人或社会有用的劳动产品，是使用价值和价值的统一体。“商品具有使用价值，它以自身的属性来满足人的某种需求，每一种商品都具有其独特的本质属性和自然属性，这使商品在许多方面具备有用性。商品满足人的需求有以下两种方式：一是作为生活资料（即消费品）来直接满足人的需求；二是作为生产资料来间接满足人的需求。……商品的这种有用性使商品具有了使用价值，这种使用价值以商品本身为载体，不能离开商品而抽象存在。使用价值只有通过使用或消费商品才能得以实现，它构成了财富的物质内容，同时，也是交换价值的物质载体。”①

“交换价值是一种使用价值和另一种使用价值相交换的量的关系或比例，而这个交换比例会随着时间或地点的不同而发生改变。……不同的商品具有不同的使用价值，具有质的差别，不同商品的交换价值只有量的差别。在相交换的两种商品中，存在着一种等量的共同物质，相交换的两种商品中的任何一种商品，其交换价值都可以转化为这种‘共同的东西’。”②“就使用价值而言，商品有质的区别；就交换价值而言，商品只有量的差别。……在商品的交换关系或交换价值中表现出来的共同东西，就是价值，即商品

① ［德］卡尔·马克思：《资本论》，何小禾编译，重庆出版集团2006年版，第4页。
② 同上，第4页。

的价值。”①

“商品具有价值，是因为商品中凝结着抽象的人类劳动，它的价值量由劳动量来计量。……形成价值实体的劳动是相同的人类劳动与人类劳动力的消耗。体现在商品价值中的社会劳动力，在这里是被当作相同的人类劳动力，而这个相同的人类劳动力是由无数单个劳动力构成的。在同一社会条件下，计算商品价值的劳动量不是根据个别劳动时间，而是平均必要劳动时间或社会必要劳动时间。社会必要劳动时间是在现有的社会生产条件下，在社会平均的劳动熟练程度和劳动强度下制造某种使用价值所需要的劳动时间。……商品的价值量是由社会必要劳动量（指人们为生产商品必须使用的平均劳动量），或生产使用价值的社会必要劳动时间决定。因此，含有等量劳动或在相同时间生产出的商品，具有相等的价值量。”②

“决定商品价值量的社会必要劳动时间不是固定不变的，而是随着劳动生产力的变化而变化。劳动生产力取决于劳动者的平均熟练程度、科学技术水平的发展及其在生产工艺上的应用程度、生产过程的社会组织、生产资料的规模和效应以及自然条件等。社会生产力越高，生产一种商品所需要的劳动时间就越短，凝结在物品中的劳动量越小，该商品的价值也越小。反之，社会生产力越低，生产一种商品所需要的劳动时间越长，该商品的价值也就越大。商品的价值量与生产商品所耗费的社会必要劳动时间成正比，与生产商品的社会生产力水平成反比。”③商品的价值是人类劳动的凝结，商品的这种价值性质是通过商品与商品的交换过程中显露出来的。

商品交换，最初起源于物物交换。随着社会生产力的发展，商品大量生产出来，交换的商品增多了，范围也随之扩大，要求通过一般等价物作为交换中介完成商品的交换。一般等价物商品尚未出现时，商品交换效率很低，阻碍了商品交换的进一步发展。“随着商品交换的发展，当一种商品被其他一切商品当作等价物排挤出来充当一般等价物，而其他商品都通过

① ［德］卡尔·马克思：《资本论》，何小禾编译，重庆出版集团2006年版，第5页。

② 同上，第5—6页。

③ 同上，第6页。

这种商品统一地表现价值时，它就成为了货币商品。”[①]货币有此而产生，货币是商品交换的必然产物。

“贝壳以其坚固耐磨、光洁美丽、易于携带和具有自然单位的特点，充当了商品交换的媒介，成为原始货币之一。在货币史上，贝币的使用范围遍及世界上的许多民族和地区，流通时间也较长。”[②]之后经过漫长的发展金银充当固定货币的职能，再之后才出现纸币。

当货币产生后，交换价值便以价格的形式展现。即商品的价格就是用货币来表现的交换价值，它是商品的交换价值以货币形态的展现。

（二）劳动力及劳动

“劳动力即人的劳动能力，它存在于人的身体中，是人生产某种使用价值时所运用的体力和智力的总和。劳动力要成为商品，必须具备两个条件：第一，劳动者是自由人，作为买者和卖者，劳动者与货币所有者在法律上地位平等，劳动者有权支配自己的劳动力，并把它作为商品出卖；第二，劳动者除了自己的劳动力外一无所有，不得不把只存在于他身体之中的劳动力当作商品出卖。”[③]在封建社会末期，随着农奴制的瓦解和小商品生产者的破产，在资本原始积累过程中资本家残酷剥削广大劳动者，拥有人身自由的劳动者一无所有，丧失了生产资料和生活资料，不将自己的劳动力出卖给资本家就无法生存，劳动力因此成为商品。

“劳动力作为商品，与其他一切商品相同，都具有价值和使用价值。劳动力的价值，是由生产和再生产劳动力的社会必要劳动时间决定的。由于劳动力只是作为活的个体的能力而存在，因此，劳动力的生产和再生产要以此为前提。劳动者要生存，就必须消费一定数量的生活资料，因此，劳动力的价值可以归结为一定量的生活资料的价值，并且，它也随着这些生活资料的价值，即生产这些生活资料所需要的劳动时间量的变化而变

① ［德］卡尔·马克思：《资本论》，何小禾编译，重庆出版集团2006年版，第13页。
② 同上，第14页。
③ 同上，第32页。

化。……作为商品，劳动力是一种特殊的使用价值。其特殊性表现在，它在使用过程中，不仅能创造价值，而且能创造出比它自身价值更大的价值。资本家购买劳动力，正是看中了它的这种特殊使用价值，并通过对它的支配来生产剩余价值。劳动力的买和卖是在流通领域或商品交换领域内进行的。在流通中，劳动者和资本家分别以劳动力的卖者和买者身份发生关系。从表面上看，这种关系似乎是自由、平等的，但当买卖双方一旦离开这个流通领域或商品交换领域，这种自由、平等的假象就暴露无遗。”①

任何一种商品在出卖之前必须独立存在，而劳动在出卖前是不能独立存在的，当工人和资本家在劳动力市场上发生买卖关系时，劳动还没有开始，工人所拥有的只是劳动力，劳动是劳动力的使用，它是在工人出卖了劳动力进入生产过程以后才开始的，这时劳动已经属于资本家了。劳动是形成价值的实体，但劳动本身没有价值。商品的价值是一般人类劳动的凝结，其价值量由它所包含的劳动量决定，而劳动量是以劳动时间来衡量计算的。马克思把“劳动力”和“劳动”区分开来，劳动不是商品，工人出卖的不是劳动而是劳动力，资本主义工资不是劳动的价值或价格，而是劳动力的价值或价格，但它表现为劳动的价值或价格，资本主义工资是劳动力价值或价格的转化形式。工人与资本家的交换过程中，工人出卖的是劳动力而不是劳动。劳动力是商品，劳动不是商品，不能出卖，也没有价值。

在资本主义制度下，工人的报酬采取工资的形式，工资使劳动力价值或价格表现为劳动的价值或价格。劳动力的买卖似乎和一般商品的买卖一样，买者支付一定数量的货币，卖者提供一定数量的商品，双方进行等价交换。工资表现为劳动的价值或价格，由此模糊了必要劳动和剩余劳动的界限，使工资表现为全部劳动的报酬，工人的无酬劳动也表现为有酬劳动。

马克思指出：“资本主义社会的雇佣劳动，工人的剩余劳动或无偿劳动全部表现为有酬劳动。……而雇佣劳动中的货币关系则掩盖了雇佣工人的

---

① ［德］卡尔·马克思：《资本论》，何小禾编译，重庆出版集团2006年版，第32页。

无偿劳动。”[1]资本家购买了工人的劳动力之后，工人为资本家工作。资本家向工人支付工资，劳动一天付一天的工资，劳动一个月付一个月的工资，似乎工人出卖的是劳动，而不是劳动力，资本家付给工人的工资，好像是“劳动的价值或价格”，好像工人的全部劳动都得到了报酬。工人工资外在表现好像是为全部劳动的报酬，掩盖了资本家对雇佣工人的剥削。资本家获得财富的途径是强行占有工人的无偿劳动时间，资本家的生财之道是侵占工人的无酬劳动。

在奴隶制度下，奴隶本身被看作同工具、牲畜一样，中国商代称之为“畜民”，古罗马称奴隶为“会说话的工具”。奴隶的劳动，完全是一种公开的强制的劳动，奴隶生产的产品全部归奴隶主所有，奴隶主只用很低限度的生活资料来维持奴隶的生命。在封建社会，封建主与农奴或农民之间存在着明显的剥削与被剥削关系。劳役地租是最早的封建地租形式，封建地主把土地分成两部分：一部分是地主直接经营；另一部分是给农民耕种的“份地”。地主强迫农民在规定的时间内在地主的土地上劳动，劳动产品全部被地主占有。其余时间农民种自己的“份地”，产品归自己，维持家庭生活。封建社会中后期，农民要按地主的规定，无偿地给地主缴纳地租。在资本主义制度下，虽然资本家也象奴隶主和封建主一样，是靠占有别人的无酬劳动发财致富的，但是呈现出“自由平等”的交易，好像是全部劳动都得到了报酬。与奴隶社会、封建社会的剥削制度相比，资本主义制度是一种隐蔽的剥削制度。

（三）剩余价值理论

生产资料是一切社会生产的物质条件，并不天然就是资本，只有在资本主义经济制度下，生产资料掌握在资本家手里，用来充当剥削雇佣工人剩余价值的手段时，它才成为资本。因此，资本是体现在物上的资本家剥

---

① ［德］卡尔·马克思：《资本论》，何小禾编译，重庆出版集团2006年版，第108页。

削雇佣工人的经济关系，它是特定历史条件下的产物，资本本来是靠剥削雇佣工人而带来剩余价值的价值。

马克思根据资本在剩余价值生产过程中所起的不同作用，将其区分为不变资本和可变资本。“转变为生产资料的资本，即购买原料、辅助材料、劳动资料的那部分资本，由于在生产过程中未改变自身价值量，因此称为不变资本。反之，转变为劳动力的资本，由于在生产过程中改变了自己的价值量，再生产出超过自身价值而形成的余额，即剩余价值，这部分资本从不变量转化为可变量，因此被称为可变资本。”①

以棉花加工成布料为例来说明不变资本和可变资本。资本家投入资金购买机器、厂房、设备、棉花等生产资料的资本为不变资本，假设为2000元，这2000元的价值不会增加也不会减少，2000元的价值原封不动地转移到之后的布料、机器、厂房、设备中。

可变资本是资本家用来购买工人劳动力的那部分资本。由于在剩余价值生产过程中，工人的劳动创造了价值。资本家将工人创造的价值中的一部分来用于支付工人的工资，其余部分成为剩余价值。能使价值增值的资本是一个可变的量，因此叫可变资本。

假设资本家投入20元购买工人的劳动力，这20元是可变资本。工人的劳动创造出100元的价值，资本家只拿出100元中的20元用于支付工人的工资，剩余的80元则称为剩余价值。

“剩余价值率是剩余价值和可变资本的比率，或剩余劳动时间和必要劳动时间的比率。在资本主义条件下，它是工人受资本家剥削程度的表现。由于资本家对利润的贪欲是无止境的，因此他们会采取各种手段不断提高剩余价值率，加重对雇佣劳动者的剥削。”②上述案例中剩余价值是80元、可变资本是20元，剩余价值率是400%。资本家总是千方百计地提高剩余价值率，以攫取更多的剩余价值。随着资本主义发展、科学技术进步和劳动生

---

① ［德］卡尔·马克思：《资本论》，何小禾编译，重庆出版集团2006年版，第40页。

② 同上，第41页。

产率的提高，剩余价值率呈现不断提高的趋势。

80元的剩余价值是由三部分组成的：地租、利息和利润。“地租、利息和产业利润不过是商品的剩余价值或商品中所含无偿劳动各个部分的不同名称罢了，它们都是同样从这个泉源并且只是从这一个泉源产生的。”[①]工业资本家需要租用土地资本家或地主的土地，给土地资本家或地主支付地租。工业资本家需要向金融资本家贷款，给金融资本家支付利息。如果地租和利息分别为4元和6元，剩余价值80元减去地租4元、减去利息6元，其余部分70元表现为利润。

马克思把资本分为不变资本与可变资本，在他的理论体系中剩余价值不是全部资本的产物，而只是由可变资本产生的，只是由可变资本雇佣来的工人创造的，这样就进一步说明了剩余价值的来源，更深入地揭露了资本主义剥削的秘密。剩余价值只是可变资本的产物，为了表明资本家对工人的剥削程度，就应该将剩余价值与可变资本相比，他认为剩余价值率能准确揭示资本家残酷剥削工人的事实。

《资本论》中大量描写了工人被残酷剥削的场景：工人工作条件非常恶劣；存在大量童工；工人每天至少工作12小时；无产阶级居住条件是贫民窟；资本家的住所是宫殿；经济危机等。《资本论》准确揭示了工人被残酷剥削的事实，为无产阶级武装暴动、建立无产阶级政权提供了思想上的武器，这正是《资本论》的魅力和巨大价值所在。

（四）各尽所能、按需分配

马克思在《哥达纲领批判》中指出：“在共产主义社会高级阶段上，在迫使人们奴隶般地服从分工的情形已经消失，从而脑力劳动和体力劳动的对立也随之消失之后；在劳动已经不仅仅是谋生的手段，而且本身成了生活的第一需要之后；在随着个人的全面发展生产力也增长起来，而集体财富的一切源泉都充分涌流之后——只有在那个时候，才能完全超出资产阶

---

① 《马克思恩格斯选集》（第二卷），人民出版社1972年版，第187页。

级法权的狭隘眼界，社会才能在自己的旗帜上写上：各尽所能，按需分配！”[①]马克思在其著作中大量描绘了“各尽所能、按需分配”。笔者将“各尽所能、按需分配”概括为以下四项内涵：第一，在共产主义社会，劳动成为生活第一需要，人们的精神境界极高，没有人会偷懒，人们积极、主动劳动，自觉遵守劳动纪律。第二，物质财富极大丰富，但是人们不会多吃多占，只会从社会中取回自己需要的生活资料。第三，劳动生产率很高，人们的工时很短，闲暇时间很长。第四，不同劳动差别将消失，每个人均能得到全面而自由的发展。[②]

社会主义是共产主义的初级阶段，人们清晰认识到社会主义时期“各尽所能、按需分配”还是一种很理想的目标。

（五）按劳分配

《哥达纲领批判》如此论述按劳分配：“他所给予社会的，就是他个人的劳动量。例如，社会劳动日是所有的个人劳动小时构成的，每一个生产者的个人劳动时间就是社会劳动日中他所提供的部分，就是他在社会劳动日里的一分。他从社会方面领得一张证书，证明他提供了多少劳动，而他凭着这张证书从社会储存中领得和他所提供的劳动量相当的一分消费资料。他以一种形式给予社会的劳动量，又以另一种形式全部取回。……生产者的权利是和他们提供的劳动成比例的；平等就在于以同一的尺度——劳动——来计量。但是，一个人在体力或智力上胜过另一个人，因此在同一时间内提供较多的劳动，或者能够劳动较长的时间；而劳动，为了要使它能够成为一种尺度，就必须按照它的时间或强度来确定，不然它就不成其

① 《马克思恩格斯选集》（第三卷），人民出版社1972年版，第12页。

② 1863年5月23日在莱比锡成立了全德工人联合会，1869年8月建立了德国社会民主工党。1875年，两个工人阶级政党经过谈判合并，拟定的纲领为《德国工人党纲领》。马克思于1875年4—5月抱病写下《德国工人党纲领批注》，全面深刻地进行了批判，同时对无产阶级实现社会主义的路径，未来新社会的发展阶段、国家制度等都作了系统阐释，捍卫和发展了社会主义理论。1891年《德国工人党纲领批注》发表在德国党内的理论刊物《新时代》上，后来称为《哥达纲领批判》。

为尺度了。”[①]

马克思按劳分配理论中的“证书”有着以下三项功能：①社会能准确记录劳动者的劳动量；②是劳动者从社会中取回生活资料的凭证；③充当货币的功能。

三、中国的收入分配理论演变

1978年，邓小平同志发展了马克思的按劳分配理论，他提出：“我们一定要坚持按劳分配的社会主义原则。按劳分配就是按劳动的数量和质量进行分配。根据这个原则，评定职工工资级别时，主要是看他的劳动好坏、技术高低、贡献大小。”[②]即根据劳动的时间、技术含量、贡献大小等确定劳动量，不是仅根据时间量来确定劳动量。

1987年，中共十三大首次提出社会主义初级阶段理论，强调要实行以按劳分配为主体的多种分配方式，除了按劳分配和个体劳动所得以外，凭债权取得利息、股份分红、风险补偿等合法收入也是应当允许的。

1992年，中共十四大提出经济体制改革的目标是建立社会主义市场经济体制，分配制度是以按劳分配为主体其他分配方式为补充，兼顾效率与公平。

1993年，中共十四届三中全会继续坚持以按劳分配为主体、多种分配方式并存的制度，实行多劳多得。允许个人资本参与收入分配，鼓励一部分人通过诚实劳动和合法经营先富起来，提倡先富带动和帮助后富，逐步实现共同富裕。

1997年，中共十五大指出：“坚持按劳分配为主体、多种分配方式并存的制度，把按劳分配和按生产要素分配结合起来；允许和鼓励资本、技术等生产要素参与收益分配；取缔非法收入，整顿不合理收入，调节过高收入，完善个人所得税制，使收入差距趋向合理，防止两极分化。”

① 《马克思恩格斯选集》（第三卷），人民出版社1972年版，第11页。

② 《邓小平文选》（第二卷），人民出版社1994年版，第101页。

2002年，中共十六大明确提出：“确立劳动、资本、技术和管理等生产要素按贡献参与分配的原则。”中共十六大把社会主义初级阶段的各种分配方式概括为各种生产要素按贡献参与分配，首次确立了按贡献参与分配的理论，这是对马克思主义理论的一个重大发展，具有重大的理论和政策意义。鼓励一部分人通过诚实劳动、合法经营先富起来；利用再次分配，加强政府对收入分配的调节职能，调节差距过大的收入，规范分配秩序。

2007年，中共十七大指出：“要坚持和完善按劳分配为主体、多种分配方式并存的分配制度，健全劳动、资本、技术、管理等生产要素按贡献参与分配的制度，初次分配和再分配要处理好效率和公平的关系，再分配更加注重公平。”中共十七大还首次提出创造条件让更多群众拥有财产性收入。财产性收入是指家庭拥有的动产（如银行存款有价证券等）、不动产（如房屋、土地等）等收入，包括出让财产使用权所获得的利息、租金、专利收入和财产运营所获得的红利收入、增值收益等。

2012年，中共十八大报告指出：“完善劳动、资本、技术、管理等要素按贡献参与分配的初次分配机制；初次分配和再分配都要兼顾效率和公平，再分配更加注重公平；加快健全以税收、社会保障、转移支付为主要手段的再分配调节机制。”

2013年，中共十八届三中全会指出：“健全资本、知识、技术管理等要素市场决定的报酬机制。”

2015年，中共十八届五中全会指出：“优化劳动力、资本、土地、技术、管理等要素配置，完善市场评价要素贡献并按贡献分配的机制。”继续坚持生产要素按贡献参与分配的理论，并把土地纳入要素范畴。

2017年，中共十九大强调：“要坚持按劳分配原则、完善按要素分配的体制机制，促进收入分配更合理、更有序；鼓励勤劳守法致富，扩大中等收入群体，增加低收入者收入，调节过高收入，取缔非法收入；履行好政府再分配调节职能，加快推进基本公共服务均等化，缩小收入分配差距。”

2019年，中共十九届四中全会提出：“健全劳动、资本、土地、知识、技术、管理、数据等生产要素由市场评价贡献、按贡献决定报酬的机制。”

在要素范畴里增加了“知识”和“数据”两个要素。

四、资本要素和劳动要素是最核心的要素

“货币在资本主义周转中的‘增值’，是人所共知的事实。正是这种‘增值’使货币变成资本，即变成一种特定的、历史上一定的社会生产关系。”[①]这是列宁对马克思、恩格斯俩位革命导师理论体系中“资本”的定义。

托马斯·皮凯蒂在《21世纪资本论》认为，国内资本可分为三种类别：农地、住宅（包括住宅所附着土地的价值）以及其他国内资本（包括企业和政府组织的资本，如用于商业的建筑物及所在的土地、基础设施、机器、计算机、专利权等）。即资本是土地、房产、工业资产、金融资产和其他资产的综合。

目前中国的土地所有权归属国家和村集体所有，私人不拥有土地所有权。本书中的国有资本是所有权归属于国家的土地、房产、工业资产、金融资产、其他资产的综合；私人资本是归属于私人的土地使用权、房产、工业资产、金融资产、其他资产的综合。信息已经具备了资本的属性，但本书中资本暂不包括信息。

劳动、资本、土地、知识、技术、管理、数据等要素均参与企业收入、财富的创造，每一要素均有功劳和贡献，每一要素均应得到应有的收入。每一要素参与收入的分配，每一要素都希望自身多得一些收入，每一要素之间均存在摩擦与纠纷。毛泽东同志在《矛盾论》中有经典论断：“任何过程如果有多数矛盾存在的话，其中必定有一种是主要的，起着领导的、决定的作用，其他则处于次要和服从的地位。因此，研究任何过程，如果是存在着两个以上矛盾的复杂过程的话，就要用全力找出它的主要矛盾。捉住了这个主要矛盾，一切问题就迎刃而解了。”[②]所有参与收入分配的要素

① 《马克思恩格斯选集》（第一卷），人民出版社1972年版，第16页。
② 《毛泽东选集》（第一卷），人民出版社1991年版，第322页。

中，劳动和资本是最核心的两个要素。把劳动和资本分配收入的矛盾解决好，则其他要素分配收入的问题便迎刃而解。

有的企业机器要素功劳大，如纺织行业；有的企业人力资源要素功劳大，如软件行业；银行业资金要素功劳大；科创型企业，知识要素功劳大。企业千差万别，每一个企业有它自身的特点。只有该企业劳资双方才清楚该企业的实际情况，并没有办法能够准确定量企业创造的财富中归属资方和劳方的恰当分配比例，因此只能由劳资双方共同决定，这就要求通过法律制度赋予双方恰当比例的收入分配权。

2019年，中共十九届四中全会提出：健全劳动、资本、土地、知识、技术、管理、数据等生产要素由市场评价贡献、按贡献决定报酬的机制。劳动和资本要素能否均获得应得收入，是否存在互相侵占应得收入的现象，无非由两个环节的状况所决定：公司治理环节的状况和劳资谈判状况。本书将在后面的章节，从公司治理和劳资谈判两个维度，探究资本与劳动要素合适、和谐的收入分配权比例的机制。

第二章

Chapter 2

公司治理

第一节　不同的公司治理模式

目前世界上公司治理主要有三种模式：①一元制（单层制）董事会，只有董事会，没有监事会，如美国的单层制；②二元制（双层制）董事会，既有董事会，又有监事会，如德国的双层制；③家族式治理模式，家族人员控制董事会，家族成员是公司治理系统中的核心决定力量。董事会、监事会是公司治理的核心，不同的模式决策机制存在很大的差异，股东之间以及劳资之间的互相约束与监督的机制差异也很大。当然，差异很大的机制也决定实际运行的结果大相径庭。二元制董事会模式，监事会对董事会的运作起着监督作用，董事会决策准确性较高。

一、董事会

（一）董事会的起源

企业制度是企业内在运行规律的外在形式，经历了业主制企业（又称单人业主制企业或独资业主制企业）、合伙制企业和公司制企业（简称公司）三种形式。

业主制企业是最早出现的企业制度。这种企业是由业主个人投资兴办，由业主自己经营，也可以委托或雇佣他人经营，业主对债务需要承担无限连带责任。这类企业的规模较小，只有少数企业能使资本扩张。为了解决规模小的问题，由两人或两人以上合资，共同创办的合伙制企业就诞生了。合伙制企业是共同投资、合伙经营、共享利润、共担风险、共负责任，其投资规模和经营规模一般比业主制企业大。之后在19世纪初期，人们逐渐探寻到一种新的企业制度形式——以资本为核心的股份有限公司制度，开始在英美等国家发展起来。由于其规模大的优势，股份有限公司的制度形式在出现后得到了广泛的发展，并迅速成为最普遍的企业形式，它与有限责任公司一起构成公司制度的主要形式。

与业主制企业与合伙制企业相比，公司制企业具有以下几个明显的特点：公司是一个独立于出资人的法律虚拟体，公司的生命在理论上可以永续；股份可以自由转让；出资人承担有限责任。到20世纪初企业制度发生了一个深刻变化，公司规模进一步增大，股份高度分散，股东越来越多，受股东管理能力、管理经验与时间、精力等种种客观条件的限制，不可能由所有的股东共同参与公司的日常经营管理，企业的经营管理只能由专业经营人员（经理层）来负责，这就使企业所有权与经营权产生了分离。

企业所有权归全体股东所有，经理层的经营权由股东的所有权授予。由于股东人数众多，为了降低管理成本，只能每年举行为数不多的几次股东大会，而无法对企业的日常经营做出决策，因此公司需要一个常设机构来执行股东大会的决议，并在股东大会休会期间代表股东对公司的重要经营做出决策，这个机构就是董事会。董事会是企业制度发展到一定阶段的必然产物。

（二）董事的类别

董事按照其与公司的关系可分为执行董事和非执行董事（独立非执行董事是它的一种特殊形式）。执行董事执行公司业务并从事内部经营管理，是公司的内部人士，又被称为“内部董事”。他们知晓公司经营状况、业务发展趋势和行业背景，能够为董事会提供重要的决策信息，但也有可能为了自身利益而忽视公司长远整体的利益。非执行董事一般由其他公司执行董事或前董事担任，具有丰富的专业知识并能相对独立地判断。独立非执行董事简称“独立董事”，各国的解释不尽相同，但共同点是独立董事要具有独立的地位、独立的态度和判断。非执行董事和独立董事统称为“外部董事”。

中国《公司法》规定以下情形不得担任公司董事：无民事行为能力和

限制民事行为能力；经济犯罪执行期满未逾5年，或剥夺政治权利执行期满未逾5年；担任董事、经理或厂长的企业破产清算并负有个人责任的，破产清算完结之日起未逾3年的；担任因违法经营被吊销营业执照的公司、企业法定代表人，并负有个人责任的，该公司或企业被处罚之日起未逾3年的；个人所负数额较大债务到期未偿还的。

二、公司治理理论

公司治理的相关理论有委托代理理论、股东利益至上理论和利益相关者理论。

（一）委托代理理论

从委托代理的角度看，股东与董事的关系，股东是委托人，董事是代理人；董事与经理的关系，董事是委托人，经理是代理人。股东与经理之间是双层的委托代理关系。股东（委托人）关心的是自己财产的安全、保值和增值情况。董事、经理（代理人）却主要关注自己的利益目标，如果没有有效的约束和监督机制，他们很难站在股东的立场追求股东收入的增大。当董事、经理自身的利益与股东的利益发生冲突的时候，他们可能会牺牲股东的利益来追求自己利益的最大化，因此会出现决策不当、滥用权力乃至中饱私囊等行为，必然损害股东的利益，这种损失就是“代理成本”。“代理成本”是世界各国普遍存在的现象，如何降低“代理成本”并促进公司利润的增大，是各国法律需要解决的难题。

（二）股东利益至上理论

古典的资本雇佣劳动理论认为，资本家出资购买设备、原材料，雇用工人从事生产经营活动的目的就是实现资本增值，资本的投入者就是企业的所有者，企业是股东的企业，企业经营以股东的利益最大化为目标，这就是股东利益至上理论。股东将资金注入企业，资金转化为企业的厂房、设备等，这些资产的损失以及企业经营的风险由提供资金的股东承担，所以资金投入者被赋予经营控制权和收益分配权，并承担风险。企业经营涉及股东、雇员、债权人三个利益主体，后两者都是通过契约来获取相关收益，而只有股东承担剩余风险，因而股东拥有最终控制权。

股东利益至上理论有一定的合理性，但是随着生产力的发展，企业之间相互参股现象的增加、知识要素对企业经营日益重要，企业仅仅是资本所有者的企业以及股东拥有最终控制权的理论存在着一些缺陷，主要表现在以下几个方面。

第一，股东利益至上理论认为，企业职工获得事先约定的工资，企业如果经营失败职工可以随时到其他企业就业，职工不承担剩余风险。然而现代经济中，职工的劳动技能已从过去的普适性逐渐转变为较强的专属性，他们的存在与企业息息相关，雇员的劳动要素是企业价值增加的重要源泉，企业职工同股东一样承担着企业经营的风险，股东利益至上理论没有正视职工承担着企业经营的风险。

第二，企业价值的增加不仅仅来源于股东投入的资本一个要素，企业的商誉、专利技术、组织的运营效率等也是决定企业价值增加的重要要素。无形资产越来越发挥重要的作用，知识要素的重要性与日俱增。

第三，企业不仅是股东的企业，而且是“社会的企业”。企业的存在与否关乎社会其他群体的利益，社会群体受到企业经营状况的直接和间接影响，承担企业经营风险的不仅是股东，还涉及更为广阔的社会群体。

（三）利益相关者理论

1963年，斯坦福大学一个研究小组的内部文稿最早提出利益相关者理论，认为企业不仅要对股东负责，而且要对与企业有经济利益关系的相关者负责。企业是相互依存在社会体系中的，任一企业不能脱离其他个人、团体而存在，企业应该对这些主体负有社会责任。企业不能只追求股东权益最大化，而应该同时关注社会中其他参与人，如职工、经营者、债权人、供应商、用户以及所在社区等的利益。企业股东利益最大化不等于社会财富的最大化，各利益相关者的利益最大化才是企业应当追求的目标。

企业利益相关者与企业关系非常密切，企业职工非常关心企业的发展，企业的倒闭意味着职工的失业，并不是只有股东承担经营风险，职工、债权人、供应商、消费者都直接、间接承担着企业经营的风险，企业各利益相关者都应成为企业的所有者。股东并不是企业唯一的所有者，他们只能拥有企业的部分。传统理论没有正视企业的社会责任，把企业所有者的一切权利和责任都赋予股东。公司治理不能仅仅协调股东与经理之间的关系，董事会除了股东董事之外还应有其他利益相关者的代表。

在20世纪80年代，美国兴起一股公司恶意收购浪潮，恶意收购者高价购买被收购公司的股票，然后重组被收购公司高管人员，大幅度改变公司经营方向，并解雇大量基层工人，被收购公司的股东大多获得巨额收益。这种短期行为不利于企业的长期发展，引发了人们对股东利益至上理论的质疑，利益相关者理论受到关注，它将社会公平和企业经济效率结合起来，并对西方国家公司治理的发展、相关法律制度产生了较大影响。

但是利益相关者理论也绝非完美无缺，存在以下缺陷：

第一，利益相关者理论追求相关利益主体的多目标，股东利益至上理论追求单一目标，多目标导致公司无目标。当要求管理层同时追求企业利润、股票价格、职工工资、社会福利以及其他群体的要求时，管理层会无所适从。

第二，企业所有的利益相关者参与的公司治理成本很高，决策效率低。消费者、上下游兄弟企业、银行等利益相关者参与企业治理，必然导致大量的协商和讨论，会影响公司决策的效率，贻误商机。

第三，要求企业管理层对所有的利益相关者负责，意味着他们对谁都无法责任。利益相关者理论追求的多目标其实是国家所有法律制度追求的众多目标，要求企业管理层实现国家所有法律制度追求的众多目标，是将两个不同的问题相混淆，公司治理环节不能解决社会中存在的所有问题。

利益相关者理论所追求的“平衡利益相关者的利益”的目标是一种美好的想象。仅靠公司治理一个环节，根本无法实现政府所追求的和谐社会的众多目标。该理论没有告诉人们如何去实际操作，缺乏可操作性是其致命缺陷。

三、董事会模式

董事会模式可分为单层制董事会治理、双层制董事会治理和家族式治理三种模式。

（一）单层制董事会治理模式

董事会由执行董事和独立董事组成，不设立监事会，由股东大会选举决定董事会，也称为盎格鲁撒克逊治理模式。美国、英国、加拿大、澳大利亚一般都采用这种模式，以美国最为典型。

例如，2008年，美国董事会规模一般为13人，执行董事是公司经营管理的核心成员，普遍存在公司首席执行官兼任董事会主席的现象，85%的董事会主席兼任首席执行官职务。执行董事人数一般为3人，占比23%。外部董事在公司董事会中占多数，人数为10人，占比77%。独立董事是外部董事中，有充分“独立性”的董事，至少占60%以上。董事会中没有中小股东董事的身影，且不设立监事会。美国独立董事中，一半以上是其他公司的首席执行官等企业人士，然后是中介机构的专业人士，最后才是1—2名大学教授。[①]

董事会下设一些次级委员会，以完成各项职能任务。美国大多数州的公司法都对次级委员会的设置进行了规定，且详细划分了董事会对次级委员会的授权范围。次级委员会的设置依公司的规模、性质而有所差异，在大部分英美公司中，多数公司都设置了执行委员会、审计委员会、提名委员会、报酬委员会、公共政策委员会等。次级委员会可视为“各项工作小组”。执行委员会居于核心地位，在董事会休会期间代表董事会行使权力；

① 仲继银：《董事会与公司治理》，中国发展出版社2014年版，第54—58+484页。

审计委员会主要职责是监督、审计公司的财务报告；报酬委员会主要职责是对高管人员的报酬提出建议；提名委员会主要职责是向董事会提出董事人选；公共政策委员会主要职责是游说政府部门，争取政府的支持等。

（二）双层制董事会治理模式

一个地位较高的董事会监管另一个执行董事会，也称为欧洲大陆模式，德国、挪威、奥地利、荷兰和部分法国公司等采用该模式。以德国、挪威最为典型，监事会由股东代表和员工代表选举产生，股东代表由股东大会选举产生，员工代表由员工选举产生，而执行董事会则由全部执行董事组成。

1.德国

1884年，德国《公司法》规定：股份有限公司的董事会负责领导公司的运营；监事会负责基本方针决策和重要人事的任免。①德国公司的监事会是决策核心机构。

监事会由股东代表、员工代表组成，董事会（执行董事会）主要由高管人员组成。监事会是核心机构，它拥有对董事会成员、公司经理和其他高级管理人员的聘任权与解雇权等权力。监事会的主要权责：一是任命和解聘执行董事，监督执行董事是否按公司章程经营；二是对公司的重要经营事项作出决策；三是审核公司的账簿，核对公司资产，并在必要时召集股东大会。

德国监事会有别于其他国家的重要特征是职工参与决定制度，共分为四种类型。

第一种，在拥有职工2000名以上的公司，监事会成员20名，由股东代表和职工代表组成，各占一半。

第二种，在矿山和钢铁企业实行“对等加一”模式，监事会由同等人

① ［德］维尔纳·阿贝尔斯豪塞：《德国战后经济史》，中国社会科学出版社2018年版，第15页。

数的股东代表和职工代表，再加1名双方都能接受的“中立”人士组成。

第三种，职工人数在500—2000名的公司，职工代表在监事会中占1/3的席位。

第四种，人数不超500人的小公司，监事会中没有职工代表席位。①

监事享受的报酬由公司章程或股东大会确定。对职工监事以“会议费”的形式支付其报酬，但是职工监事工作时间内参加的会议费必须计入其薪金之中。②

2. 挪威

挪威国有股份有限公司治理被称为“海德鲁模式”。股东大会每年定期召开一次，股东和他们的代理人出席股东大会，股东大会行使确定公司会议（相当于德国的监事会）成员选举和报酬等权利。两年一届的公司会议由21人组成，其中14人在股东代表和外部专家中产生，7人从公司雇员和工会中选举产生，雇员代表占据公司会议1/3的席位。公司会议行使选举董事会以及确定董事薪酬等权利。董事会由9人组成，其中6人是公司会议选举的非官员的管理专家，3名董事从公司雇员和工会中选举产生，雇员代表占据董事会1/3的席位，董事会行使首席执行官的任命等权利。③

挪威《股份公司法》规定在拥有30名以上雇员的公司中，雇员享有选举占公司决策机构董事会1/3职工代表的法定权利。④挪威雇员在核心决策机构中——公司会议和董事会中占据1/3的席位，拥有1/3的决定权。

（三）家族式治理模式

在东南亚国家及中国的台湾和香港等地区，许多公司是由家族控制的，

① 仲继银：《董事会与公司治理》，中国发展出版社2014年版，第374—375页。

② ［德］马库·路德、［德］格尔·克里格尔、［德］德克·菲尔泽：《监事会的权利与义务》，人民出版社2019年版，第322页。

③ 李兆熙：《挪威国有控股公司和股份公司的治理——对挪威国家石油公司和海德鲁公司的研究》，《经济管理》2001年第6期。

④ 张慧君：《北欧福利国家向何处去：挪威经验及启示》，《科学社会主义》2011年第4期。

表现为家族人员控制董事会，家族成员是公司治理系统中的核心决定力量。在这种治理模式下，实际控制家族的意志能得到直接体现，是一种大股东决定直接主导型模式，具有决策和执行效率高的特点。其缺点主要有两项：第一，家族无法提供大量资金以满足企业的发展要求。家族成员为了保持他们的控制权不乐意发行股票，企业所需大量资金主要来自借贷，从而使企业经营面临债务市场的风险。第二，董事会决策存在明显的“一言堂”现象，不能博采众长，决策准确性不高。

四、中国上市公司治理模式

自从上海证券交易所与深圳证券交易所于1990年相继成立并开始大量发行股票以来，股票市场迅速发展壮大，为国民经济的发展做出了巨大贡献。但是30余年来一直存在严重的大股东侵占小股东应得收入的问题。大股东以及经理人员（大股东的代理人）控制董事会和公司的经营管理，导致公司治理结构严重失衡，损害中小股东利益的现象屡屡发生。上市公司完全受大股东的掌控，直接导致管理层行为短期化、不公正的关联交易，甚至成为控股股东、实际控制人的“提款机”。在这种情背景下，独立董事的引入被寄予厚望，希望阻断大股东的掏空行为和实际控制人超额收入现象。

中国上市公司治理的表象是德国的模式，即同时存在董事会和监事会，但是由于监事会拥有的权力属于提议、建议等非核心的事项，监事会的实际运行效果不佳，核心决策机构是董事会。中国董事会的运行机制借鉴了美国的独立董事制度，而没有借鉴德国的劳资共决制，本质上是美国的机制。

（一）中国引入独立董事制度的历程

中国股份公司引入独立董事制度，首先是从赴境外上市的公司中开始的。由于纽约证券交易所、香港联交所等境外证券交易市场要求上市公司必须建立独立董事制度，因此为满足境外证券交易所的上市要求，境外上市公司由此聘请了独立董事。1993年青岛啤酒发行H股，按照香港联交所的有关规定设立了两名独立董事，青岛啤酒成为国内第一家引进独立董事的H股公司。

中国证监会1997年12月16日发布的《上市公司章程指引》中首次提出“公司根据需要，可以设立独立董事”。但是该条款是选择性条款，并不要求上市公司必须执行。

国家经贸委、中国证监会于1999年3月29日联合发布的《关于进一步促进境外上市公司规范化运作和深化改革的意见》中，对境外上市公司建立健全独立董事制度提出了要求：公司应有两名以上的独立董事；独立董事所发表的意见应在董事会决议中列明；公司的关联交易必须由独立董事签字后方能生效；两名以上的独立董事可提议召开临时股东大会；独立董事可直接向股东大会、中国证监会和其他有关部门报告情况。

上海证券交易所在2000年11月制定的《上海证券交易所上市公司治理指引》，就上市公司建立独立董事制度作了较为详细的规定：公司应该至少有两名独立董事，且独立董事应占董事总人数的20%；当公司董事长由控股公司的股东的法定代表人兼任时，独立董事占董事总人数的比例应达到30%；当公司决策面临内部人控制和同控股股东等之间存在利益冲突时，独立董事可征求外部独立顾问的咨询意见，公司应为此提供条件；独立董事应保证投入足够多的时间履行其职能，并应获得与其承担的义务和责任对应的报酬；独立董事在就职前应就其是否有足够的时间和精力履行职责向董事会做出声明。

2001年，中国证监会发布《关于在上市公司建立独立董事制度的指导意见》，要求2003年6月30日前各上市公司董事会成员中至少应包括1/3的独立董事。

（二）中国独立董事任职条件

《关于在上市公司建立独立董事制度的指导意见》（以下简称《指导意

见》)，对中国独立董事的任职资格、选举的程序、享有的权利和应尽的义务等事项做出了明确规定。《指导意见》要求，上市公司独立董事不在公司担任除董事外的其他职务，并与其所受聘的上市公司及其主要股东不存在可能妨碍其进行独立客观判断的关系的董事。《指导意见》明确指出以下人员不得担任独立董事：在上市公司或者其附属企业任职的人员及其直系亲属、主要社会关系（直系亲属是指配偶、父母、子女等；主要社会关系是指兄弟姐妹、岳父母、儿媳女婿、兄弟姐妹的配偶、配偶的兄弟姐妹等）；直接或间接持有上市公司已发行股份1%以上或者是上市公司前十名股东中的自然人股东及其直系亲属；在直接或间接持有上市公司已发行股份5%以上的股东单位或者在上市公司前五名股东单位任职的人员及其直系亲属；最近一年内曾经具有前三项所列举情形的人员；为上市公司或者其附属企业提供财务、法律、咨询等服务的人员；公司章程规定的其他人员；中国证监会认定的其他人员。

（三）董事的产生

中国《公司法》第一百零三条规定：股东大会行使选举和更换董事、决定有关董事的报酬事项等11项职权。《公司法》第七十九条：股份有限公司的公司章程应当载明董事会的组成、职权、任期和议事规则等13项事项。《公司法》没有详细规定公司董事的组成程序。中国证监会发布的《中国上市章程指引》（2016年修订）第九十六条：公司章程应规定规范、透明的董事选聘程序。

中国的法律、法规将董事的组成、提名等权力授权、下放给公司章程。公司章程最初由发起人起草并决定，股票发行后，发起人变成上市公司的控股股东、大股东，公司章程实际由控股股东、大股东操控。中小股东参加股东大会，每一股份的参会成本太高，这是中小股东的困境，注定只有极小一部分中小股东参加股东大会，股东大会实际由控股股东、大股东操控。从公司章程到股东大会的最终决定，所有环节均受控股股东、大股东操控，董事实质上是控股股东、大股东的董事。

《关于在上市公司建立独立董事制度的指导意见》规定：上市公司已发行股份1%以上的股东可以提名独立董事候选人。上海证券交易所资本市场研究所发现，在实际执行中，大部分独立董事候选人均由控股股东提名，持股1%以上的中小股东提名独立董事的情况很少见。[①]中小股东拥有独立董事的提名权，提名权不等于决定权，决定权被控股股东、大股东掌控，中小股东提名也是白提名，所以很少有中小股东提名独立董事候选人。独立董事的产生同样受控股股东、大股东操控。

（四）董事会职权

董事会对股东会负责，行使下列职权：召集股东会会议，并向股东会报告工作；执行股东会的决议；决定公司的经营计划和投资方案；制订公司的年度财务预算方案、决算方案；制订公司的利润分配方案和弥补亏损方案；制订公司增加或者减少注册资本以及发行公司债券的方案；制订公司合并、分立、解散或者变更公司形式的方案；决定公司内部管理机构的设置；决定聘任或者解聘公司经理及其报酬事项，并根据经理的提名决定聘任或者解聘公司副经理、财务负责人及其报酬事项；制定公司的基本管理制度；公司章程规定的其他职权。

（五）监事会的设立与职权

中国有限责任公司设监事会，其成员不得少于3人。股东人数较少或者规模较小的有限责任公司，可以设1—2名监事，不设监事会。监事会应当包括股东代表和适当比例的公司职工代表，其中职工代表的比例不得低于1/3，具体比例由公司章程规定。监事会中的职工代表由公司职工通过职工代表大会、职工大会或者其他形式民主选举产生。监事会设主席一人，由全体监事过半数选举产生。监事会主席召集和主持监事会会议；监事会主

① 上海证券交易所资本市场研究所年报专题小组：《沪市上市公司2011年度董事、监事和高级管理人员履职情况分析》，www.sse.com.cn/aboutus/research/research/c/research20120810f.pdf，［2012-08-16］。

席不能履行职务或者不履行职务的，由半数以上监事共同推举一名监事召集和主持监事会会议。董事、高级管理人员不得兼任监事。

监事会、不设监事会的公司的监事行使下列职权：检查公司财务；对董事、高级管理人员执行公司职务的行为进行监督，对违反法律、行政法规、公司章程或者股东会决议的董事、高级管理人员提出罢免的建议；当董事、高级管理人员的行为损害公司的利益时，要求董事、高级管理人员予以纠正；提议召开临时股东会会议，在董事会不履行本法规定的召集和主持股东会会议职责时召集和主持股东会会议；向股东会会议提出提案；依照《公司法》第一百五十一条的规定，对董事、高级管理人员提起诉讼；监事可以列席董事会会议，并对董事会决议事项提出质询或者建议；监事会、不设监事会的公司的监事发现公司经营情况异常，可以进行调查；必要时，可以聘请会计师事务所等协助其工作，费用由公司承担；公司章程规定的其他职权。

监事会在中国公司治理中是一个尴尬的组织。董事会拥有任命经理人员、管理公司事务的权力，自然拥有监督和控制经理人员行为的职责和权力。监事会作为董事会的平级机构，没有任命、考评董事行为的权力，它的监督职责就显得空洞无力，一直是有名无实，无法起到真正监督作用。引进独立董事制度以后，国家的法律制度又将一些具体的监督职责赋予了独立董事，监事会对于经理层的监督作用就更小了。

如上所述，董事会拥有决定公司的经营计划和投资方案、决定聘任或者解聘公司经理及其报酬等核心事项的权力，而监事会的权力属于提议、建议等非核心的事项，监事会的实际运行情况是徒有其表，公司的核心机构是董事会。

（六）董事会、监事会、独立董事状况

2012年中国百强上市公司董事会平均人数11.49人，其中执行董事2.98人、非执行董事（不含独立董事）4.23人、独立董事4.27人。同年，中国百

强上市公司监事会平均人数5.35人，职工代表人数1.88人，占比35.1%。①

彭珂怡对2018年年末上证50指数样本股上市公司中，挑选上海证券市场规模大、流动性好的最具代表性的50只股票组成样本股，对独立董事进行了详细地统计，统计结果见下。

统计的50家上市公司董事总人数526人，其中独立董事共有213人，占比40.5%。213名独立董事中男性独立董事191人，占比89.7%；女性独立董事22人，占比10.3%。年龄最大的为80岁，最小的为41岁，大多数集中在46—65岁。

213名独立董事中有博士学历的人数最多，达54.46%，其次是硕士学历所占比例为28.16%，本科学历为15.49%，其他学历为1.88%。其中教授副教授76人、企业管理74人、律师23人、审计/注册会计师18人、行政管理11人、研究员5人、经济学家2人、企业高级顾问2人、金融学家1人、主编1人。

50家上市公司中的独立董事，除本职工作外（不包括已退休的人员），几乎都在社会组织或其他单位担任职务。其中，在其他单位担任独立董事的情况为：另担任1家独立董事的22人，另担任2家独立董事的31人，另担任3家独立董事的27人，另担任4家独立董事的18人，另担任5家独立董事的8人，另担任6家及以上独立董事的有5人（最多担任11家公司独立董事，含在香港的公司担任独立董事）。

213名独立董事报酬在6万—95.5万元。其中报酬在10万元以下的4家，10万—20万元的14家，20万—30万元（含）13家，30万—40万元（含）10家，40万—50万元（含）5家，50万元以上的4家。②

（七）网络投票的实际效果很不理想

2004年11月29日，中国证监会发布《关于上市公司股东大会网络投票

① 仲继银：《董事会与公司治理》，中国发展出版社2014年版，第204+233页。

② 彭珂怡：《实证分析中国独立董事制度的有效性及改进》，《现代商业》2020年第16期。

工作指引（试行）》。2006年3月证监会发布《上市公司股东大会规则》，正式确立了股东大会的网络投票机制。国务院办公厅《关于进一步加强资本市场中小投资者合法权益保护工作的意见》（国办发〔2013〕110号）明确指出："完善中小投资者投票机制，引导上市公司全面采用网络投票方式。"国家倡导采用网络投票，使股东大会由一个残缺不全的大会变成一个比较全面的大会，充分体现了党和国家维护中小投资者合法权益的良好初衷和意愿。

实施网络投票的股东大会，平均每个会议参与人数为920人，参与率为1.94%；而未实施网络投票的股东大会，平均每个会议参与人数为8人，参与率为0.033%。[①]网络投票以及视频股东大会均是一种初级的"补全办法"，非真正全面补全投票权全部参与股东大会，股东大会根本没有达到100%投票权参加大会的理想状态，没有根本改变股东大会是"大股东会"的现状，网络投票收效甚微。

第二节　德国、美国公司治理的起源与发展

美国的独立董事制度与德国监事会劳资共决制度，分别是公司治理学中"外部人治理"模式和"内部人治理"模式的典型代表性的制度。两种不同的公司治理制度孰优孰劣，国内学术界大量文献众说纷纭。本书从第一次世界大战讲起，介绍了两种不同制度产生的历史背景和发展历程，以期从历史唯物主义视角认清两种制度的真面目。德国具有人均土地资源较美国匮乏，工人生存压力大的特点。马克思主义的巨大影响和作用，推动德国工人阶级持续不断地开展斗争。两次世界大战德国均为战败国，政府缺乏足够的力量压制劳方，三方合作共赢的意识形态产生劳资共决的制度。美国的国情与德国相反，政府拥有足够的力量与资方联手以压制劳方，公

① 孔东民、刘莎莎：《中小股东投票权、公司决策与公司治理》，《管理世界》2017年第7期。

司治理制度特点是独立董事制度，职工代表在董事会中没有席位。美国的独立董事制度建立的背景是强资本、弱工会的历史时代背景，建立的经济背景是资方的强势地位和劳方的弱势地位。美国的独立董事制度，是美国国情的必然产物，适合美国的国情；德国的劳资共决制，是德国国情的必然产物，适合德国国情。德国和美国截然不同的公司治理制度，各有特色，哪个更值得中国借鉴，值得反思。

一、德国公司治理制度发展历程

（一）德国公司治理制度发展历程

德国社会民主党成立于1869年，是世界上最早的一个无产阶级政党。1878年，“铁血”宰相俾斯麦以谋刺皇帝为借口（此事与社会民主党没有任何关系），颁布了一个“镇压社会民主党企图危害治安的法令”，即“非常法”。[①]社会民主党是工人运动的政治组织，其选民人数从1874年的约35万人增加到1912年的425万人，1912年获得34.8%的选票，并占据397个议席中的110个，成为帝国国会中最强的党团。[②]俾斯麦对工人运动执行“铁与血”的“鞭子政策”，进行残酷镇压。后来俾斯麦认识到，对工人运动光用“鞭子政策”很难凑效，需要辅以“糖果政策”改善工人的处境。1883年颁布疾病保险法令，保险费中，30%由雇主缴纳、70%由工人缴纳；1884年颁布工伤事故保险法，保险费全部由雇主缴纳；1889年颁布残疾和老年保险费法，保险费由国家、雇主和工人缴纳。[③]

1888年6月，威廉二世继任德国皇帝，当时的德国是君主立宪制。“他（指俾斯麦）确信用高压手段可以解决社会问题，遇到形势紧张时全仗武

---

① 王新：《威廉二世和德国社会民主党》，《历史教学》1964年第9期。

② ［美］安德烈亚斯·维尔申：《二十世纪德国史》，上海三联书店2018年版，第5页。

③ 丁建弘：《德国通史》，上海社会科学出版社2012年版，第243页。

力，而不愿用博爱及人道主义来作缓和之计。”俾斯麦与威廉二世的政见存在严重分歧，威廉二世于1890年3月强迫俾斯麦辞职。[①]威廉二世受基督教社会主义思想的影响，又看到日益蓬勃发展的劳工运动之危险，不顾企业主的反对，决心发动一场社会政策的改革运动。在他的支持下，1891年6月，《工商业法修正案》正式实施。该法规定：20人以上的企业必须成立一个“工人委员会”，企业应当听取工人委员会关于劳动章程的意见。该法在法律上承认了工人委员会的地位，揭开了劳资协调法制化的序幕。[②]

第一次世界大战的爆发，为德国劳资协调机制的发展提供了意想不到的契机。工人罢工从1913年的2000多起下降到1915年的137起，劳资双方都陶醉于“爱国主义”的战争宣传中，以致形成了“城堡和平”的局面。军方以保证前线作战为第一要务，把工人视为“经济战争中的主要因素”。政府于1916年11月通过劳资利益团体的协商，颁布了《为祖国志愿服务法》。该法从一开始不是出于改善工人劳动权的考虑，而是出于军事目的，但在具体实践上承担了保证劳资协调法制化的使命，它正式确立了工会的合法地位，从法律角度强制性地扩大了劳资协调机构的成立范围。[③]一战期间，军方为了提高军队的战斗力，在劳资纷争中保持中立并维护劳方的正当利益，劳方取得了小小的成绩。

1918年11月第一次世界大战结束。1918年12月德国成立了临时政府。1919年1月临时政府血腥镇压了全国几十万人的大罢工，1月15日德国共产党的两位优秀领导人卡尔·李卜克内西和罗莎·卢森堡被残忍杀害，工人们为争取政治代表会运动的努力以失败而告终；之后工人们转向经济代表会的运动中。[④]1919年2月6日，在魏玛小镇召开立宪会议，“魏玛共和国”由此得名。

---

① 王新：《威廉二世和德国社会民主党》，《历史教学》1964年第9期。

② 孟钟捷：《20世纪德国企业代表会体制演变研究》，人民出版社2016年版，第36—37页。

③ 同上，第40—43页。

④ 同①。

从1919年3月到8月16日，魏玛政府共拿出了4份《企业代表会法》草案。每份草案都被各种社会群体以各种理由进行批驳，其中的焦点问题是“企业代表会的权限”。左翼工人党认为企业代表会的权力太少，限制了工人解放的热情，束缚了革命者的手脚，持坚决反对立场；资本家利益团体把企业代表会的经济共决权视作企业制度的最大威胁，将影响到德国的经济复苏，也持坚决反对立场。

由于《企业代表会法》存在的争议太多，劳资分歧太大，1919年8月国会一审《企业代表会法》未通过。1920年1月13日《企业代表会法》二次审议时，左翼工人党发起了国会外的抗议活动，结果造成示威者与安全部队之间的血腥冲突。1月18日，第三次审议《企业代表会法》通过。[①]

《企业代表会法》规定：所有20名雇员以上的企业成立企业代表会；工人和职员分开选举形成企业代表会；允许1—2名企业代表会代表参加监事会，并可参加所有监事会会议，并有投票权；企业主有义务同企业代表会商讨，确定雇佣与辞退员工的方式与范围；代表需要保守企业机密，维护企业的利益。该法坚持了企业代表会的经济共决权。对工人阶级而言，任何其他法规没有比《企业代表会法》更为激动人心。[②]

工人们坚持不懈地斗争并付出了巨大的代价，才取得了一定的成绩，拥有了一定实质性决定权。政府对《企业代表会法》出台前工人举行的罢工，采取了镇压行动，表明当时政府的政治势力比劳方强大，政府才敢派军队进行镇压。一战前到一战后，雇员在监事会中的席位从无到有。政治势力不很强的劳方，付出巨大代价，取得了监事会中有1—2名员工代表的成绩实属不易。《企业代表会法》赋予职工在监事会中拥有的决定权实现零的突破。

1932年11月国会选举，纳粹获得了200万张选票，共产党获得了600万张选票，两个工人政党社会民主党和共产党的选票远远超过纳粹的选票。

---

① 孟钟捷：《20世纪德国企业代表会体制演变研究》，人民出版社2016年版，第58—64页。

② 同上，第65—69页。

垄断资本家和权势集团慌了手脚，他们选择与纳粹“融为一体”，在“民族主义”的画皮下反对马克思主义。希特勒是被兴登堡总统幕后的权势集团、陆军、大地主以及垄断资产阶级的力量从“后门”塞进来的，于1933年1月30日被任命为总理。[①]通过政治生活的正常途径希特勒是不可能当上德国总理的，他是通过非正常的“后门”途径才当上德国总理。

1934年1月20日，纳粹政府颁布的《国民劳动秩序法》规定：企业主将作为企业的领袖，职员与工人作为追随者，共同促进企业目标的实现，并为民族和国家服务；企业领袖可以决定企业所有事务。“企业领袖—追随者”模式取代了《企业代表会法》追求的劳资平等的劳动共同体模式。“企业领袖—追随者”模式既是纳粹极权思想的逻辑延续，也是其统治策略的反映。[②]希特勒是人类历史上少有的独裁者，他要独裁国家，企业要被企业主独裁，劳方丧失了在监事会中的部分决定权，劳资共决制出现中断。

1945年5月德国二战战败，1949年德国分裂成德意志联邦共和国（西德）和德意志民主共和国（东德）。西德走的是生产资料私有制、“社会市场”经济路线；东德走的是生产资料公有制、计划经济路线。

1950年11月29—30日，西德五金工会举行公开投票，97.87%的工人同意举行罢工，以维护劳资共决模式。1951年1月17—19日，矿区工会以92.8%的赞成举行罢工。被逼无奈的阿登纳总理最终只能重启三方谈判，他在1月10—11日和1月17日分别同劳资利益团体的高层会晤。1月19日和1月25日，总理两次亲自主持劳资利益团体的圆桌会议。通过两次会谈，在总理的竭力斡旋下，劳资达成共决机制的认识，这为当年出台的《煤钢共决法》奠定了基础。[③]

---

① 丁建弘：《德国通史》，社会科学出版社2012年版，第333—334页。

② 孟钟捷、邓白桦：《纳粹党的企业代表会政策与德国经济民主的消亡》，《武汉大学学报（人文科学版）》年2007第2期。

③ 孟钟捷：《20世纪德国企业代表会体制演变研究》，人民出版社2016年版，第185—186页。

1951年4月，联邦国会通过《煤钢共决法》。该法适用于具有独立法人资格的、煤钢生产领域的、雇员超过1000人的股份公司或者有限公司。该法规定：监事会由11人组成，股东和劳方各5人，再由双方通过提名和匿名选举产生第11名监事；董事会受监事会领导；劳动经理由监事会选举产生。《煤钢共决法》赋予职工在监事会中拥有的决定权实现质的飞跃，职工在监事会中的决策权近50%，劳动要素拥有与资本要素对等决策权。

德国政府对《煤钢共决法》出台前工人举行的罢工，没有派遣军队进行镇压。何故？政府不敢，也不应当派遣军队进行镇压。战败后的德国，国库囊中羞涩，军队势单力薄。90%以上的工人同意罢工，其力量之巨大可谓是排山倒海之势，完全可能颠覆政权。如果政府派遣军队对工人罢工进行残酷镇压，政权被工人运动推翻则是大概率事件。即使工人没有颠覆政权，镇压意味着流血与伤亡，镇压是内耗，只能加重国家和人民的灾难与困苦，在二战后国家举步维艰的背景下此举实为下下策。所以阿登纳总理只能亲自主持会议，竭力斡旋希望劳资双方握手言和，阿登纳总理的行为是正确、明智之举。资方看到政府不会偏袒自己后，不得不对劳方作出让步。从一战到二战，德国工人的政治势力呈现上升态势，1951年达到了与政府、资方的政治势力旗鼓相当的高度，拥有与政府、资方平等协商的权力。德国工人拥有这样的权力，是他们坚持不懈地斗争和国家两次战败的国情两个因素共同作用的结果。阿登纳总理没有派遣军队对工人的罢工进行镇压，促进了劳资共决制的质的飞跃，他的正确之举对劳资共决制有着巨大的贡献。如果当时阿登纳总理派遣军队将工人的罢工镇压下去，则劳资共决制不会出现质的的飞跃，西德也不会出现近30年的经济快速增长，德国的历史有可能是另外一种状况。

1951年的《煤钢共决法》较1920年的《企业代表会法》，监事会中雇员代表席位大幅度上升，雇员拥有与资本要素对等的决策权。

1952年，西德通过《企业组织法》，雇员代表占监事会1/3的席位，拥有33%的决策权和收入分配权。[①]与1951年的《煤钢共决法》比较，不仅降低了雇员参与监事会的比例，而且还取消了“劳动经理”一职，显然对雇主有利。劳动要素的决策权略有下降。

从一战后到1952年，雇员在监事会中的席位从1—2名上升到1/3的比例，他们拥有的决策权总体呈现出上升的态势。劳资共决制度，西德分别在1972年、1976年和2004年对相关法律进行了三次修改和发展。

1971年11月，国会以264∶212的比例通过1972年《企业组织法》，该法大体延续了1952年《企业组织法》的框架，确立了1/3共决权，同时允许雇员中的青年、学徒和残疾人选举代表。1952年和1972年《企业组织法》包含了所有煤钢企业之外的公司。

1976年的《煤钢共决法》规定：在监事会中的雇员代表，工人、职员和上层高管人员都必须拥有同其在雇员中人数相等比例的代表（第11条）；雇员人数超过2000人的股份公司、有限责任公司、具有独立法人资格或企业合作社与经济合作的矿业公司，实行煤钢对等共决模式。[②]第11条之规定，能有效避免高管人员代表比例偏大的不良现象，避免了基层员工代表应有席位的缺失，是保障基层员工权益的有效措施，实现了所有员工内部和谐共处。

2004年5月18日施罗德政府通过的《三分之一参与法》规定：雇员人数500—2000人的中型公司，雇员代表占据监事会1/3的席位（但排除领导职员）。

1990年德国统一，同年5月18日东西德政府签订的《关于货币、经济和社会联盟的条约》规定：在民主德国地区（东德）同时引入符合社会市场经济的劳动法制度和全面的社会保障制度。同年7月1日，企业代表会体

① 孟钟捷：《20世纪德国企业代表会体制演变研究》，人民出版社2016年版，第193页。

② 同上，第229—275页。

制被一并引介到东部。[1]

（二）劳资共决制产生的内在原因

1.马克思主义的影响和作用

1848年2月，马克思、恩格斯发表《共产党宣言》，1867年《资本论》（第一卷）出版。《共产党宣言》和《资本论》在人类思想史上第一次准确给出广大百姓贫穷的原因，并提出摆脱贫穷的办法和途径，赢得了广大人民群众的喜欢和热爱，有着无穷的亲民力和感染力。《资本论》揭示了资产阶级残酷剥削无产阶级的秘密，为无产阶级革命运动提供了锐利的思想武器。

《共产党宣言》最后几段可概括为：全世界无产者联合起来，只有用暴力推翻全部现存的社会制度，无产阶级将要获得整个世界。《共产党宣言》向世界宣告，将来的世界必然是无产阶级的世界，绝非资产阶级的世界。只有世界排名第一的千年思想家，才有全世界的胆识、魄力和能力，才能断言无产阶级将要获得整个世界的必然，他的理论赋予无产阶级无穷的战斗力。

无产阶级通过暴力革命的过程，就是一个资产阶级的财产丧失的过程。丧失财产在资产阶级的心理上形成一个巨大的压力和担忧，马克思的理论体系给资产阶级在心理上和事实上形成了巨大震慑力。面对无产阶级的滚滚革命浪潮，这个压力和担忧越加强烈，他们非常不情愿但又不得不做出让步以求自保：与其为了财产丧失性命倒不如让利保平安。马克思的理论体系拥有的无穷魅力和巨大能量，是德国形成劳资共决制度的原因之一，他的思想对劳资共决制度的产生和发展有着巨大的功劳和贡献。

2.德国两次战败的影响和作用

1914年7月，1美元兑换4.2马克，1919年1月上涨到1美元兑换8.9马克，

---

① 孟钟捷：《20世纪德国企业代表会体制演变研究》，人民出版社2016年版，第257页。

1923年10月上升到1美元兑换252.6马克，1923年11月5日升至无法想象的1美元兑换4200亿马克。[①]1923年的德国物价是1914年的1.4万亿倍。[②]二战后的德国，帝国马克高度贬值，货币几近于废纸。西德于1948年6月进行了币制改革，新的德国马克成功取代了高度贬值的帝国马克。[③]

两次世界大战，德国均是战败国，到处都是残垣断壁，一幅满目疮痍的凄凉景象。国家贫困，百姓贫困，物质资料极度匮乏，百姓生活极其艰苦、困难，两次世界大战没有给德国人民带来幸福和安康，相反带来的是巨大的痛苦和灾难。体味着失去亲人的痛苦和生活的艰难，人们清醒地认识到和平稳定才是国富民强的前提和基础，流血的战争不能带来幸福，别人流血的同时必然意味着自己也可能会失去生命。战争的结果是一赢一输，但战争对百姓来说是没有赢家的，和谐社会才是百姓幸福生活的康庄大道。二战影视剧中诸多“让该死的战争见鬼去吧”台词，很好地反应了人们的厌战情绪和对和平社会的向往。

面对工人不断的罢工斗争，资方无非有两条道路可以选择。第一条，对工人做出让步以求来日方长；第二条，对工人不做让步，阶级斗争不断升级，斗争越加激烈和残酷，在无产阶级可能将要获得整个世界的浪潮和趋势下，自己会人财两空。资方选择了第一条道路。

两次世界大战后，尤其是二战后劳资关系的法律出现很大的飞越和突破，是德国社会各界对和平社会的强烈渴求，是民心所向，是社会不同群体必须共同联手才能渡过灾难和国难的巨大合力所为。民意的巨大推动力和最终决定力，在遇到两次世界大战德国均战败的特殊情况时，劳资共决制度的产生和发展成为历史的必然。

① ［英］玛丽·弗尔布鲁克：《德国史1918—2014》，卿文辉译，人民出版社2018年版，第41—42页。

② 贺水金：《德、中币制改革——“新马克奇迹”与金圆券改革失败之比较研究》，《上海经济研究》2010年第9期。

③ 同①，第209页。

二、美国公司治理制度发展历程

（一）美国公司治理制度的历史背景

《美国史》记载：美国劳动统计局估计，美国1881—1890年，发生的罢工和停工事件共9668起。大多数情况下，资方是赢家。以下事实是明确的：警察和公众舆论是与工商企业界站在一起的。[①]

一战前，美国资方的政治势力比劳方强大，警察和公众舆论是与工商企业界站在一起的，说明政府和资方联手来对付劳方。因劳方势单力薄，大多数情况下只能是输家，所以劳方的罢工和斗争不会取得实质性的突破和成绩。

1914年7月，一战爆发，美国保持中立。1917年4月7日美国总统签署了宣战书，美国进入战争状态。1918年11月一战结束。

一战期间，美国政府也向劳工做了让步。《美国史》记载：1917年11月，总统威尔逊在美国劳工联合会（AFL）的代表大会上致辞，这是一位美国总统首次给予劳工运动如此高的荣耀。此后，政策也发生了变化。威尔逊逐渐赋予劳工以组织起来的权利和参与集体谈判争取自身利益的权利，他还认可了其他一些重要的要求，包括每日工作8小时。在1914—1918年，制造业工人和煤矿工人的实际收入提高了1/5，工时也缩短了。1919年一半劳工都争取到每周工作48小时，而劳联会员人数也从1916年的270万人猛增至1919年的400万人。[②]

世界大战，每个参战国均有战胜的可能，同时必然存在战败的可能。如果战败，本国财产、财富势必被他国夺走是大概率事件。与其被他国夺走，不如让利给本国的劳工大众，因为让利给本国的劳工大众势必增加战胜的几率。资方通过给劳方让步的“小损失”来降低“大损失”发生的概率，这是资方实现保全财富的最优选择。美国政府为避免国内政局动荡，

① ［美］詹姆斯·柯比·马丁等：《美国史》，商务印书馆2014年版，第728—731页。
② 同上，第970—971页。

确保国内一个安定的局面，提高国家凝聚力，提高军队战斗力，从而实现大战胜利之目的，避免战败的严重后果，才有了向劳工让步的举措。劳方在资方和政府均让步后，取得了小小的成绩，工资有了一定提高，工时也有了一定的缩短。德国军方和政府在一战期间，也表现出相同的心态和行为，给劳方一定的“甜头”以换来提升军队战斗力之目的，两国劳工在战争期间均取得了小小的成绩。

1917年总统威尔逊的一次讲话致辞，是劳工首次获得如此高的荣耀。总统威尔逊的讲话致辞是劳方难得的奢侈品，是政府“恩赐”给劳方的贵重礼品。“首次”和“如此高的荣耀”足以说明，劳方在美国政治生活中是弱势群体，他们的政治势力在资方和政府面前很渺小。劳方微弱的政治势力决定了他们在劳资关系环节很难取得实质性的成就，此后的发展历程和结果证明了这一点。

《美国史》记载：一战停战后的第四天就爆发了罢工。纽约的纺织工人要求增长工资15%、每周工作44小时。到1919年底，全国共有400多万人（占全部劳工的20%）举行了3600多次罢工。罢工吓坏了中层和上层阶级的美国人，政府将罢工归罪于共产主义，共产主义和爆炸事件把美国推入一场赤色恐怖之中。1919年11月，司法部长帕尔默以迅雷不及掩耳之势在12个城市中发动了对激进分子的打击行动，共逮捕了250人。次年1月，在33个城市发动了第二次一连串的袭击行动。在这一行动中，帕尔默手下的人共逮捕了4000多名据称为“共产主义分子”的人，其中许多是在没有任何合法手续的情况下遭到逮捕的，并遭到殴打，而且一连几天不让吃喝。几个星期以后，当地政府释放其中大部分人，而其中的600名外国人则被驱逐出境。帕尔默坚称，他这是为国家清除“精神变态者和患歇斯底里精神病的妇女，他们当中有大量的共产主义信仰者”。帕尔默警告说，1920年的五一劳动节将发生第二次恐怖主义袭击，试图以此来博得公众的支持。联邦军队处于戒备状态，全国各城市的警察也都枕戈以待，但是劳动节那天，全国却安然无事。一夜之间，帕尔默看上去像一段枯朽的木头，根本不是当总统的栋梁之材，他入主白宫的指望破灭了，赤色恐怖在人们的记忆中也渐渐淡出了。[1]

第一次世界大战结束后，可能战败的担忧对所有人烟消云散。劳方只有通过罢工等途径来维护自身的利益，资方不再担心战败的可能，他国的威胁消失了，相反劳方的运动对他们的生命财产构成威胁。马克思的共产主义理论主张工人阶级武装斗争夺取政权，劳方的运动在资方眼中自然是“赤色恐怖”。资方不会在没有压力的背景下轻易给劳方让利和让步，他们通过与政府“穿同一条裤子”来捍卫自己的利益，阶级社会中的政府始终与掌控生产资料者沆瀣一气。战争期间，政府、资方和劳方三股力量联手拧成一根绳的短暂团结局面，现在被政府和资方两股力量联手“2打1”对付劳方的机制所取代。劳方的政治势力寡不敌众，他们的运动被残酷镇压下去。面对运动失败的残酷事实，他们于是减少了阶级斗争，于是便有了美国史书中的“赤色恐怖在人们的记忆中也渐渐淡出了”。一战的胜利没有给美国的劳方在劳资关系环节带来胜利的结果，相反的是战争期间政府的亲近态度转变成战后的横眉冷对。

1945年二战结束。《美国史》记载：1946年冬天，联合矿工工会领导人刘易斯带领工人罢工。严冬的前景引起人们的焦虑。总统杜鲁门愤而反击，威胁说要接管煤矿。他直接向矿工发出呼吁，要求他们为了美国的商品和温暖回去工作。这起了作用，刘易斯取消了罢工，杜鲁门的声望和信心暴涨。1947年国会通过了《劳工管理人员关系法》(塔夫脱-哈特利法)，它规定所有受雇员工加入工会的企业或行业违法，授权总统用宣布一个“冷却期”的办法延迟罢工，工人罢工属于违法行为。[2]

面对工人罢工，此时的美国政府无需调遣军队、警察进行镇压，只需杜鲁门总统三寸不烂之舌，仅仅几句威胁的话语和呼吁，近乎零成本地就能将工人吓回去了。工人的政治势力太微弱，可谓是总统拥有阻风停雨之神力，此神力的背后其实是政府强大的政治势力。二战后的美国，国库充

① [美]詹姆斯·柯比·马丁等:《美国史》，商务印书馆2014年版，第982—984页。
② 同上，第1177页。

盈，军队兵强马壮，战争的胜利使政府头顶拥有一个光芒万丈的光环。总统的口头警告表明政府的态度，让工人意识到继续罢工胜算太小，于是出现工人罢工被吓回去的现象。

从一战到二战，美国工人的政治势力总体呈现下降的态势，相反政府的政治势力呈现上升的态势。阶级社会中，政府的意识形态与掌控生产资料者的意识形态高度吻合，且由后者操控。1947年国会出台的《劳工管理人员关系法》，表面是政府偏袒资方、限制劳方，其实是资方给劳工争取权益设置了严重的障碍，使劳方在劳资关系环节处于绝对的下风，而资方则处于绝对的上风。

20世纪70年代石油危机爆发，非工会企业迅速发展，服务行业和高科技部门进一步强化了非工会特征。80年代里根政府和老布什政府，以非工会成员取代工会会员身份的空中交通控制员，降低了劳工部和美国联邦仲裁与调节局内部劳资合作项目的等级，削弱了工会力量。90年代，克林顿政府企图对劳资关系制度进行改革，但未能成功。2001年小布什就任总统，推行了支持大企业、压制劳工运动以及各种不利劳工的政策。美国劳资关系已形成了明显的非工会化和自由主义的特征，在弱工会、强雇主的“冲突型”道路上渐行渐远。[①]“弱工会、强雇主”意味着美国劳方的政治势力很微弱，而资方的政治势力很强大，决定劳工代表不可能进入董事会并拥有一定实质性的决定权，表现为独立董事制度。

（二）美国独立董事制度的发展历程

美国是实行独立董事制度最早的国家之一，1934年颁布的《证券交易法》就涉及“非雇员董事”，1940年《投资公司法案》对投资公司中独立董事的比例做出了要求，规定在该公司中独立董事的比例不低于60%。[②]

在20世纪50年代之前，美国公司董事会与经理层之间的分权制衡关系

---

① 李向民：《美、德劳资关系发展的路径依赖研究》，《经济体制改革》2008年第2期。

② 李维安：《公司治理学》，高等教育出版社2005年版，第125页。

还比较稳定和协调，董事会的监督与服务职能可得到较好发挥。但20世纪60年代以后，美国大型公众持股公司的股权越来越分散，董事会逐渐被以首席执行官为首的经理层所操纵，使董事会对经理层的监督日益缺乏效率。董事会的独立性、公正性、透明性和客观性遭到广泛质疑，对董事会职能、结构和效率的研究进一步深化，随后独立董事制度应运而生。理论界和实践界达成普遍共识：在董事会中设立独立董事可以增加董事会的客观性和独立性，使董事会的职能得到正常发挥。在理论研究和现实需求的双重推动下，美国立法机构、自律组织自20世纪70年代以来加速推进独立董事制度并随后在全球范围内掀起了一场独立董事制度运动。①

1980年，美国证券交易委员会（SEC）要求上市公司董事会向其汇报3个最高收入经理人员的报酬。1985年，SEC又做出修改，要求公司应该向其汇报5个最高收入经理人员的总收入。又鉴于许多公司把经理人员的基本薪金与股票收益分开汇报而可能导致的误导，1987年SEC要求公司汇报经理人员报酬不仅要包括总收入，还要求列明基薪、股票收益、长期收入等具体事项。1990年SEC要求独立董事在上市公司董事会中占优势。②

SEC将独立董事界定为与公司没有“重大关系”的董事，所谓“重大关系”是指以下情形：没有在受聘公司担任过执行董事，并且与受聘公司没有任何职业上的关系；不是受聘公司重要的消费者或供应商；不是因为私人关系被推荐或任命的；与受聘公司执行董事之间不存在密切的私人关系；不持有大额受聘公司的股份或不代表任何重要的股东等。

美国独立董事在过去几十年间出现以下变化：独立董事在董事会中的比例逐渐提高；在公司审计委员会中，独立董事占据了很大比例；设立董事会所需支出的费用总体呈现出增长的势头；独立董事在公司事务上花费的时间有所增加。

① 彭丁带：《美国的独立董事制度及其对我国的启示》，《法学评论》2007年第5期。

② 李维安：《公司治理学》，高等教育出版社2005年版，第126页。

三、《萨班斯—奥克斯利法》(Sarbanes-Oxley，SOX)介绍

(一)立法背景

2001年12月2日，美国最大的天然气采购及出售商、2000年总收入超过1000亿美元、连续四年被《财富》杂志评为美国最具创新精神的安然公司，根据美国《破产法》规定，向纽约破产法院申请破产保护。由于安然公司涉嫌欺诈，美国证券交易委员会SEC开始对安然公司进行调查。安然公司继虚报近6亿美元的盈余和掩盖10亿多美元巨额债务的问题被彻底曝光之后，股价一泻千里，最终不得不申请破产。安然公司在SEC对其展开调查后销毁大批文件，包括许多有“机密”字样的审计文件。同时作为全球五大会计师事务所之一的安达信会计师事务所也销毁了数千份与安然有关的文件。安然的破产犹如一重磅炸弹严重打击了美国人的信心。

2002年6月，世界通讯、施乐两桩会计丑闻又浮出了水面。6月25日，美国第二大长途电话和数据公司——世通公司承认，在过去一年多时间里运用不当的会计手段隐瞒38亿美元的支出。由于负债高达300多亿美元，7月21日世通公司向法院申请破产保护，成为美国历史上最大的一桩公司破产案，所涉及资产是安然公司的两倍。6月28日美国办公设备巨人施乐公司承认，过去5年中公司夸大营业收入64亿美元。

安然、世通、施乐等公司的财务欺诈行为绝非偶然，2002年第一季度SEC调查了64宗会计和财务报告案件，一些大公司的违规行径纷纷暴露在“阳光”下。一系列的公司欺诈事件严重打击了美国投资者的信心，致使股票价格暴跌。

安然、世通公司丑闻曝光后，布什总统严厉谴责这一事件，与此同时，国会也加快了立法步伐。2002年7月15日，经过6天的激烈辩论，共和党控制的众议院以423票对3票、民主党控制的参议院以99票对0票通过了新的公司改革法案。由于该法案是由民主党议员萨班斯和共和党议员奥克斯利共同起草并提交国会表决的，故又称《萨班斯—奥克斯利法》(Sarbanes-

Oxley，SOX）。7月30日，布什总统签署了新法案。SOX法是在安然、世通、施乐等世界知名大公司财务丑闻和安达信审计丑闻事发后，投资者的信心受挫，股市低迷的背景下颁布实行的，其目的是通过加强对上市公司、中介机构的管制，提高民众对美国股票市场以及政府经济政策的信心，从而改变宏观经济环境，使其走出持续低迷。

SOX法是美国国会在1933年《证券法》和1934年《证券交易法》的基础上对公司治理和会计审计出台的新规定。法案文本多达130多页，新规定对上市公司的治理产生了重要影响。SOX法主要内容有以下几个方面：提高公众公司审计的独立性；规范公司治理和责任；加强信息披露；规范证券分析员的利益冲突问题；在证券法中增加一些新的重罪罪名，提高违反证券法和其他法律的违约金。

（二）证明（Certification）条款，加大民事和刑事处罚力度

SOX法设立了CEO/CFO证明制度（certification of periodic financial reports），并对违反该条款者需要承担刑事责任，要求CEO/CFO对公司定期财务报告的真实性出具书面保证，以此增强公司财务报表的公信力。

美国的立法者和民众认为会计丑闻是人为操纵的结果。司法部、SEC和股东以违反证券法和其他相关法律向公司和管理者提起诉讼。公司高层管理人员被国会要求他们解释虚假信息时，他们的回答却是毫不知情。一方面，公司高层声称自己在财务报表上签字是基于对财务人员的信赖，表面看来似乎他们并不知晓虚假财务；另一方面，高管人员对财务信息的真实性并不承担任何责任。立法者认为高管人员应对披露的财务信息真实性承担责任。SOX加大高管人员的民事和刑事处罚力度，主要有第302节民事责任条款和第906节刑事责任条款。

1.第302节民事责任条款

SOX法第302节要求SEC制定规则，规定在SEC登记的发行公司的高级管理层和财务人员（principal executive and financial officer），必须证明向SEC备案的年度和季度报告的真实性。CEO/CFO还须向财务报表提交一份声明，

以证明：他（她）已经阅读了报告；报告内容无不实或误导性陈述；报告提供的所有财务和经营业绩的信息是公正的；签字者对建立和维持公司内部控制体系承担责任；签字者已经对内部控制体系作了适当安排，以确保所有实质性信息已告知相关职员和其他人员，并已对内部控制状况进行了评估。违反该节而承担责任的前提是违法者的主观状态为明知和故意。

SOX法要求CEO/CFO向公司提交的年报和季报包括对以下内容的书面证明：本人已审查了该报告；据本人所知，报告不存在对重要事实（material fact）的虚假陈述、遗漏或者误导；据本人所知，报告所提供的财务陈述和其他财务信息，对于其所披露期间的财务状况和营运结果的所有重要内容，均已作公允的表述（fair presentation）；本人负责公司内部控制系统的建立和运行；本人设计的内部控制系统能够使本人在系统内了解信息发布者和它的附属机构的信息，尤其是定期报告准备期间的相关信息；本人在报告提交之前的90天内评估了内部控制系统的有效性，并确认该系统能够提供重要信息；在内部控制上，本人已经向公司外部审计和审计委员会披露了内部控制系统设计和运作的一切重大缺陷和薄弱环节，披露以往发生的包括公司管理人员和其他内部控制系统重要雇员的欺诈行为，不管该行为是否重大；如果内部控制系统发生重大变化，本人必须解释哪些因素导致了这些变化的发生，对于内部控制系统的缺陷是否已经采取措施予以纠正。

第302节条文是直接针对会计舞弊事件的应对措施，目的在于防止欺诈、不当内部控制和虚假财务陈述事件，防止管理层以“毫不知情”为由推脱责任。他们不能声称自己不熟悉公司的财务状况。

2.第906节加大刑事处罚力度

SOX法明确高级管理人员需要承担刑事责任。第906节规定：“如果CEO/CFO‘明知’报表含有违法的虚假陈述，仍对其真实性提供证明，则将被处以不超过100万美元的罚金或不超过10年的监禁，或令其同时承担这两种刑事责任；如果CEO/CFO明知报表中有违法的虚假陈述，仍‘故意’

出具认证（willfully certifies），则将被处以不超过500万美元的罚金或不超过20年的监禁，或同时承担这两种刑事责任。”

SOX法出台之前，根据SEC的规定，管理层“代表公司”在向SEC提交的定期报告上签字，由公司对发布虚假信息承担责任，签字者本人无须承担任何责任，责任主体不明确，法不责众，无法精准追究责任。SOX法改变了上市公司向SEC提交的财务报告的签字形式及法律效力，SOX法的证明条款明确要求管理层对公司财务报告的真实性承担个人责任，明确了责任主体，便于追究责任，加强了内部审计，且加大了民事和刑事处罚力度，有利于杜绝虚假的财务报告。该条款对中国有很大的借鉴价值。

（三）禁止公司向高级管理人员提供贷款

SOX法出台之前，美国许多州对公司内部的贷款持相当宽容的态度，只要不存在欺诈，公司可以借给董事或管理层现金。一些州对内部贷款持较为严厉的态度，要求由批准贷款的董事本人对贷款承担责任，以防止董事将公司资金用于私人用途。

虽然SEC要求公司披露其向高级管理层、董事及其家人提供的金额高于6万美元的贷款。实际只有70%的公司披露了贷款情况，真实、详细地反映了贷款是否要求偿付利息或是否要求偿还，而其他公司没有披露贷款事宜，如微软公司在2002年就没有披露向前高级职员提供15万美元的贷款事项。

2001年，美国最大的285家公司中，有85家公司的管理层对公司负债，负债总额达2.56亿美元，这还不包括当时没有暴露出来的世通公司CEO对公司的4.08亿美元负债。世通公司无法从公司高级管理层手中索回公司向其提供的1.83亿美元贷款，世通公司的前CEO将公司视为自己的金库，强行要求董事会批准以极其优惠的条件贷款用于个人投资。安然、世通公司和Adelphia公司高级管理层，共以私人名义挪用了公司高达50亿美元的款项。

SOX法第402节规定：“发行人直接、间接或通过任何子公司以私人信贷的形式为该公司董事或高级管理人员提供信贷、增加信贷额度或延长信贷时间，将被视为违法。”SOX法还规定住房贷款、未规定期限的消费信贷、赊账卡等均在该法的限制范围。但是消费信贷公司可以向董事和高级管理人员提供与普通民众同等条件的消费信用，这是禁止公司向CEO/CFO提供贷款的规则的例外情况。

SOX法禁止公司向高级管理人员提供贷款，可以起到一定的保护投资者的作用。

（四）高级管理层的薪酬制度

在SOX法出台之前，国家制度要求公司“清楚、完整和可理解地披露一切奖励、赚取、付给高级管理层及董事的计划内和非计划内的报酬”。规定：向CEO提供的报酬无论数额大小均应对外披露；公司同时还有义务披露CEO之外的四位最高职位的高层管理人员提供的报酬数额，除非薪水和其他报酬总和低于10万美元。这些披露包括向高层管理人员提供的现金、股票、期权和其他报酬形式。事实证明，美国的相关规定对控制上市公司高级管理层的薪酬并未起到实质性作用。1980年，美国500家大公司经理人员与普通员工薪金之比为50∶1，1990年两者的薪金之比达到120∶1，1995年上升到160倍，2000年继续上升到458倍。

SOX法从以下三个方面对高级管理层薪酬规定了一些条款。

第一，SOX法规定，如果上市公司提交的财务报表存在重大违规情形而需要重新申报，那么CEO/CFO就必须将其在一定时期内从所在公司获得的一切报酬以及买卖公司证券的收益全部返还给公司。如果发行人违反证券法的规定，需要重新编制报表，CEO/CFO必须返还从发行人处获得的所有薪金、红利或其他资金性或权益性酬金，以及在12个月内通过买卖该公司证券而获得的收益。

第二，SOX法禁止上市公司在接受政府或司法部门调查期间对董事、高级管理层或控股股东支付任何重大款项，在公开发行证券的发行人及其董事、高管、合伙人、控制人、代理人或雇员涉嫌违反联邦证券法案件的调查过程中，SEC在发现发行人向上述人员支付特殊报酬时，可向法院申请临时命令，要求发行人在法院的监管下把此项报酬存人一个45天的计息临时账户。

第三，SOX法第306节规定，董事或管理层在权益证券禁售期内将持有的发行人发行的任何权益证券直接或间接买进、卖出，或以其他方式获利，均为非法。如董事或管理层被发现从事上述行为，则无论是否故意参与交易，都应返还发行人因上述行为而获得的利润。

SOX法关于高级管理层薪酬制度的规定，涉及高管人员违规买卖证券等违法所得事项，能够抑制高级管理层部分违法行为，但是并没有根本改变高管人员通过独立董事自己决定自己薪酬的机制，没有有效扭转他们薪酬过快增长的势头，2003年美国大公司首席执行官的收入上升到普通员工的500倍。

（五）SOX法加强审计

SOX法充分认识到审计对改善公司治理的重要意义，要求公司设立审计委员会，调整了董事会结构，强化了审计委员会的职能，确保财务报表真实、可信，防止董事会和管理层串通一气地损害广大投资者的利益。国家希望加强审计实现对经营管理活动的监管，以提振投资者的信心。

美国公司的审计委员会至少由3名成员组成，审计委员会成员必须全部由独立董事组成，每名成员都应熟悉财务知识，而且至少一名成员必须具有会计或者相关财务知识的“财务专家”。审计委员会的法律地位是上市公司的内部法定监管机构，委员会承担帮助董事会完成以下监督工作：公司财务报告的真实性；公司遵守法律的情况。

防止财务欺诈是审计委员会最主要的职责之一。审计委员会也是连接公司会计与董事会之间关系的直接纽带，通过参与财务信息以及与公司会计师之间的联系，帮助董事会更好掌握公司财务情况，改善董事会对管理层的监管。审计委员会同时起到避免会计师的工作受到管理层的不当干扰，帮助会计师按制度出具财务报告。[①]

四、不同的国情导致两种不同的公司治理制度

美国、德国不同的国情，导致了两种不同的公司治理制度。

（一）人均土地资源的巨大差异

1930年北美合众国人均耕地面积52.26亩，1932年德国人均耕地面积7.23亩，1932年中国人均耕地面积3.07亩。[②]2010年，美国城市人均用地931平方米，德国338平方米，中国155平方米。[③]

美国是一个土地资源很丰富的国家，20世纪30年代，人均耕地面积是德国的7.2倍，是中华民国的17倍，时至今日美国人均土地资源仍然很丰富。人均丰富的土地资源，从事养殖业和种植业的成本必然较低，农牧产品必然具有很强的竞争优势，工业企业中的土地成本也低廉。富饶的土地决定美国人通过个人奋斗改变命运的机会很多，美国人的就业状况、生存状况好于德国人。德国工人的生存压力大于美国工人的生存压力。

在阶级社会中，存在一个亘古不变的规律：当造反可能失败的压力大于生存压力时，劳苦大众不会选择造反，会忍气吞声地安于现状得过且过；当生存压力大于造反可能失败的压力时，劳苦大众则会选择造反，而不会安于现状，与其饿死不如造反。劳苦大众生存压力越大、苦难越持久，造反事件越频繁，造反的决心越坚定，造反行为的战斗力也越强大。

1973年美国工会密度（参加工会的工人占全部工人的比值）为23.5%，德国为32.0%；1983年美国为19.5%，德国为34.9%；1993年美国为15.1%，

---

① 朱圆：《美国公司治理机制晚近发展》，北京大学出版社2010年版，第170—186页。

② 《中国与世界各国已耕土地面积及全人口每人均摊耕地面积比较表（第二表）》，《地理学报》1935年第4期。

③ 谈明洪、李秀彬：《世界主要国家城市人均用地研究及其对我国的启示》，《自然资源学报》2010年第11期。

德国为31.8%；2003年美国为12.4%，德国为22.6%。[①]美国工会密度明显低于德国工会密度，德国工人的团结性和凝聚力好于美国工人。

工会密度与职工在董事会或监事会中是否有代表席位、是否拥有决定权呈正相关，均由工人的政治势力直接决定。工人政治势力的强弱取决于他们斗争的决心和为之付出的代价，天上不会掉馅饼，资产阶级不会主动给工人阶级送礼的，工人阶级付出越多回报越多，付出越少回报越小，没有付出就没有回报。工人阶级斗争的决心坚定与否，以及付出代价的多寡取决于生存的艰难与否，而生存艰难与否取决于生存环境和生存条件。

两国差异很大的人均土地资源，导致德国工人的生存压力大于美国工人。这决定了德国工人有很好的凝聚力，比美国工人更团结；决定了德国工人罢工比美国工人更坚定、频繁。生存的贫困和困难提高了德国工人的战斗性和革命性。正因为德国工人坚定、持续不断地斗争，他们才拥有较强的政治势力，才会取得能够进入监事会的伟大成就。

（二）两次世界大战结果的巨大差异

1.物价上涨速度存在巨大差异

1914—1920年美国货币存量增加了一倍，价格水平也是如此；1943年4月至1946年2月，官方统计的消费者价格指数每年仅上升1.6%。[②]两次大战后的德国，物价飞涨，一战后尤其为甚。1923年德国的物价是1914年的1.4万亿倍，飞涨的物价使德国百姓的生活雪上加霜，生活无以为继的劳苦大众只能冒死斗争以期获得一线生存的机会，悲惨的生存状况注定工人斗争的坚定性和坚强性。

2.政府的财政资金存在巨大差异

1916年纽约通过了第一部《劳工赔偿法》，以后迅速扩大到其他州。

---

① 李向民、邱立成：《美、德劳资关系发展的路径依赖研究》，《经济体制改革》2008年第2期。

② ［美］加里·M.沃尔顿、［美］休·罗考夫：《美国经济史》，王珏、钟红英、何富彩、李昊译，中国人民大学出版社2014年版，第376+459页。

1916年有30个州立法建立了劳工保险制度，美国全面的社会保障观念和制度直到20世纪30年代小罗斯福“新政”时期才建立起来。[①]俾斯麦在1881年看到，光用“鞭子政策”很难凑效，需要辅以“糖果政策”改善工人的处境。1883年颁布疾病保险法令，保险费中的30%由雇主缴纳、70%由工人缴纳；1884年颁布工伤事故保险法，保险费全部由雇主缴纳；1889年颁布残疾和老年保险费法，保险费由国家、雇主和工人缴纳。[②]虽然两国均实行了社会保障制度，但是两次世界大战后，美国政府和社会资金充裕，有实力保障底层群体的生存条件，而德国政府和社会囊中羞涩，心有余而力不足。

3.两国政府的政治势力存在巨大差异

两次世界大战，美国均是战胜国，国库充盈，军队兵强马壮，政府派遣军队镇压工人罢工根本无需担忧政权可能被颠覆，政府有强大的政治势力来镇压劳工的罢工以捍卫政府与资方的共同体。德国则相反，两次世界大战均战败，政府的政治势力不够强大，尤其《煤钢共决法》出台前工人的罢工显示，工人运动所蕴藏的巨大能量完全可能颠覆政权。政府不敢派遣军队进行镇压，只能从中调解劳资纠纷，从而形成政府、资方和劳方的三方共同体，劳工代表占据监事会一定席位。

（三）阶级意识的差异

阶级意识在美国从来就不像它在欧洲一样根深蒂固。[③]社会主义在美国没有“土壤”，美国工人阶级没有接受社会主义。[④]阶级意识存在差异的主要原因有两项：第一，美国土地资源丰富，工人拥有较高的生活水准；德国土地匮乏，工人生活艰难。生存条件、生活水准的差异，决定两国的阶

---

① 资中筠：《20世纪的美国》，商务印书馆2018年版，第90—91页。

② 丁建弘：《德国通史》，社会科学出版社2012年版，第243页。

③ ［美］加里·M.沃尔顿、［美］休·罗考夫：《美国经济史》，王珏、钟红英、何富彩、李昊译，中国人民大学出版社2014年版，第312页。

④ 同①，第164页。

级意识必然不同。第二，马克思主义的传播和影响不尽相同。《共产党宣言》和《资本论》首先发表于欧洲，近水楼台先得月，在欧洲得到广泛传播，而在美洲传播辐射很小。两国工人阶级接受马克思主义的洗礼和熏陶存在巨大差别。

五、两种公司治理制度各有优点和缺点

（一）美国、德国公司治理制度各有优点和缺点

美国近40年出现四位技术型旷世天才并取得巨大成就的企业家：比尔·盖茨、乔布斯、扎克伯格和马斯克，但是整个欧洲近40年没有出现一位类似的天才，此现象绝非偶然。偶然性是一种有必然性隐藏在里面的形式，每一个偶然现象绝非凭空发生，背后有其必然的理由。

比尔·盖茨1973年考入哈佛大学，1975年在没有毕业的时候毅然辍学，与好友共同创办微软公司。不论哪个国家，每一位创业者均面临创业失败的可能和风险，若创业失败则必然要面对生存的风险。失败后无以生存以及生存的风险和艰难越大，人们创业的热情和激情越小；生存的压力越小，即使失败但仍可以生存下去风险越小，则人们创业的激情越大。

人均耕地面积，1930年美国为52.26亩，1932年德国7.23亩，1930年法国为8.36亩，1932年西班牙为11.25亩，1931年波兰为8.02亩，1932年英格兰为4.34亩，1932年苏格兰为6.20亩，1930年北爱尔兰为5.24亩，1932年南斯拉夫为16.07亩，1930年芬兰为10.17亩，1931年挪威为6.63亩，1932年中国为3.07亩。①

2010年城市人均用地，美国931平方米，德国338平方米，西班牙204平方米，英国241平方米，荷兰374平方米，丹麦425平方米，法国713平

① 《中国与世界各国已耕土地面积及全人口每人均耕地面积比较表》，《地理学报》1935年第4期。

方米，中国155平方米。[1]2010年美国城市人均用地是中国的6倍，德国人均用地是中国的2.2倍。

美国人均资源丰富，人均耕地丰富，人均拥有较大的自然财富。创业失败后可能生活不会非常富裕，但是可以生存下去，创业的担心和顾虑较小，势必注定人们拥有较高的冒险、创新的激情和动力，人们的这种激情和动力便形成国家精神和国家意志。欧洲人均土地资源小于美国，人均生存压力大于美国，人们对创业失败的担心和顾虑较多，必然没有较大的冒险创新精神，欧洲近40年也没有出现一位旷世天才。

人们的生存状况，以及人们对创业失败的担心和顾虑，属于生产力的范畴，人们的思想意识形态属于上层建筑的范畴，用马克思的“生产力决定上层建筑”的基本原理能够很好地解释上述偶然现象。他的辩证唯物主义理论中“生产力决定上层建筑”的基本原理，恐怕全世界500年之内没有人能够超越他。

1995年，德国企业职工平均任期为10.7年，离职占新雇员工比例为27.2%；1996年，美国企业职工平均任期为4.2年，离职占新雇员工比例为65.9%。[2]德国劳资双方是一种紧密的伙伴关系，拥有不易泄露商业机密、劳工对雇主的忠诚度较高的优点，同时折射出人们冒险开创精神不高的缺点；而美国劳资双方是一种易分离的关系，拥有人们冒险创业精神高的优点，同时存在容易泄露商业机密、劳工对雇主的忠诚度不高的缺点。

美国良好的冒险创业精神，注重个人发展的思想意识形态，必然存在不注重共同富裕的方向，必然贫富差距较大。德国相反，注重共同富裕的方向，必然存在冒险开创精神不高的缺陷。2004年美国基尼系数为0.464，2006年德国基尼系数是0.27。[3]

---

① 谈明洪、李秀彬：《世界主要城市人均用地研究及其对我国的启示》，《自然资源学报》2010年第11期。

② 胡鞍钢、胡光宇：《公司治理中外比较》，新华出版社2004年版，第350页。

③ 洪丽：《当代国外居民收入差距的实证研究及对中国的启示》，武汉大学2010年博士论文，第28页。

不同的国家精神和国家意志形成不同的法律制度。德国公司治理劳资共决制度和美国的独立董事制度，这两种迥异的制度是由两种差异很大的国家精神和国家意志所决定的。美国的独立董事制度，是美国国情的必然产物，适合美国的国情；德国的劳资共决制，是德国国情的必然产物，适合德国国情。

德国公司治理劳资共决制度具有贫富差距较小的优点，这是美国独立董事制度的缺点。两种制度各有优点和缺点，有某些优点必然存在某些缺点，目前世界上不存在绝对完美无缺的公司治理模式。

（二）资本要素侵占劳动要素应得收入的差别

劳动要素能否获得应有的收入，无非由两个环节的状况所决定：劳动要素在公司治理环节的状况和劳资谈判状况。

在公司核心决策机构董事会或监事会中，劳动要素是否占据一定席位，是否拥有实质性的决策权和收入分配权，必然会产生截然不同的结果。德国劳动要素在核心决策机构——监事会中，劳动要素占据一定的席位，拥有实质性的决策权和收入分配权，不存在资本要素侵占劳动要素应得收入的现象，贫富差距必然很小。美国与德国相反，劳动要素在核心决策机构——董事会中没有席位，不拥有实质性的决策权和收入分配权，存在资本要素侵占劳动要素应得收入的现象，贫富差距必然很大。

（三）中国的国情决定应该借鉴德国劳资共决制

中国目前14亿人口，人均土地资源匮乏。中国户均耕地规模仅相当于欧盟的四十分之一、美国的四百分之一，[①]2010年美国城市人均用地是中国的6倍，德国是中国的2.2倍。中国人均耕地、城市用地的国情更接近德国的国情。中国在此背景下的生产力状况是人们生存具有很大的压力，共同富裕的机制是国家快速发展的必要条件，共同发展和共同富裕是人们的热

① 《习近平谈治国理政》（第三卷），外文出版社2020年版，第259页。

切期盼，是中国的思想意识形态。

中国证监会于2001年发布《关于上市公司建立独立董事制度的指导意见》，要求2003年6月30日前上市公司董事会至少包括1/3的独立董事。由上文分析可知，借鉴美国的独立董事制度有一定的合理性。虽然独立董事制度具有贫富差距较大的缺陷，但该制度也有着冒险开创精神较大的优点。

（四）中国坚定走共同富裕的发展道路

中国早在2000多年前的《礼记·礼运》中就已提出“大同”的理想：“大道之行也，天下为公，选资与能，讲信修睦。故人不独亲其亲，不独子其子，使老有所终，壮有所用，幼有所长，矜寡孤独废疾者皆有所养；男有分，女有归；货恶其弃于地也，不必藏于己；力恶其不出于身也，不必为己。是故谋闭而不兴，盗窃乱贼而不作，故外户而不闭，是谓大同。”“大同”最主要的内涵是共同富裕，这是中国2000多年来广大人民群众的殷切期盼。

贫富悬殊会导致社会不和谐，是社会乱源之一。孔子说：“有国有家者，不患寡而患不均，不患贫而患不安。盖均无贫，和无寡，安无倾。”[①]孔子所说的“均”是“均衡”之意，是各得其分。社会的和谐稳定与否不取决于财富的多寡，而取决于是否各得其份。均则人心能安，安则无倾覆之患。只有贫富差距较小或很小，社会才能和谐稳定，百姓生活才能安宁。他希望社会分化不能悬殊，要缩小贫富差距。

在1953年12月16日通过的《关于发展农业生产合作社的决议》中，中国共产党首次提出“共同富裕”这一概念。该决议是根据毛泽东同志的要求起草的，强调要进一步提高农业生产力，逐步实行农业的社会主义改造，逐步克服工业与农业间发展不协调的矛盾，使农民能够逐步、彻底地摆脱贫困，过上共同富裕和普遍繁荣的生活。[②]毛泽东同志指出：“反对平均主

① 《四书五经》，岳麓书社2002年版，第51页。

② 中共中央文献研究室：《建国以来重要文献选编》（第4册），中央文献出版社1993年版，第661—662页。

义，是正确的；反过头了，会发生个人主义。过分悬殊也是不对的。我们的提法是既反对平均主义，也反对过分悬殊。”①

中国在1978年之前，走的是一条保留货币交换功能的公有制、计划经济和按劳分配的道路。1978年党的十一届三中全会后，以家庭联产承包责任制为标志，中国拉开了改革开放大幕，经过14年的摸索，至1992年，邓小平同志南方讲话对社会主义的本质进行科学论断：“解放生产力，发展生产力，消灭剥削，消除两级分化，最终达到共同富裕。”②标志着中国顺利平稳转型并步入社会主义市场经济道路。他将“共同富裕”上升至“社会主义的本质”，与毛泽东同志关于共同富裕思想论述的精神实质一脉相承。

1948年邓小平同志曾对当时的解放区激进的工商业政策，旗帜鲜明地提出：“私人工商业是新民主主义经济不可缺少的一部分，我们要扶持它发展。”③经历44年的风雨和思考，1992年他对社会主义本质进行的科学论断，指出发展中国特色社会主义的目标、脉络和路径。

党的十八大以来，以习近平总书记为核心的党中央继续依据社会主义的本质要求，翻开了共同富裕的实践新篇章。党的十九大报告提出：“这个新时代，是承前启后、继往开来、在新的历史条件下继续夺取中国特色社会主义伟大胜利的时代，是决胜全面建成小康社会、进而全面建设社会主义现代化强国的时代，是全国各族人民团结奋斗、不断创造美好生活、逐步实现全体人民共同富裕的时代，是全体中华儿女勠力同心、奋力实现中华民族伟大复兴中国梦的时代，是我国日益走近世界舞台中央、不断为人类作出更大贡献的时代。”④党的十九届五中全会更进一步指出：“全体人民共同富裕取得更为明显的实质性进展。”⑤2021年11月11日，党的十九届六

① 《毛泽东文集》（第八卷），人民出版社1999年版，第130页。

② 《邓小平文选》（第三卷），人民出版社1993年版，第373页。

③ 《邓小平文选》（第一卷），人民出版社1994年版，第103页。

④ 《习近平谈治国理政》（第三卷），外文出版社2020年版，第9页。

⑤ 习近平：《关于〈中共中央关于制定国民经济和社会发展第十四个五年规划和二〇三五年远景目标的建议〉的说明》，《人民日报》2020年11月4日。

中全会通过的《中共中央关于党的百年奋斗重大成就和历史经验的决议》中明确指出："要坚定不移走全体人民共同富裕道路。"[①]这些思想、观点形成了新时代关于共同富裕的理论，而且明确了共同富裕是国家应当遵循的原则，指明了发展的方向，表达了国家要扎实推进共同富裕的坚定信心。

① 《中共中央关于党的百年奋斗重大成就和历史经验的决议》，人民出版社2021年版，第66页。

第三章

Chapter 3

保障中小股东的应得收入

第一节　德国的劳资共决制

截至2024年2月7日，在中国知网以“劳资共决制”和“共决制”为关键词搜索，共搜索到51篇论文，其中50篇中文期刊论文、1篇硕士论文；以“独立董事”为关键词搜索，共搜索到6910篇论文，其中5226篇中文期刊论文、1684篇博士和硕士论文。后者是前者的135.5倍。因为美国是世界头号经济大国，有太多的学者对独立董事制度进行思考和研究，而关注和研究德国劳资共决制的学者却寥寥无几。

冯根福认为，以德、日为代表的公司股权结构与股东监控机制模式要优于以美、英为代表的模式。[①]韩春等认为，二战后德国成功推行以劳资共决制为核心的经济民主化政策，使德国尖锐的劳资矛盾得以缓和，劳资双方在社会伙伴关系中实现了德国政治的稳定和经济的发展，为中国的和谐劳动关系的建构提供有益借鉴。[②]联邦德国的劳资共决制有利于联邦德国的社会稳定，并可为中国劳资关系调整提供一些经验。[③]徐志强等认为，德国劳资共决制度的形成和构造有其特定的本土性，但劳资共决制与集体谈判机制所形成的对职工利益的双重代表模式对中国仍有重大的借鉴意义。[④]欧阳俊认为，德国劳资共决制对处理劳资关系和发展经济民主发挥了重要作用，主张借鉴德国处理劳资关系的经验，不断完善中国劳资关系的处理

---

① 冯根福：《西方主要国家公司股权结构与股东监控机制比较研究》，《当代经济科学》1997年第6期。

② 韩春、陈元福、李晓鹏：《德国劳资共决制对中国建构和谐劳动关系的启示》，《学理论》2013年第21期。

③ 岳伟、邢来顺：《联邦德国劳资共决制的形成及影响》，《安徽师范大学学报》2011年第6期。

④ 徐志强、吴芳：《德国劳资共决制度立法及对我国建构和谐》，《天津市工会管理干部学院学报》2016年第1期。

方式。[①]

本章通过探究德国20世纪50—70年代经济增速高于美国、80年代之后低于美国的原因，认为德国劳资共决制具有巨大的借鉴价值，为中国公司治理制度的发展提供理论参考。

一、二战后德国分裂

1945年5月8日，纳粹德国宣布投降，德意志第三帝国灭亡。二战后期美英盟军与苏联红军密切配合，在欧洲战场东西两线分别发动反击，占领了德国全境。战后初期，形成了美国、英国、法国三国与苏联对峙的局面。当时社会主义国家苏联成为唯一能够与美国相抗衡的超级大国，两个大国的意识形态差异很大，之间的争斗越来越激烈。

1947年3—4月举行的莫斯科外长会议上，东西方关系彻底破裂，美国的政策从此不再反对德国的纳粹主义，而是反对共产主义。美国为了遏制苏联，防止苏联的共产主义占领欧洲市场，采取拉拢和控制西欧盟国的政策，为了给困难的德国和西欧经济“输血”，制定了马歇尔计划，以达到控制西欧、遏制苏联的目的。美国实施马歇尔计划，实现了防止苏联的共产主义占领欧洲的目标，但是对西德而言，马歇尔计划对西德经济的起步客观上只起到了有限的辅助作用。[②]

1948年2月在伦敦召开的美英法三国外长会议上，三国达成一致意见将三个占领区正式合并，由此形成了苏联的东战区和西方三国的西战区对峙的局面，事实上德国分裂成两个国家。1949年8月14日，德国西占区举行了第一届联邦议院选举，9月15日阿登纳当选为首届联邦共和国总理。20日德意志联邦共和国正式成立，首都定在波恩。

---

① 欧阳俊：《德国劳资共决制对我国构建和谐劳资关系的启示》，《天津市工会管理干部学院学报》2016年第1期。

② ［德］维尔纳·阿贝尔斯豪塞：《德国战后经济史》，史世伟译，中国社会科学出版社2018年版，第108—111页。

在西部占领区出现西德国家的同时，苏联及其扶持下的德国统一社会党也在其占领区加紧筹建东德国家。1948年10月22日，德国人民委员会通过了统一社会党提出的德意志民主共和国的宪法草案，这部宪法规定：一切权力来自人民；东西德是同一个不可分割的民主共和国。1949年10月7日，德国人民委员会举行了会议并通过决议，宣布成立德意志民主共和国，威廉·皮克当选为总统，也是唯一的总统，奥托·格罗提渥成为总理。然而真正的大权掌握在统一社会党及其领袖、由莫斯科栽培起来的瓦尔特·乌布利希手中。至此在德国的土地上，出现了两个国家：德意志联邦共和国（西德）和德意志民主共和国（东德）。

二、西德二战后的经济奇迹及其原因

（一）西德二战后的经济奇迹

1949年5月23日西德《基本法》规定：国家在管理经济方面必须有其边界。没有走一条中央集权的经济管理道路，国家的使命在于规定框架性的经济秩序，并调控经济在社会层面引发的冲突。国家不直接干预劳资冲突，但必须制定法律将劳资关系纳入一定的框架，并通过税收和社会政策实施再分配。由此便走上了一条社会市场经济的发展道路，兼顾经济和社会建设，成功避免了经济和社会建设之间的矛盾，使两者互补、互相促进，经济出现了腾飞。1948年德意志联邦德国成立，经济长期持续增长：1950—1965年，西德人均产值平均增长了5.6%，其中20世纪50年代的国内产值的年均增长更是高达8%，大大高于其他发达工业国家同期的平均水平。失业人数从1954年的120万人减少到1961年的16.1万人，这是资本主义国家历史上从未出现过的美景。①

以汽车业为例来说明经济快速增长的奇迹。在20世纪20年代，美国福

① 周弘、［德］彼得·荣根、朱民：《德国马克与经济增长》，社会科学文献出版社2014年版，第17页。

特式生产模式就已经达到了经典的“一分钟节拍”，德国1950年的2.8分钟节拍还与之相差甚远，大众汽车制造厂在1953—1954年之后达到了这一经典时间标准。1950年，联邦德国（西德）轿车与客货两用车的年产量约为22万辆。到1962年，这一数值已经达到210万辆。自1956年以来，西德的乘用车制造业领先于英国稳居世界第二位。乘用车制造业的寡头市场形势越来越明显，5大公司占据了79%的市场份额，其中大众汽车制造厂的所占份额就达到30%。它不仅是西德规模最大的汽车制造商，而且在技术创新和组织规划的追赶竞赛中，也占据着“领头羊”的位置。1962年德国汽车在美国的出口份额就已达到了其国内总产量的31.2%，其中大众轿车出口份额为其国内产量的22.2%，20世纪60年代初，每4辆“甲壳虫”就有一辆销往了美国。①

1948年6月西德成功完成了币制改革，在社会市场经济的路线上，至1966年，国家稳定货币，就业充分，价格水平稳定，财政收入稳步增长，经济持续快速增长，居民消费能力迅速提高。1950年联邦德国的国民生产总值大约为233.4亿美元，相当于当时美国国民生产总值的8.2%、英国的62.5%、法国的81.0%。到1966年联邦德国的国民生产总值上升到了1230亿美元，是1950年的5倍多，是同期英国的1.15倍、法国的1.14倍。失业率从11.0%下降到了0.4%，就业人数从1390万人上升到约2632万人。仅仅20年左右的时间，联邦德国的经济高速增长，出现了“经济奇迹”，一跃而成为世界排名第二的经济大国。②

（二）社会市场经济制度的思想

战后德国，满目疮痍，物资极度匮乏，百姓生活极度艰难，百废待兴，发展经济毋庸置疑地成了当务之急。还在第一届政府出现之前，作为经济管理最高机构的“法兰克福经济顾问团”就明确指出了经济发展方向是：

---

① ［德］维尔纳·阿贝尔斯豪塞：《德国战后经济史》，史世伟译，中国社会科学出版社2018年版，第324—327页。

② 李光玉：《德国社会市场经济模式研究》，山东大学2010年硕士论文，第32—33页。

大幅弱化政府干预，极力激发市场活力。1949年偏重市场机制和经济规律的基民盟、基社盟在大选中胜出，于是西德走上了一条社会市场经济的道路，最大限度地挖掘市场潜能来实现经济的复兴。总体方针是：取消战后占领当局实施的配给制，减少经济管制，最大可能地使市场自由化，尊重市场经济规律，坚决抵制非经济因素对经济的干预。“社会市场经济”政策中的“社会”主要体现是：公司治理实行劳资共决制度；国家积极构建和谐社会，保护弱者免受市场力量的危害；“市场经济”是减少经济管制，尊重经济规律，坚决抵制非经济因素干预市场。

1949年年初联邦德国颁布了《基本法》，于当年5月23日生效。《基本法》是德国的宪法，它是社会市场经济的法律基础，规定了每个公民都享有不可侵犯的基本权利。这些基本权利包括：消费自由的权力；创业自由及在企业自主决定生产和投资的自由权力；竞争自由的权力；法律面前人人平等；各行各业组织工会和雇主协会的自由；每个公民都可以选择在本国境内定居和获得住所以及出境旅行的自由；每个公民可以自由选择职业、劳动岗位和培训场所；私有财产权以及生产资料占有权不受侵占。《基本法》强调私有财产要承担社会义务，在使用私有财产时要有利于社会公众的幸福；思想上摈弃了“自由资本主义体制”，过度的自由和放任的市场经济不能实现和谐社会的目标；同时也摈弃了计划经济的思想，计划经济不能促进经济发展。德国社会市场经济制度体现了宪法的思想精神，很好地结合了市场效率与社会责任，是一种与《基本法》思想相吻合的经济体制。①

西德的“社会市场经济”政策，其理论依据来源于德国经济学家瓦尔特·欧根（Walter Eucken，1891—1950）的思想。欧根主张建立自由的竞争秩序和社会均衡的经济政策，国家的任务就是建立有效的市场经济基础，他反对国家的集体性权势，也反对私人权势。社会市场经济的创始人之一路德维希·艾哈德认为，竞争是获得繁荣和保证繁荣的最有效的手段，只有竞争才能使消费者从经济发展中得到实惠，并随着生产力的提高而带来

① 张清华：《德国市场经济体制》，兰州大学出版社1994年版，第252页。

种种利益，最终会归于人们享受。自由竞争可以激发企业进行生产技术和组织管理的创新，用较少的投资进行生产，向社会提供物美价廉的商品，以满足人们的需求。自由竞争可以提高社会生产力，为经济持续、平稳、健康的发展提供不竭的动力。自由竞争可以为广大社会成员提供优质服务，使消费者享受到经济发展的实惠。

1947年7月7日的《联合经济区委员会法规条例公告》和1948年6月的《货币改革后的管理原则与价格政策法》，把一般管制措施和物价管理条例予以废除，从而取消了经济领域中的一整套效率低下的政府管制，既没有官僚主义的领导又没有政府的管制，社会各界能够充分自由竞争，国家政策不干涉企业的经营，不对企业发号施令，企业都能自主经营、自负盈亏，企业活力得到充分激发。

（三）经济快速增长的具体措施

1.劳资共决制度提升企业竞争力

劳资共决机制对提升企业竞争力发挥着着重要作用，实现了劳资双方共生共荣的发展景象。这一机制是德国历史和德国国情的产物。一个企业首先被看作一个共同体，劳动与资本的合作以及管理层与雇员之间的权力的合理分配，使每个工作岗位能够顺畅衔接，能够显著提高工作质量，确保技术的精确度。它很好地解决了“委托代理问题”，在德国经济的发展中起了举足轻重的作用，被誉为西欧国家的典范和成功的经验。

法国学者纪尧姆·杜瓦尔认为，德国监事会中大量的职工代表，是德国拥有长期竞争力的关键因素，劳资共决制度不仅很好地保护了职工权利，也防止了经理人的短期策略，促进了长期策略的实施，从而保护了股东利益。经理层能够听取职工的意见，减少独裁专制，有利于职工积极参与企业建设，对企业忠诚，德国的工业竞争力很大程度上得益于此。①

① ［法］纪尧姆·杜瓦尔:《德国模式为什么看起来更成功》，杨凌艺译，人民邮电出版社2016年版，第30—31页。

第二次世界大战德国战败，到处都是残垣断壁，一幅满目疮痍的凄凉景象，国家贫困，百姓贫困，物质资料极度匮乏，只有凭军政府发的食物供应卡才能买到食品，而且还常常缺货。大主教弗林斯在一次布道中婉转地表示："在当时特殊的环境下，为了一家人不挨冻而去偷煤，算不上特别邪恶的行径。"[①]在1948年6月货币改革之前，作为交换媒介的货币是香烟，盛行直接的物物交换。[②]在此背景下，德国取得了以汽车工业为代表的经济巨大发展和成就。笔者认为，"历史是由人民创造的"的哲学理论和中国共产党的群众路线的法宝，能够很好地解释西德1950年后的经济奇迹现象。如果是资方单一决定机制，劳资双方处于分割、对立状态，双方之间缺乏很好的沟通机制，必然存在信息沟通不畅的现象。员工在别人的公司里打工，丝毫没有主人翁的归属感，尊严得不到体现。劳资双方是"主仆关系"，非"一家人"关系，为了各自收入最大化勉强维系着貌合神离，随时会分道扬镳，员工频繁跳槽是必然的现象，而内部不和谐注定企业竞争力不强。

员工不拥有企业决策权，他们的权益得不到相应的保障，收入增长缓慢，只有执行命令的无奈和怨气，巨大的收入差距必然导致仇富的心理和消极怠工，岂会对老板忠心耿耿？员工是关系最密切的利益相关者，他们是最了解公司经营状况的群体。共决制拥有劳资双方之间信息顺畅的沟通机制，使企业决策更加准确。若决策机构把最了解公司经营状况的群体排斥在外，必然会增大决策失误的概率。

俗话说："浑身是铁又能碾几个钉子？"没有员工真心支持和拥护的老板，是"光杆司令"，纵然"光杆司令"有能耐制定宏伟的发展目标，没有员工的支持和拥护绝无可能得以实现。劳资利益共同体的优势在于，职工视"老板的企业"为"我们的企业"。他们主动设法降低成本、主动设计技改方案，人心齐、泰山移，众人拾柴火焰高，人的巨大潜能被激发，共决

---

① ［英］玛丽·弗尔布鲁克：《德国史1918—2014》，卿文辉译，人民出版社2018年版，第202页。

② 同上，第209页。

制赋予职工主人翁的积极性、创造性是企业百年长青的源头活水。

2. 国家积极构建和谐社会

政府积极出台各项措施构建和谐社会，并且进行了必要的社会调控，很好地为经济建设提供了坚实、稳定的社会基础。1949—1957年，西德出台了一系列社会建设方面的法律。社会保险是社会保障体系的重要支柱，除养老保险、医疗保险、失业保险之外，1948年德国还开始实施事故保险。为了使受害者能短时间内恢复健康和就业能力，保险公司除了支付投保者事故医疗费外，如果投保人丧失劳动能力还会给予伤残补贴。事故保险是对全体职员、农民、学生、儿童的一种义务保险，保险费用全部由国家保险机构和企业主承担，上下班途中发生的事故也被纳入保险范畴。1949年出台《社会保障均衡法》《应急救助法》，1950年出台《第一套住宅建设资助法》《家庭手工作业者援助法》《联邦生活救济法》，1952年出台《私有住宅和长期居住权法》《员工参与和解雇保护法》《战争损失平衡法》《保护母亲法》《最低限工作条件认定法》，1953年出台了《重伤残人保护法》，1954年出台了《企业法》《养育儿童资助法》，1957年出台了《指向养老金的社会保障法》。在这个时间段，地球上没有一个国家能像西德一样颁布了如此之多的法律来构建和谐社会，这些法律以及政府的各项措施及时、高效控制了社会矛盾，因而对经济建设起到了基础性的保护作用。

在社会福利事项上，西德认为，如果一个国家的社会福利政策能给每个人很充足的社会保障，那么人们就会安于守旧、得过且过、不思进取，人们的聪明才智和进取心就得不到发挥和挖掘，而积极的进取精神对一个国家的生存和发展起着非常关键的作用。大力倡导并主张人们通过自己的努力来实现自己生活的富裕，对那些不能参与市场经济活动的低收入群体提供"特殊的社会保障"，弥补市场经济的缺陷，这是国家福利政策的必须"辅助性义务"，反对把德国建设成为一个"福利国家"。[①]

① 周茂荣、丁安新、马颖：《德国社会市场经济与中国经济改革》，武汉大学出版社1999年版，第109页。

财富再分配调节，缩小贫富差距。国家财政收入主要来源于企业所得税和个人收入调节税。个人收入调节税，通过累进征收制度，国家既可以增加财政收入，又可以缩小贫富差距。财政收入的增加，为国家投资、向低收入群体提供救助提供了资金保障；贫富差距较小使社会各群体之间矛盾纠纷很小，为经济持续增长、充分就业提供了和谐的社会基础。

3.尊重市场规律，各项措施得力

1948年6月，德国进行了货币改革，新的德国马克成功取代了高度贬值的帝国马克，之前作为交换媒介的货币是巧克力和香烟，同时存在物物交换。放开价格管制导致价格上升，政府并没有采取行政干预，而是借助经济手段，即通过货币从紧和减低税率去刺激投资和生产，比如压低企业周转资金，工人加班收入零税收等。这些举措马上使生产上升，老百姓收入增多，于是出现买方市场。

货币稳定，没有通货膨胀。西德政府采取各项得力措施维护了货币的稳定。联邦银行作为货币政策的执行机关，职责任务是：负责调节货币流通和企业的信贷供给；保卫货币；为国民经济的发展提供稳定的货币条件，运用货币政策工具来调节货币供应量，根据每年国民经济发展的预测来确定货币供应量；抑制通货膨胀，成功控制住物价。保持货币稳定为国家的经济快速发展提供了坚实的金融基础。

德国的银行体制有一个显著特征：具有较大的独立性。在第二次世界大战之后，德国出现过两次灾难性的通货膨胀，人们对通货膨胀深恶痛绝。为了避免悲剧的重演，1957年联邦德国颁布了《德意志联邦银行法》规定，联邦银行是国家的中央银行，是国家货币政策的决策和执行机构，其首要任务是运用货币政策确保币值的稳定，抑制通货膨胀。[①]联邦银行的货币政策不再受政府和政治因素的影响。联邦银行的资本归国家所有，但联邦银行既不对政府负责，也不对议会负责，它的政策由中央银行理事会决定，

---

① 张洋荣：《德国社会市场经济理论与实践考察》，科技大学出版社1992年版，第133页。

政府无权干涉联邦银行的活动，不能对其发布指令。

联邦银行董事会的所有成员，包括联邦银行行长、副行长等由联邦政府提名，由联邦总统任命。联邦政府成员可以参加全国银行理事会会议，但无表决权。联邦银行及时向联邦政府提供货币信息，有权参加联邦政府有关货币事项和经济事项的会议，但是无表决权。联邦政府和联邦银行共同通过“联邦信贷监督局”，对全部银行的活动进行监督、控制，以保证储户存款安全和银行正常业务，实现了银行不损害国民经济发展。联邦银行独立于政府制定货币政策，不受政府干涉，与政府权责明确，同时两者能很好地互相配合协助，有力地保证了货币的稳定供应，物价保持平稳，有效抑制了通货膨胀。德国中央银行的确不负众望，20世纪60年代，德国平均通货膨胀率仅为2.6%，法国同期通货膨胀率则为4.2%。即使在20世纪70年代石油危机影响下，大部分发达国家都出现滞胀现象，即经济停滞，同时存在着通货膨胀，但德国的年平均通货膨胀率控制在5.1%，法国同期为8.6%。[①]

政府在1949年5月和1949年7月给银行以资金帮助，降低贴现率，刺激国内投资。1949年，西德马克贬值20%，有利于出口。[②]马克相对于美元被低估，以致出口成为经济增长的强劲发动机。

1950年6月朝鲜半岛危机发生，在西德出现了囤积性采购，物品价格上升，进口也随之上升，失业率也升高。政府采取抽回流通资金的措施，提升最低储备金额，将贴现率从4%提高至6%，将抵押贷款率从5%提高至7%。不久在1951年第2季度出现了转变，出口开始超过进口。供需关系的改善使价格上升得到了遏制，失业率开始降低。随着1953年7月朝鲜战争的结束，西德自身生产能力得到充分发挥，出口形势一片大好。

1952年，“德国协定”使西德从此成为拥有主权的独立国家，不再受

① ［法］纪尧姆·杜瓦尔：《德国模式为什么看起来更成功》，杨凌艺译，人民邮电出版社2016年版，第40—41页。

② 周弘、［德］彼得·荣根、朱民：《德国马克与经济增长》，社会科学文献出版社2014年版，第4页。

美、英、法三国掌控。经济以及随之而来的政治的成功，使得基民盟/基社盟轻而易举地又赢得了1953年的大选，西德经济继续飞速发展。

西德政府在1957年7月27日颁布了《反对限制竞争法》，于1958年1月1日起正式生效。该法律把竞争自由与秩序统一起来，消除损害有效竞争以及消费者利益的经济行为，防止出现垄断市场的现象，以维护市场竞争机制。政府在保证企业充分竞争的同时，坚决反对不正当的垄断行为。他们认为，垄断组织对于经济发展存在巨大危害，垄断组织凭借其垄断地位，吞噬了其他企业的正当利润，不利于整个产业的发展，不利于技术进步，广大消费者也享受不到更多的实惠。联邦德国于1957年制定了《反对限制竞争法》，并成立了相应的执法机关——联邦卡特尔局，以防止私人或社会组织对市场的垄断。卡特尔局的职责是限制垄断性质的企业合并、维护市场竞争机制。卡持尔局主要由经济学家、法律专家、政府官员等组成，在卡特尔局任职的人员不得在任何企业担任职务，也不得拥有任何企业的股份。

《反对限制竞争法》规定：禁止企业签订限制竞争、影响市场条件的协定，政府主管机构可以宣布协定无效，但对违者要处以罚金；对控制市场的垄断企业实行监督；企业兼并也要受到法律约束，超过一定限度的大规模的企业兼并必须事先向联邦卡特尔局提出申请；禁止限制竞争及歧视竞争者的行为；经济社团和行业社团可以在本行业范围内制定竞争条例，这些条件要对外公开的，有效的竞争起到促进作用。

《反对限制竞争法》反对垄断经营的行为，但是鼓励支持有利市场竞争并能给企业带来正当利益的合作。如中小企业合作有利于中小企业的发展壮大，使中小企业能与大企业充分竞争，能提高行业的整体竞争力，并有利于提高经济增长速度。《反对限制竞争法》和卡特尔局对维护德国社会市场经济发挥着十分重要的作用，既有效发挥了市场经济的优势，同时很好地弥补了市场经济的缺陷。

积极引入人才，解决劳动力短缺的问题。1955年12月《德意招聘协定》出台，规定了招聘意大利劳动力的程序与手续，联邦德国1961年与土耳其，

1963年与摩洛哥，1964年与葡萄牙，1965年与突尼斯和南斯拉夫分别签署了类似协定，大量劳动力涌入西德，为西德提供了大量劳动力，工业产能迅速提高。

截至1961年，共有350万人从东德跑往西德，同一时期，反向流动的人口大约是50万人，东德人口的净流失为300万人，而西德净增加300万人。[①]300万人中大多数是掌握某种技术、受过良好教育的高素质劳动力，他们出于更好的物质生活和职业前景的原因离开东德。西德的劳动力成本在1959—1969年相对于其他国家总体上保持稳定，为经济发展提供了劳动力源泉。

1949年10月，西德加入了欧洲经济合作组织。1951年4月西德加入欧洲煤钢共同体，并于1个月后成为欧洲委员会的正式成员。1957年《罗马条约》的签订，使西德成为欧洲经济共同体的创始国之一。西德积极的外交政策，迅速融入欧洲共同体，为西德出口工业产品提供了顺畅的通道。在国际贸易上，西德主张贸易自由，他们认为国际自由经济贸易政策是整个经济政策的组成部分。为了实现贸易自由化，扩大国际间的经济贸易，联邦德国政府积极倡导和推行经济一体化政策，积极参与欧洲共同市场的建设。欧洲共同体是一个经济合作组织，不是各个国家在数量上的机械的组合，是坚持自由和竞争原则上的经济合作组织。西德不仅在内部实行经济自由，而且在对其他经济区域的贸易关系上也坚持经济自由主义原则。不把欧洲一体化看成一个组织机构，而视为自由经济合作的“功能”。欧洲经济一体化首先应该致力于发展各国间的经济贸易联系，而不应该不分轻重缓急让政治一体化走在经济一体化前面。

战后西德建立了符合市场经济发展规律的体制，没有实施人为干扰的计划经济，以经济发展为中心目标，通过法律、政治等有效措施，将市场经济的负面作用压缩至很小的水平，以保证经济快速发展。经济的快速发

① ［英］玛丽·弗尔布鲁克：《德国史1918—2014》，卿文辉译，人民出版社2018年版，第253页。

展，“蛋糕”做大了，为和谐社会的建设提供了资金的保障。国家采取了强有力措施，及时解决了社会中存在的问题，稳定、和谐社会的构建促进了经济的增长，两者相得益彰、互相促进。政治上“社会+市场经济”的理念和策略非常科学、正确，是战后联邦德国经济腾飞的政治原因。

三、德国统一历程

1949年9月，73岁的康拉德·阿登纳当选为联邦德国的第一任总理，他把经济大权交给了经济部长艾哈德。阿登纳认为，联邦德国薄弱的实力无法抑制苏联，必须加强同西方的团结并提高西德的综合实力，才能让苏联有所让步。为了复兴德国，阿登纳实行“倒向西方、促进西欧联合”的基本外交政策，同时敌视并孤立东德和东欧社会主义阵营，不承认民主德国，不与苏联除外的同民主德国建交的任何国家建立或保持外交关系，哈尔斯坦主义延续了十几年，直到勃兰特上台后才被新东方政策所取代。阿登纳在任的14年内，在政治上为战败的德国赢得主权国家地位，在经济上实施社会市场经济政策，创造了经济的奇迹，为国家统一提供了坚实的物质基础。

阿登纳政府“一边倒”的政策恶化了与东德的关系，加剧了东西方对峙的局面。1961年德意志民主共和国修建“柏林墙”，防止东德人民离开东德，放弃“一个德国”的理念，竭力将分裂固定化和永久化。两个德国外交僵硬，德国统一缺乏进展。

1969年，维利·勃兰特在上任成为联邦德国总理之后，改变了阿登纳的外交政策，实施了“新东方政策”，对苏联和除民主德国之外东欧国家实行缓和的外交政策，与德意志民主共和国相互承认。

1970年12月7日，西德总理维利·勃兰特在访问波兰期间，在华沙犹太隔离区起义纪念碑前敬献花圈后，突然自发下跪并且为在纳粹德国侵略期间被杀害的死难者默哀，当天西德与波兰签订了《华沙条约》。“华沙之跪”表明西德彻底忏悔和反省侵略历史的诚意，他的突然举动赢得了国际尊重，为以后德国统一赢得了东德民众心理上的支持。

联邦德国与民主德国于1972年12月21日签署《联邦德国与民主德国关系基础条约》，联邦德国不再坚持对德国全境的单独代表权，事实上承认了民主德国，但又坚持对后者的承认不是国际法上的承认，东西德之间保持一种“特殊关系”。这一条约缓和了东西德之间相互敌对的关系，促进了两个德国在政治经济文化方面的交流与合作。在此后，西德有机会向东德民众很好地展现联邦德国欣欣向荣的社会景象，从而为以后德国的统一打下了基础。勃兰特的“新东方政策”改善了两个阵营的关系，打破了相互孤立、互不来往的冷战局面，也为欧洲地区的缓和事业做出了一定贡献，因此勃兰特本人获得了诺贝尔和平奖。

1974年，赫尔穆特·施密特担任联邦德国总理，他沿着“新东方政策”的轨道，进一步发展了同苏联、东德以及其他东欧国家之间的关系，联邦德国与苏联及东欧国家的进出口贸易总额从1970年的97亿马克增加到1980年的250亿马克。在德国统一事项上，施密特政府继承和发展了新东方政策，在巩固两德外交成果的基础上，推动双边关系发展，在经贸、运输、环境等领域缔结了20多项协议。

东德的贸易总额中近1/3是与西德交易获得的，并且贸易条件对它非常有利。因为两德之间签署的相关协定，两德间不存在任何贸易壁垒，当然也没有关税，东德因此实际上成了欧共体的一个秘密的成员国。若一方出现贸易赤字，另一方就会无条件地提供信用帮助。凭借着来自西德的高效率的原料供给，东德常常能够突破东欧国家的供应“瓶颈”。西德给东德提供了相当多的贷款，西德希望通过与东德的密切的经济往来来实现德国统一。西德政府的政策是：所有东德人都是德国公民，东德人在西德境内拥有和西德人一样的公民权。由于与西德的这种独特的关系，东德得到了西德资金、贸易上的大力支持，才可以平稳地度过20世纪80年代早期的几场经济风暴，而其他东欧经济体就没有这么幸运了。[①]

---

① ［英］玛丽·弗尔布鲁克：《德国史1918—2014》，卿文辉译，人民出版社2018年版，第279页。

1981年12月，施密特对东柏林进行了访问，与昂纳克进行了坦诚交谈，双方重申永远不允许在德国领土上再发生战争。施密特通过维护和平的主张，凝聚了双方的共识，提高了联邦德国的政治地位，为最后实现统一进一步创造了条件。

1982年，科尔当选新一任联邦德国总理，他依靠美德战略同盟，推进欧洲一体化建设，建立与第三世界国家相互依存的经济合作关系，提升联邦德国的政治影响力和国际地位，进而实现国家的最终统一。他在德国联邦议院的第一份政府宣言中说："德意志民族国家已经分崩离析，但德意志民族存在并将继续存在，德国人民依然可以通过自由和良知恢复德国的统一。"联邦德国加强了对民主德国的经济援助，1983—1984年联邦德国给予民主德国近7亿元的贷款，联邦德国还在双方关税协定中给予民主德国优惠待遇。民主德国通过同联邦德国的贸易，不仅稳居社会主义阵营中人均最富有的经济体，还获得了西方先进的生产技术。

由于民主德国长期实行集权政治统治，经济实行计划经济，国家内部存在严重的社会矛盾，民众对于东德政府越来越失望，加之苏联内部动荡不安，终于在1989年10月民主德国庆祝建国40周年之际，全国各地爆发了大规模的群众抗议。昂纳克被解除一切职务，政治局委员萨博夫斯基下令开放柏林墙，导致上万东德民众走上街头，拆除了柏林墙。联邦德国一鼓作气，加紧实现德国统一。西德政府给前往西德的每位东德游客100马克"欢迎费"，大量东德民众如潮水般进入西德，亲身体验西德富裕的物质生活，西德的商店里挤满了东德人。1989年12月，科尔在德累斯顿会见了民主德国部长会议主席莫德罗，经过讨论，科尔将对民主德国经济援助的贷款总额增加到20亿马克，把对民主德国的贸易贷款限额增加到60亿马克。[①]

德国民众倾向于两德统一，两德本是一个民族、一种文化，统一是大势所趋。联邦德国的经济文化渗透使东德民众相信，统一后能够缩小东西

① [英] 玛丽·弗尔布鲁克：《德国史1918—2014》，卿文辉译，人民出版社2018年版，第423—435页。

德之间的经济差距，提高东德民众的生活质量。由于国内要求统一的呼声越来越高，东德政府同意并接受联邦德国关于统一的提议。

科尔总理很快提出货币联盟的计划，规定西德马克直接进入民主德国的货币流通领域，以西德马克取代东德马克，民主德国人民就能购买汽车、彩电等联邦德国商品。超过95%的民主德国公民支持科尔的货币联盟计划。面对日益恶化的经济状况，民主德国政府只能被迫接受货币联盟的提议。

1990年3月18日民主德国大选，科尔亲自赶往东柏林进行游说，并向支持德国统一的东德政党提供资金，最终科尔所属联盟党的兄弟政党东德基民盟和“民主觉醒”在大选中赢得了48.15%的得票率，大大加快了统一进程。7月6日，两个德国就民主德国纳入联邦德国政治体系进行谈判，会后签署了《统一条约》，这部长达900多页的条约涵盖了有关统一问题的各种细节和一些过渡性条款。1990年10月3日，民主德国加入联邦德国，德国正式宣布统一。

1988年东德54%的家庭有洗衣机，69%的家庭拥有电视机，16%的家庭拥有一辆小轿车。1988年的西德99%的家庭有洗衣机，98%的家庭有电视机，94%的家庭拥有彩色电视机，97%的家庭有小轿车。显然，西德的奔驰、宝马比东德的瓦尔特堡和特拉班特汽车性能好很多。在两个德国的菜市场上，东德除了大白菜就是白萝卜，而西德却有足够的桃子、橘子和葡萄可供挑选。在男女平等方面，东德略好于西德。东德妇女参加工作的比例高于西德，1984年50%的东德劳动力是妇女，同期的西德为39%。[①]根据1990年的统计，民主德国人的平均收入只相当于联邦德国同胞平均收入的34%。[②]联邦德国始终没有放弃“一个德国”的追求和目标，采取以经济手段为主的和平统一策略，凭借其强大的经济实力，对东德的大力支持，以及巨大的物质优势吸引并得到东德人民的认同，为两个德国统一奠定了物质条件和心理基础。

---

① ［英］玛丽·弗尔布鲁克:《德国史1918—2014》，卿文辉译，人民出版社2018年版，第294+309页。

② 殷铜生:《德国经济通论》，社会科学出版社2017年版，第67页。

四、西德20世纪80年代后经济增速放慢

20世纪70年代两次石油危机，导致全球经济增速放缓，德国经济也放慢。

1969年西德社民党执政以来，西德的社会福利急剧膨胀，高税收、高福利严重制约了德国经济的发展。1982年科尔上台后，原本想执行供给导向经济政策，削减高福利费用，然而由于积重难返，也由于削减福利将影响芸芸众生的切身利益，1994年67%的德国西部居民和85%的德国东部居民均表示反对触动现有的社会福利体制，以及“德国统一”后东部经济嗷嗷待哺，于是不得不背离改革的初衷。20世纪80年代后西德经济发展放慢的原因主要有以下几项。

（一）社会福利费用有增无减

养老金是福利费主要支出的一项。由于人口日益老龄化和养老金的不断提高，德国面临严重的养老金问题。20世纪60年代初当德国提出动态养老金制度时，领取养老金的时间平均不到10年，而1993年上升到16年。而且在职人员和退休人员的比例不断降低，1993年100个在职人员要供养36个退休人员。福利的高低主要反映在国家的福利费率上，反映在国家福利费用所占国内生产总值的比例上。从1871年引进福利体制开始到1970年为止的100年时间里，德国的福利费率从1%上升到30%左右。国家福利费用开支巨大，财政入不敷出，不得不举债度日。1990年西德的全部债务占国内生产总值的213%，美国同期为151%，德国政府财政负担承重，经济在低速中徘徊。[①]

（二）高福利导致高失业率

当时德国的每个失业人员一般可以领到相当于本人失业前3个月平均

① 殷铜生：《德国经济通论》，社会科学出版社2017年版，第34页。

工资67%的失业金或57%的失业救济，他们完全可以依此体面地生活下去，如果再能打点“黑工”，收入甚至不会低于就业时，因此他们并不渴望重新就业。[①]高福利导致人们懒洋洋，缺乏积极干事创业的热情。

（三）高福利导致劳动力成本很高

高的福利费主要是用在支付高额工资附加费上。1996年德国经济制造业中每个工人的年均劳动成本为86200马克，是美国和日本的2.5倍，其中直接工资为47400马克，约占总成本的55%，工资附加费为38800马克，约占总成本的45%。高额工资附加费必然导致高额的劳动力成本，1998年德国每小时的劳动成本为23.03欧元，远远高出其他发达国家。[②]高昂的劳动力成本，导致德国企业的国际竞争力必然下降，国内资本离开本国去他国投资，外国资本不愿投资德国，经济增速也必然下降。

（四）《解雇保护法》存在一定的过度维护劳动要素的现象

德国解雇保护制度有一整套法律体系，有专门的《解雇保护法》《民法典》《劳动法》《劳动合同法》，辅之以《母亲保护法》《企业委员会法》《联邦教育补助金法》等法律。1969年修订的《解雇保护法》规定：企业要解雇员工，需要花费一大笔解雇费。德国特殊解雇保护的方式分为两种：一种是限制解除的，只有在雇员有重大违约行为或者企业关闭的情况下才允许解除；另一种是要求解除前必须获得主管机关或者雇员集体利益代表机构的同意。雇主解雇职工首先需要通知企业职工委员会，并要求职工委员会表态是否同意解雇。如果企业职工委员会在3天内表示同意，雇主可以马上发出解雇通知；如果企业职工委员表示不同意，或者3天过后仍保持沉默则被视为不同意；如果企业没有成立职工委员会的，雇主应该向法院提出申请，要求法院做出裁决，法院需要做出相应裁决。雇主没有得到企业职

---

① 殷铜生：《德国经济通论》，社会科学出版社2017年版，第37页。

② 同上，第35页。

工委员会同意或者法院的裁决就发出解雇通知，解雇属于无效，雇员可以在原岗位上继续工作。①

德国雇主解雇职工的制度，虽然能够充分保障劳动要素的利益，但是在解雇职工事宜环节，劳动要素拥有45%—50%的决定权，劳动要素的权力稍许偏大。笔者认为，合适位置在40%左右，资本要素拥有60%左右的决定权为宜。企业不能及时、顺利、低成本地解雇“应该”解雇的职工，即使顺利解雇职工也还需支付一笔解雇费，导致企业生产成本很难降低，产品竞争力不高，企业不会轻易扩大再生产，不利于经济发展。1969年修订的《解雇保护法》存在一定的过度保护劳动要素的瑕疵。

（五）高税率恶化了投资环境

高福利的巨大支出要求高税收来保证财政收入。德国企业需要缴纳三个主要的税种的税收，即收益税、消费税和资产税，它们共同构成了企业税。德国的企业税率1995年为59%，2000年为51.6%，同期美国为40%，见表3-1。高税率吓跑了众多的国内外投资者，造成外国资金不内流、本国资金向外流的局面。②1998年施罗德上任执政时仍高达56.6%，于是他决定要对此大力削减，1999年就减为52.3%，2001年再下调至38.36%；默克尔政府于2009年降至29.44%。③

表3-1　　1995—2009年美国、德国企业税税率比较　　单位：%

年份	1995	1996	1997	1998	1999	2000	2001	2002	2003	2004	2005	2006	2007	2008	2009
美国	40	40	40	40	40	40	40	40	40	40	40	40	40	40	40
德国	59	59	57.5	56.6	52.3	51.6	38.36	38.36	39.58	38.29	38.31	38.34	38.36	29.51	29.44

数据来源：殷铜生：《德国经济通论》，北京社会科学出版社2017年版。

① 王倩：《德国特殊解雇保护制度及其启示》，《德国研究》2014年第2期。

② 殷铜生：《德国经济通论》，社会科学出版社2017年版，第37页。

③ 同上，第481页。

（六）统一后诸多的摩擦、纠纷等“后遗症”不利于经济发展

1980年时东德的劳动生产率只有西德的54%。[①]1990年10月3日两德统一合并成一个国家，之前西德与东德存在巨大的差异，西德科尔政府使出浑身解数来推动原东德地区的经济转轨，通过改制、整固、输血的措施，取得了不小的成绩，但同时也存在很多问题。

统一后原东德地区提出上涨工资，原西德地区民众以“原东德生产率较低、对国家的贡献较低”为理由不太乐意，统一后存在不和谐的现象。1990—2008年德国对原东德的净转移支付达到1.6万亿欧元，原东德的人均收入增长了近两倍，而西德仅增长了38%，2010年原东德居民可支配收入达到原西德的77%。[②]德国对原东德大量的“输血”，导致两个地区间人民心理上存在一定的间隙。

1990年5月18日两德签订“国家协定”，立即建立东西部经济、货币和社会统一体。西德政府为了快速兑现历史赐予的机遇，于7月1日推出了执行该协议的政策，于是东德马克退出历史舞台，东德公民可以按照规定的1∶1—1∶3不等的汇率将手中的东德马克换成西德马克，而此前市场的兑换率是1∶6—1∶9。当时总共有2490.9亿东德马克换成了1560.6亿的西德马克，平均兑换率是1∶1.59，快速的货币整合实际上使东德马克一下子升值了4倍多。[③]东德马克快速升值，政治上非常成功，使东德短期内迅速融入西德，但是经济上产生巨大的不良后果，使本来境况不佳的东德经济立马失去了竞争力，大量企业停顿。经济转轨使劳动力市场几近崩溃，1991年夏原东德1/3的工作岗位丢失。[④]高失业率增加了社会不稳定因素。

---

① 殷铜生：《德国经济通论》，社会科学出版社2017年版，第69页。

② ［德］维尔纳·阿贝尔斯豪塞：《德国战后经济史》，史世伟译，中国社会科学出版社2018年版，第352页。

③ 王涌：《战后德国经济与社会结构变化研究》，世界图书出版广东有限公司2016年版，第55页。

④ 殷铜生：《德国经济通论》，社会科学出版社2017年版，第86页。

原东德是社会主义计划经济路线，东德国营和集体企业的产值分别占全国国民生产净产值和工业生产总值的96.1%和97.5%，私营企业只占3.9%和2.5%，为了顺利、快速推进国营和集体企业私有化进程，1990年3月1日东德莫德罗政府成立托管局，它的主要任务是对当时的国有企业实行托管，把它们变为资本公司，准备进入市场。德国统一后托管局的任务扩大了，重点主管以下工作：迅速私有化，迅速剥离联合企业，建立富有竞争性和整体效益的构架：坚决对企业进行整治，如有可能则在整治后实行私有化；谨慎地对无法进行整治的企业实行停产；在竞争中实行私有化，尽可能获得国际赞誉；全部企业私有化，不允许某些部分企业长期在托管局“抛锚”，尽量不搞合资企业；负责企业的管理、专门技术、销售渠道和市场；负责就业问题的谈判，以保证具有竞争性的就业岗位的维护和创造；执行并监督整治计划，包括发放债务、偿还贷款和提供信贷担保；甄别原企业主索回财产的权利；处理把资产对象归还给地方的要求。托管局通过自由出售、投标、有限招标、公开招标、公开拍卖等途径，于1994年底完成私有化的任务。东德最后一届政府统计，东德全部国有资产为13000亿马克，经联邦德国复核后仍有6000亿马克，托管局在实际估价后制定的初期资产负债表中该财产又被减少到负2100亿马克，最后托管局的实际债务为2700亿马克。于是人们自然会问，这不是国有资产的流失吗？[①]东德人民40年辛勤工作的成果究竟到哪里去了？私有化的过程中可能存在很严重的国有资产流失的现象，招致部分人民的强烈不满。百姓的不满情绪间接地影响经济的发展。

西德“携手建设东部”的资助项目，每年向东部地区注入大量资金，原西德政府对实际所需要的资金估计不足。政府财政赤字急剧上升，为了减轻财政负担，于是“不得不”采取了提高税收的方针，如1993年1月1日起提高消费税（汽油和烟草税），1994年7月1且开始向每个有收入的公民征收“两德统一税”。越来越多的原西德人把原东德看成是“输血”的无底洞，他们非常失望，除去一张放大了的德国地图外，统一没有给他们带来

① 殷铜生：《德国经济通论》，社会科学出版社2017年版，第98—105页。

任何好处，反而加大了他们的负担。对百姓征税，社会消费下降，间接影响经济增长。1997年德国上下普遍感觉：两德统一在政治上是成功的，但是在经济上很不理想。1998年大选，对德国统一有着巨大功劳的科尔总理被施罗德取代。

五、20世纪80年代后美国经济高增长的迷惑

中国在公司治理领域中引入美国的独立董事制度，而很少借鉴德国的劳资共决制，其原因如下。

第一，美国是世界头号经济大国，从而错误地以为美国公司治理中的独立董事制度是灵丹妙药，学术界对美国的独立董事制度情有独钟，而对德国劳资共决制则无人问津。2004年美国基尼系数为0.464，而德国2006年为0.27。中国的一些学者只看到美国GDP总量的庞大，而不关注甚至熟视无睹独立董事制度本身巨大的缺陷：导致贫富差距很大。

第二，只看到20世纪80年代后美国的经济增速显著大于德国的表象。1980—2000年德国实际人均国民生产总值平均年增长率为1.8%，同期美国为2.8%；2000—2008年德国平均年增长率为1.4%，同期美国为2.2%，见表3–2。没有刨根问底地分析德国20世纪80年代之后经济放缓，没有准确认清经济增速放缓的原因，只看到放缓的表面现象，从而错误地认为劳资共决制没啥价值。

表3–2　1950—2008年德国、美国实际人均国民生产总值增长率（平均年增长率）[①]

单位：%

时间	1950—1965年	1965—1980年	1980—2000年	2000—2008年
德国	5.6	3.9	1.8	1.4
美国	2.0	2.3	2.8	2.2

---

① ［德］维尔纳·阿贝尔斯豪塞：《德国战后经济史》，史世伟译，中国社会科学出版社2018年版。

二战后西德经济增速显著高于美国，1950—1965年德国实际人均国民生产总值平均年增长率为5.6%，同期美国为2.0%；1965—1980年德国平均年增长率为3.9%，同期美国为2.3%，见表3-2。如此巨大的经济增速差异，产生的历史背景：美国是二战战胜国，而德国是战败国。美国和德国根本不在同一个起跑线上，但是二战后“贫困者”的经济增速远远大于“富裕者”，只能说明劳资共决制更优。

六、施罗德、默克尔改革福利制度

为了发展经济，扭转高福利的缺陷，施罗德、默克尔政府顶着巨大的压力进行了改革。

（一）施罗德“新中间道路”

1997年德国税收占国内生产总值的40.3%，其中个人所得税最高税率为53%，企业税为51.83%，工资收入的最高税率为47%，公司留成利润税率为43%，起征税率为25.9%，这在发达国家之中属于高税收。①

1997年德国社民党提出了社会福利制度改革，1998年社会民主党与绿党共同组阁，社民党主导了政权。施罗德在1998年联邦议会竞选纲领中提出了“新中间道路”的理论，目的是在保持社会现代化中，寻求经济现代化和社会福利制度的平衡。德国政府提出的“2010规划”的改革方案，对德国福利制度、税收、劳动力市场、养老金等方面进行了大幅度的调整，重点是改变福利政策，调动企业和个人在实现社会福利方面的积极性。“新中间道路”主张见下：

第一，改变观念迎接全球化的挑战。经济发展战略必须以可持续发展为目标，突出市场调节作用，推崇效率优先原则，强调市场是经济生活的主体。实现经济生活中的管制与非管制、社会生活中的供给与需求、公平

① 殷桐生：《德国经济与德国病》，《国际论坛》2001年4期。

与效率、权利与义务相平衡的原则，实现经济增长。

第二，对国家的作用作新的诠释。在市场和国家作用问题上，过去注重强调国家对经济的干预，重视国家对经济与社会的调节功能。而现今社民党更加强调“大国家、小政府”，政府的主要作用是为企业创造良好的经营和竞争环境，规范市场秩序，提供可持续发展的基本条件，而不应包揽一切。

第三，改变福利政策。目的不是消灭福利制度，而是更好地适应德国新的国内外环境。将德国政府负担和雇主负担转嫁到德国民众身上的社会保障政策的改革，目的是削减社会福利。

“新中间道路”的具体措施见下：

第一，调整养老金和失业金。减少养老金领取比例，提高养老金缴纳比例；继续发挥政府在养老保险中的作用，但财政负担要相对稳定，扩大私人养老保险。政府每年拿出700亿欧元来补贴养老保险基金，政府有关部门出资占到整个养老金的15%，中远期达到25%—30%的份额由私人承担。退休年龄自2006年起逐渐由60岁提高到63岁。德国不断的人口老龄化，对德国养老保险形成了巨大的压力。

调整失业金的发放时间，由原来的32个月，开始逐步下调。失业金领取时间以年龄为尺度，45岁以下的失业者最多只能领取到12个月的失业金，55岁以上可以领取18个月的失业金。降低失业救济金额度，政府节省30亿欧元的财政支出，失业救济确保失业人员由“标准生活水平”降低到仅仅维持“基本生活”的水平。

第二，改革税收。要盘活德国福利制度，必须从源头抓起，改革当前税收现状。税收改革是从2004年开始实施的，税率在不断下降。具体为，降低个人和企业的所得税，个人所得税由22.9%降为15%，最高税率由51%降为42%，个人年收入的纳税起征点从7235欧元提高到7664欧元。企业所得税由40%降为25%，企业股东红利免税50%。合并和减少原先纷繁复杂的减免税项目，由原来的50多个税项减为32个税项。取消部分赋税，公司出让其拥有的其他企业的股份时取消所得税。税收的降低提高了个人和企业的积极性，从而恢复德国经济的活力。

第三，劳动力市场改革。2003年以来，施罗德政府采取以下措施对国内劳动力市场进行改革，以期解决国内严重的失业问题，加大劳动中介和劳动者培训的力度，在大力发展政府主办的劳动中介部门的基础上，鼓励私人职业介绍中心的发展。

调整《解雇保护法》，解决经营不佳引起的裁员。《解雇保护法》适用的企业由以前5名雇员提高到10名，使小企业得到更多的自由。对于新建立的企业，企业创立最初4年劳资双方可以订立不超过4年的劳动合同，企业可以更自由地聘用新员工，从而使创业者能更轻松地聘用新人。放宽解雇保护，将主要使小型企业和创业者在生产需要的情况下更容易地雇佣新的劳动力。从长期来看，这一改革还将降低德国的工资附加费用，从而提高企业的竞争力。

创立许多中、低工资岗位。政府支持鼓励"微型工作"，为非熟练工人创造低工资岗位，同时对雇佣这些工人的雇主发放津贴，有效缓解就业压力，使更多有志愿工作的人能找到工作。

第四，医疗制度整顿。2004年德国颁布了《法定医疗保险现代化法》，医疗改革本着"继续坚持团结互助、在社会共济的基础之上，增强国民对医疗健康的自我责任"的原则，要求投保人个人承担部分医疗费用。2004年个人平均医疗保险费的支出将降低到工资总额的14%以下，从2005年开始则不应超过13%，个人需要承担更多的责任。将原来的基本免费医疗改为收取部分费用，原来的免费就诊改为每季度收费10欧元，住院治疗时病人要交纳10%的住院费用，但最高不超过300欧元。取消一些由医疗保险支付的项目，如丧葬费、假牙费、部分眼镜费等。①

① 冯英华：《经济全球化对欧洲福利国家的挑战》，上海外国语大学2007年硕士论文，第31—38页。

（二）默克尔政府的改革

默克尔政府进一步实施减少企业税赋、减少福利待遇以及放宽就业和放宽解雇劳动力市场政策。为了增强企业活力，默克尔政府大力削减企业税负，如采取将企业投资货物折旧率从20%提高至30%（由此可减少企业25亿欧元的负担），将由雇主和雇员各承担一半的失业保险费率从6.5%降至4.5%。

默克尔政府提出全面改革失业保险、医疗保险以及养老保险等，以革新不堪重负的社会福利制度。如在医疗改革方面，德国计划将依收入而定的现行法定医疗保险改为统一的"健康金"，由个人、雇主分担，目的是简化保险规定，扩大保险机构的收入基础，分摊保险费用负担，逐步减少养老金比率。

加大政府科技投入，促进高科技的发展。默克尔政府高度重视科技创新，在默克尔总理的倡议下，政府成立了"创新与增长咨询委员会"，制定了"高科技战略"，大力促进生物与基因技术、信息通信技术、光学技术、纳米和微电子系统技术、环保、宇航技术。"高科技战略"的主要措施是增加科研经费、设立"高科技创业基金"、确定重点科研领域等，为高新技术发展提供资金支持，实现经济和社会的可持续发展。

默克尔政府还实施了发展服务业、资助家政业和短期工作、扶助中小企业等政策，通过倾斜政策重点发展有利于扩大就业的行业，扩宽就业渠道，给社会提供更多就业岗位。①

（三）改革效果逐渐显现

施罗德和默克尔对高税收、高福利的改革，部分群体的利益会有暂时的损失，各种反对声音连绵不断。他们的改革并不顺利，每一步改革都面临工会组织、老年群体、移民群体的极力反对。他们顶住巨大的压力，稳

① 邓红英：《浅析默克尔政府的就业改革》，《长江论坛》2008年第5期。

步改变高税收、高福利的福利制度。福利制度改革增加了社会刺激机制，增强了社会动力。通过削减津贴收入实现了长期高就业，福利改革创造了大量就业岗位，降低了企业所得税，大大刺激了企业的创新和投资热情，促进了经济增长的潜力，同时提高了德国产品在国际市场中的竞争力。政府鼓励失业者自主创业，给予资金和政策的支持，有大量失业者抓住了政策给予的机会，自己创业当上了老板。改革的积极效果逐渐显现出来，经济状况逐渐好转。

七、德国福利制度改革对中国的启示

（一）中国福利制度理论

1978年以前中国的社会保障主要表现为劳动保险。由于受物质水平和资金积累的限制，保险对象的范围比较狭窄，主要是全民所有制企业和事业单位的职工和干部，不包括城镇集体所有制企业单位和事业单位的职工和干部，也不包括广大农民。随着改革开放的深入发展，中国开始建立全面的社会保障制度，制定了《残疾人保障法》《老年人权益保障法》《劳动法》《保险法》等一系列法律。

1993年，中共十四届三中全会通过的《关于建立社会主义市场经济体制若干问题的决定》指出，社会保障制度是社会主义市场经济体制基本框架的构成部分之一。

2007年，中共十七大报告提出，要加快建立覆盖城乡居民的社会保障体系，保障人民基本生活。

2012年，中共十八大报告指出，社会保障是保障人民生活、调节社会分配的一项基本制度，要加紧建设对保障社会公平正义具有重大作用的制度，逐步建立以权利公平、机会公平、规则公平为主要内容的社会公平保障体系。

2017年，中共十九大报告强调，要按照兜底线、织密网、建机制的要求，全面建成覆盖全民、城乡统筹、权责清晰、保障适度、可持续的多层次社会保障体系。

2022年，中共二十大报告指出，社会保障体系是人民生活的安全网和社会运行的稳定器；健全覆盖全民、统筹城乡、公平统一、安全规范、可持续的多层次社会保障体系；完善基本养老保险全国统筹制度，发展多层次、多支柱养老保险体系；实施渐进式延迟法定退休年龄；扩大社会保险覆盖面，健全基本养老、基本医疗保险筹资和待遇调整机制，推动基本医疗保险、失业保险、工伤保险省级统筹；完善残疾人社会保障制度和关爱服务体系，促进残疾人事业全面发展。

（二）高福利在中国不可行

高税收、高福利的制度造就了一批“懒汉搭车”人群。他们依托福利资金，不愿意积极工作，没有很好的吃苦创业和进取精神。因为失业提供了很好的社会福利措施，慷慨的失业补助金及其他福利措施，大大降低了失业者寻求工作岗位的急迫性。高税收、高福利削弱了人们的进取和自立精神，国家没有强大的人力资源动力，经济增长必然乏力。高福利给国家带来了巨大的财政压力，政府不得不实施高税收或大量举债。高税收必然吓跑资本，本国资本逃离本国，外国资本不会进来投资，投资马车软弱无力，经济发展势必慢悠悠。德国自1969年开始实行高税收、高福利的福利制度，是20世纪80年代之后经济严重滑坡的主要原因之一，从而施罗德、默克尔不得不进行改革。

目前中国国内生产总值位居世界第二，但是人均GDP距发达国家存在较大差距，中国实现发达国家的目标还任重道远，需要全国人民不懈努力奋斗。中国的人均资源匮乏的国情根本无力支撑高福利。德国的人均自然资源远远高于中国，高福利在德国行不通，在中国更不可行。

人民创造历史，劳动开创未来。劳动是推动人类社会进步的根本力量，幸福不会从天而降，梦想不会自动成真，需要撸起袖子加油干。实现中国共同富裕的目标，开创美好未来，必须紧紧依靠人民辛勤劳动、诚实劳动、创造性劳动。中国必须走一条通过人力资源辛勤劳动创造财富的道路，这是一条可持续的发展道路。辛勤劳动创造出来的财富才是真正的财富，而大量超发货币容易产生泡沫，引起通货膨胀，泡沫一旦破裂，经济必然停滞。

2020年中国企业所得税的名义税率为25%，其收入占国际口径税收收入（含社会保险费收入）的比重为18.1%，高于OECD成员国10%的平均水平，也比拉美国家15%的平均水平高出3个百分点。[①]笔者主张逐渐降低企业所得税，长期坚持企业所得税不高于世界的平均水平，以创造良好的投资环境，吸引资本来华投资，以期促进经济快速增长。

市场无形的手绝非完美无缺，存在市场失灵和贫富差距较大的缺陷，需要政府有形的手予以弥补。基本保障制度是国家和社会的稳定器，是构建和谐社会的必须措施，是实现共同富裕的保障和必须。

二战后西德经济增速高于美国的主要推力之一是劳资共决制，德国的劳资共决制具有巨大的借鉴价值。20世纪80年代以后德国的经济增长速度低于美国，主要原因是：高税收吓跑资本；高福利导致国家负担沉重和大量“懒汉”;《解雇聘保护法》过度地保护职工的权益；两德统一的“后遗症”。高福利的制度在人均资源相对丰富的德国不可行，在中国更加不可行；但是基本养老、基本医疗保险等基本福利措施，是中国需要坚持的基本国策。

第二节　保障中小股东的应得收入

上海证券交易所与深圳证券交易所于1990年相继成立，中国股票市场迅速发展壮大。股票市场一直存在大股东侵占中小股东应得收入的问题，中小股东赔多赚少，为了解决股东之间的收入侵占问题，被寄予厚望的独立董事制度引入中国。

① 朱青：《论优化我国税制结构的方向》，《税务研究》2021年第10期。

中国学术界对独立董事开展了大量研究，众说纷纭，至今没有形成共识。以下是否定的声音。李常青等研究认为，独立董事比例与公司绩效负相关。①唐雪松等研究发现，在独立意见中说“不”的独立董事离任现职的概率显著高于其他独立董事，而且离任概率随着意见严重的等级提升而增加；独立董事从公司获得报酬越高，在独立意见中说“不”的可能性越低；独立董事不利于履行监督职责，也没有发挥对投资者保护作用。②李文勤等研究显示，未发现独立董事成员数量与企业社会责任履行水平之间存在显著相关关系。③刘汉民研究结果表明，独立董事薪酬激励不足会对独立董事形成监督激励，抑制经理人超额薪酬；独董薪酬激励过度又会导致独董进行“寻租”，促进经理人超额薪酬；经理人兼任薪酬委员会委员将正向调节独董薪酬激励过度和经理人超额薪酬间的正向关系，独董薪酬激励不足形成的激励作用是有限的，未能显著提升企业未来业绩；独董薪酬激励过度作为“寻租”信号，不利于提升企业未来业绩。④祝继高等研究表明，非控股股东董事更有可能投非赞成票，而独立董事更不可能投非赞成票，非控股股东董事比独立董事能够更好地监督控股股东和管理层。⑤吴伊菡等研究结果表明，独立董事提出异议并不能降低上市公司的违规行为，权衡津贴和声誉实现个人利益最大化是独立董事异议监督的关键动机；独立董事声誉较高时，倾向于对上市公司违规行为提出异议；独立董事津贴收入较高时，倾向于不对上市公司违规行为提出异议；独立董事追求个人利益最大

---

① 李常青、赖建清：《董事会特征影响公司绩效吗？》，《金融研究》2004年第5期。

② 唐雪松、申慧：《独立董事监督中的动机——基于独立意见的经验证据》，《管理世界》2010年第9期。

③ 李文勤、徐光华：《董事会结构、产权性质与企业社会责任绩效——基于制度环境视角》，《会计之友》2017年第21期。

④ 刘汉民、薛丽娜：《独董薪酬激励对经理人超额薪酬的影响：促进或抑制》，《现代财经》2020年第6期。

⑤ 祝继高、叶康涛、陆正飞：《谁是更积极的监督者：非控股股东董事还是独立董事？》，《经济研究》2015第9期。

化，他们提出异议的主要动机是卸责而不是尽职。[①]卢太平等研究发现，较高的薪酬会削弱独立董事的独立性，并加剧大股东掏空程度，提高独立董事薪酬会降低企业会计信息质量，促使独立董事积极参会并减少其异议行为，最终加剧大股东掏空程度。[②]

以下是对独立董事持肯定的声音。郑志刚等研究发现，高的独立董事薪酬水平能够显著改善上市公司绩效；而独立董事薪酬差别化带来的效应仅在其平均薪酬水平较高时才会显现。[③]王跃堂等研究认为，独立董事比例和公司绩效显著正相关，并且发现当大股东缺乏制衡时，独立董事比例对公司绩效的促进作用会显著降低。[④]毛建辉研究结论表明，独立董事声誉可以抑制大股东掏空行为；相较学者独立董事声誉，实务独立董事声誉抑制大股东掏空行为更显著。[⑤]周军研究发现，独立董事网络有助于企业创新绩效的提高，即独立董事网络中心度与企业创新绩效有显著的正相关关系；对独立董事的专业背景进行区分后，发现上市公司拥有技术背景的独立董事时，公司独立董事网络中心度与创新绩效的正向关系显著增强。[⑥]胡泽雯等研究结果发现，独立董事网络中心度越大，企业社会责任履行程度越好，而行业竞争强度对上述关系有明显的强化作用。[⑦]宫婧祎发现，创业板公司

① 吴伊菡、董斌:《异议独董：尽职还是卸责》,《现代财经（天津财经大学学报）》, 2021年第6期。

② 卢太平、马腾飞:《独立董事薪酬与大股东掏空：激励还是合谋》,《财贸研究》2021年第12期。

③ 郑志刚、梁昕雯:《中国上市公司应如何为独立董事制定薪酬激励合约》,《中国工业经济》2017年第2期。

④ 王跃堂、赵子夜:《董事会的独立性是否影响公司绩效？》,《经济研究》2006年第5期。

⑤ 毛建辉:《独立董事声誉能抑制大股东掏空行为吗？——基于中小板的经验数据》,《南京审计大学学报》2018年第5期。

⑥ 周军:《社会网络视角下独立董事与企业创新绩效》,《财经论丛》2018年第4期。

⑦ 胡泽雯、叶建木:《独董网络位置影响企业社会责任履行吗？——基于行业竞争的调节作用》,《财会通讯》2020年第21期。

独立董事海外背景与薪酬特征与公司绩效呈显著正相关关系，独立董事任期特征对公司绩效有显著负面影响，创业板企业独立董事年龄特征与公司绩效存在倒U形关系。[①]丁明发等发现，女性董事与女性独立董事对上市公司大股东掏空具有抑制作用，且在国有企业中这种作用比在非国有企业中更显著。[②]谢柳芳等研究发现，具有审计经历的独立董事对高管在职消费具有抑制作用，提升了公司投资水平，从而体现出优化资源配置、改进公司治理的效应。[③]周泽将等研究发现，独立董事薪酬激励显著抑制了企业违规行为；独立董事薪酬越高，企业违规行为发生的可能性和严重程度越低；国有企业中独立董事薪酬激励对企业违规行为的抑制作用更强；独立董事薪酬激励对企业经营绩效具有显著的提升作用。[④]向锐等发现，学者型独董与内部控制质量存在显著正相关关系，会计专业学者型独董与内部控制质量存在显著正相关关系。[⑤]

从社会学分析，独立董事是大股东的朋友，独立董事监督是“友情监督”，因而对大股东的监督收效甚微。依据马克思政治经济学基本原理对美国的独立董事制度进行剖析，就是资产阶级剥削无产阶级在20世纪的延续、演变。表现为富裕阶层侵占大众阶层应得收入，而独立董事制度便是这种侵占的典型“遮羞布”。

① 宫婧祎:《创业板公司独立董事特征与企业绩效的关系研究》,《作家天地》2020年第17期。

② 丁明发、周光磊、张晓艳等:《女性董事对上市公司大股东掏空的抑制作用——基于中国市场的实证研究》，金融与经济》2020年第10期。

③ 谢柳芳、孙鹏阁:《具有审计经历的独立董事是否更尽职？——基于高管在职消费的视角》,《审计与经济研究》2020年第6期。

④ 周泽将、卢倩楠、雷玲:《独立董事薪酬激励抑制了企业违规行为吗？》,《中央财经大学学报》2021年第2期。

⑤ 向锐、林融玉:《学者型独董与内部控制质量——基于中国上市公司的经验证据》,《厦门大学学报（哲学社会科学版）》2022年第2期。

一、剖析美国的独立董事制度

（一）独立董事制度产生、发展的背景是经济不平等

根据《21世纪资本论》可知，20世纪20年代，美国的收入不平等程度急剧上升，在1929年“大萧条”的前夕达到顶峰，50%的国民收入被前10%的人群占有。在1950—1980年，收入层级中的前10%人群收入占到美国国民收入的30%—35%。1980年以后，美国收入不平等快速扩大，21世纪伊始，前10%的人群收入上升到45%—50%，见图3-1。①

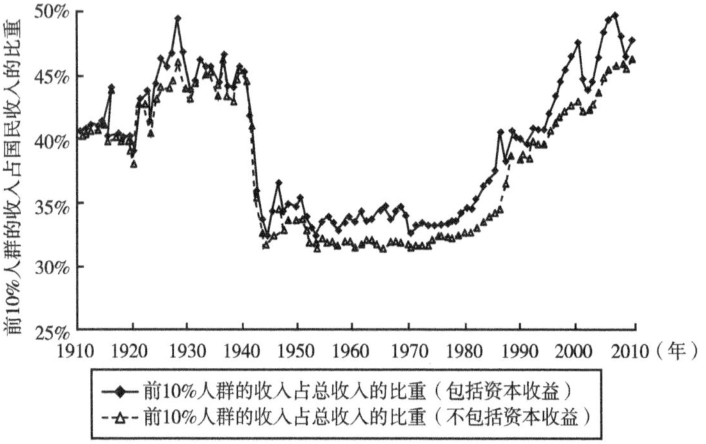

图3-1　1910—2010年美国收入不平等状况

资料来源：[法]托马斯·皮凯蒂：《21世纪资本论》，巴曙松等译，中信出版社2014年版。

1944—1968年，美国的基尼系数基本上在一个稳定的区域内波动下降，从1944年的0.436降到1968年的0.406。1968年以后特别是在里根政府执政之后，实施大幅度的减税计划，使美国国内收入分配差距迅速扩大，1968年0.406是最低点也是拐点。从1968年到1997年近30年间，美国的基尼系

① [法]托马斯·皮凯蒂：《21世纪资本论》，巴曙松等译，中信出版社2014年版，第299—300页。

数上升了6.8个百分点，平均每年上升0.234%。1998—2004年，美国的基尼系数继续上升，从1998年的0.453上升到2004年的0.461。[①]

基尼系数0.4是国际公认的贫富差距警戒线，国际惯例把0.2以下视为绝对平均，0.2—0.3视为比较平均，0.3—0.4视为相对合理，0.4—0.5视为收入差距较大，超过0.5则意味着贫富差距悬殊。综合托马斯·皮凯蒂和中国学者洪丽的研究结果，可以得出以下结果：美国独立董事制度从起源于20世纪30年代到完善于80—90年代的时间内，美国的基尼系数一直高于0.4。美国独立董事制度产生、发展、完善的背景是经济上的不平等、贫富差距较大或巨大。在巨大的贫富差距下，犯罪率必然居高不下。美国人口占世界总人口比例为5%，却关押着世界25%的囚犯，[②]这是不平等导致的高昂社会代价。

（二）经济基础不平等决定经济制度不平等

马克思早有科学论断：经济基础决定上层建筑。经济基础是指占统治地位的生产关系总和；生产关系是生产过程中形成的人们之间的社会关系，包括生产资料所有制形式、人在生产过程中的地位和互相关系、产品的分配形式；政治法律制度、设施和意识形态为上层建筑。[③]反映经济基础运行状况最主要、最直接的经济学指标就是基尼系数或10%的高收入人群的经济收入占国民经济收入的比例。独立董事制度属于经济制度，属于上层建筑的范畴。依据经济基础决定上层建筑的基本原理可得：美国经济基础的不平等，必然导致上层建筑的独立董事制度的性质也是不平等的。上层建筑的法律制度不平等由经济状况的不平等所决定，这也是诸多政治学、政治经济学人士的普遍认知。

---

① 洪丽：《当代外国居民收入差距的实证研究及对中国的启示》，武汉大学博士论文2010年，第31页。

② ［美］约瑟夫·E.斯蒂格利茨：《美国真相》，刘斌、刘一鸣、刘嘉牧译，机械工业出版社2017年版，第200页。

③ 本书编写组：《马克思主义基本原理》，高等教育出版社1988年版，第130—132页。

美国的金钱政治扭曲了民意，把选举搞成了有钱人才能参与的游戏。美国两党总统候选人花费的选举费用越来越多，从2004年的7亿美元，增加到2008年的10亿美元、2012年的20亿美元。2016年美国大选总共花费66亿美元，成为美国史上最昂贵的政治选举。[①]金钱政治，事实上的金钱民主，使资本主义民主沦为服务于资产阶级的工具，变成与大众的真实权利越来越远的形式民主，从而丧失了民主的正义。富裕阶层通过个人和组织捐赠等多种形式，将金钱资源有针对性地投放到选举和立法过程中，以此控制候选人、设定政策议程、影响政府决策，进而实现增进自身利益的目的。

1957年毛泽东同志在《关于正确处理人民内部矛盾的问题》一文中，就对西方的两党制进行了科学论断："西方的两党制，这一党在台上，那一党在台下。但是这种所谓两党制不过是维护资产阶级专政的一种方法，它绝不能保障劳动人民的自由权利。"[②]

《谁统治美国》指出："美国公司富豪将经济权力转化为政策专家和政治通道的能力使他们成为对联邦政府影响最大的力量。经济权力、政策专家和持续的政治通道三者的结合使公司富豪成为支配阶级，他们拥有塑造经济和政治框架的权力，其他群体和阶级必须在这一框架内运行，公司富豪还有权力改变与选举和选民相关的规定。"[③]

美国大公司为富人所掌控，他们通过社会群体的纽带来共同分享经济利益，这些社会纽带胜过亲属纽带。董事会是公司的决策机构，董事会中的执行董事和非执行董事共同设定会议议程，决定董事会在重大议题上的看法，确定独立董事人选。独立董事是他们的朋友或朋友的朋友，通常来源于公司富豪群体网络，皆是富有的上层阶级。通常情况下，独立董事在公司决策方面的作用犹如橡皮图章，执行董事在提名公司接班人等重大事

① 李云龙：《金钱政治暴露美国民主虚假一面》，《人民日报》2019年3月18日。

② 《毛泽东文集》（第七卷），人民出版社1999年版，第208页。

③ ［美］G.威廉·多姆霍夫：《谁统治美国？》，外语教学与研究出版社2017年版，第10页。

项方面拥有最终的决定权。当独立董事表现出对首席执行官的管理感到不满时，他们通常在几乎没有任何提前通知的情况下会被辞退。

公司富豪拥有巨额的财富和共同的经济利益，他们联合起来创建自己的社会机制：封闭式的小区、严格管控的公寓大楼、私立学校、排他的社交俱乐部以及幽静的避暑胜地。这个社会机制创造了一种特殊的凝聚力和一种群体归属感，即一种富豪群体的情感与纽带，由此将公司所有者和高层管理人员塑造成社会上层阶级。他们为了弥补人手不足，资助并掌控着多种多样的非盈利组织，如免税基金会、智库、政策研讨团体等，用来帮助他们制定符合自身利益的策略。除了工会和大部分教会之外，美国几乎所有的非盈利性团体都受公司富豪的资助和掌控。这些组织的理事会成员，与公司领袖以及上层阶级共同构成了美国的权力精英层。

公司富豪能够将他们的经济财富转化为有利于自己的政策，他们是影响联邦政府决定的最大力量。来自公司富豪群体网络的领袖一直被联邦政府委以行政部门的高级职务，而国会中则认真倾听他们掌控的基金会、智库以及政策研讨团的专家提出的政策方案。公司富豪群体拥有塑造经济和政治框架的能力和权力，其他群体和阶级必须在这一框架内运行，是联邦政府和国会的支配阶级，在涉及自身切身利益的议题上他们几乎能够次次胜利。

美国无论是共和党政府还是民主党政府，其高层官员大多是公司董事、律师或政策规划网络中的理事会成员。1897—1972年，205名总统内阁成员中，有60%是上层阶级成员，且有78%是公司富豪群体。1934—1980年，被委任以内阁、外交和法院要职的官员中，有64%来自公司富豪群体。被任命的政府高层官员中，很少有人来自自由派组织，基本没有人来自工会团体。

20世纪80年代以后也呈现出相同的现象。克林顿政府和小布什政府的国务卿，虽然他们的种族和性别不尽相同，但他们都拥有极其相似的履历。克林顿的第一任国务卿是洛克希德·马丁公司、南加州爱迪生国际公司和第一洲际银行的董事，同时也是卡耐基基金会的理事，外交关系委员会的副主席被任命时是一名专业的公司法律师。小布什总统的第一任国务卿是一位四星上将，他曾出任湾流宇航公司的董事，在湾流宇航公司期间，他帮助公司将喷气机卖到科威特和沙特阿拉伯，获得了150万美元的股票期权，被任命时，他还是外交关系委员会的成员。

克林顿政府和小布什政府任命的财政部长同样拥有相似的富豪背景。克林顿政府的第一任财政部长，从他的父亲那里继承了数百万美元的家产，在得克萨斯州创办了自己的保险公司，后来又成为一名参议员。他的继任者是高盛的联合董事、卡耐基基金会的理事，在继任时，其资产净值为5000万美元到1亿美元。小布什政府的第一任财政部长是从美国铝业公司退休的董事长，也是商业委员会及商业圆桌会议的成员；第二任财政部长是一家货物运输公司的首席执行官和另外三家公司的董事，同时也是商业圆桌会议的成员；第三任财政部长是高盛的董事长、商业圆桌会议的成员。

奥巴马任命的两位白宫幕僚也是富豪群体人员。奥巴马的第一任白宫幕僚拉姆·伊曼纽尔毕业于莎拉劳伦斯学院，于1998年加入私营部门，在一家华尔街银行的芝加哥办事处做了几年交易人，他成功促成了几笔有利可图的并购（包括将两家较小的公用事业公司合并到爱克斯龙电力公司，后者之后成为了美国最大的公用事业公司），从中赚取了1620万美元。另外一位白宫幕僚是瓦莱丽·贾勒特，是奥巴马的朋友、筹资人，是芝加哥中产阶级黑人群体的重要联络人。贾勒特曾担任过一家房地产管理公司的首席执行官、美国石棉公司（一家成立于芝加哥的建筑材料公司）的董事、芝加哥大学理事会的副主席，以及乔伊斯基金会的理事。获得任命时，贾勒特的资产净值为500万—1500万美元。

美国富豪群体掌控着美国制造商协会、美国商会、世界大型公司联合会、商业委员会、美国经济发展委员会以及商业圆桌会议。以全美制造商协会及其在各州的分会为例，它的主要职责是在经济的各个方面竭力反对工会，反对诸如提高最低工资、失业补助以及社会保障金、任何能够赋予其员工更多权力的立法。2009年年初，全美制造商协会抵制了两项提交到众议院的与女性工资歧视有关的法案。

公司领袖群体出奇一致地极力反对政府对工会的任何支持，将工会视为他们财富和权力的主要对手，因为工会拥护的一系列政策将削弱他们的权力和利益。他们大肆宣传集体谈判导致的涨薪会导致严重的通货膨胀，大肆抹黑工会的主张将降低美国企业的竞争力。高效掌控劳动力市场，追求财富和收入的最大化是他们不懈的追求。

2001年获得诺贝尔经济学奖的斯蒂格利茨在《美国真相》一书中指出："美国经济体系已经变成了一种以大型企业和金融机构为主导的经济体系，甚至是一种建立在企业CEO和高管权力基础上的经济体系。"①

美国立国之本是将强有力的制衡机制和《人权法案》纳入国家体制，以确保少数人的权利受到多数人的保护，但目前这个国家已经发展为一个少数人比多数派拥有更多权力的国家。美国以利己主义和金钱至上主义为核心的价值观已经渗透进政治领域，富豪群体赢者通吃已经入侵了美国的政治体制，日益严重的不平等破坏了正常行为规范和标准，瓦解了人人平等的建国初衷，导致富者越富、贫者越贫。

美国政治制度最大的特点就是受金钱控制。富有的企业和个人利用其财力直达政治权力，政商一体，权钱转换，表现有受金钱操控的说客、竞选捐款、旋转门，以及由富人控制的媒体，甚至传播大量假消息以维护自己的利益。

斯蒂格利茨在《不平等的代价》中指出："美国的政治体制似乎更倾向于一美元一票，而不是一人一票。政治失败和经济失败是相关的，它们彼此相互强化。一种放大了富人意见的政治体制会提供充分的机会制定并执行相应的法律法规，这些法律法规的设计不仅不能保护普通民众的收入免受富人的侵占，而且会进一步促进富人继续侵占大众阶层的应得收入。经济精英推出了一种有利于他们自己却无益于他人的法律框架，在这种框架下的经济体制既无效率也不公平。"②托马斯·皮凯蒂如此描述高管人员高

---

① ［美］约瑟夫·E.斯蒂格利茨：《美国真相》，刘斌、刘一鸣、刘嘉牧译，机械工业出版社2017年版，第69页。

② ［美］约瑟夫·E.斯蒂格利茨：《不平等的代价》，张子源译，机械工业出版社2022年版，第Ⅻ页。

薪的产生过程："高级经理发现、说服董事会和股东相信其物有所值相对容易，尤其当薪酬委员会成员往往是狼狈为奸的方式被选出来的。"①

政治状况由经济状况所决定，经济的不平等决定政治的不平等，两者是高度关联的关系，且彼此之间相互强化。经济精英、富裕群体推出了一种有利于他们自己却无益于他人的法律制度，独立董事制度就是这种典型的代表制度，这样的制度违背平等原则。一种放大了富人意见的政治体制，普通民众的意见得不到表达，国家出台的法律法规不能保护普通公民免受富人的剥削和压榨，这会进一步加固富人的政治和经济势力，使富人更富，加剧了不平等。

经济精英拥有太多的经济财富，他们能成功制定有利于自己的政策，这些政策不利于全社会，可以过分地恩惠于他们所控制的企业。经济精英通过独立董事制度将广大中小股东的权力侵占，公司实际控制人拥有太多的权力，使公司的收入轻易地转入少数人的口袋，社会大众的收入必然增长缓慢。

《民主的反讽》指出："美国的民主政治活动也是由一小部分人掌控，大多数的政治、经济和社会决策都由少数精英制定，而不是广大民众。"②美国社会中的富裕阶层依仗他们的巨额财富拥有巨大的政治影响力和决定力，从而决定了美国政治不平等。政治不平等又决定上层建筑的经济制度不平等，进一步加剧了经济不平等，富裕阶层拥有更多的财富，贫富差距越来越大。

总统候选人在经济精英群体的支持下坐上总统宝座，之后总统会给支持他的经济精英巨大回馈。政府高级行政人员，诸如内阁成员、总统顾问、特别大使、金融部门、法律部门的关键职位、教育部门或社会公众与慈善团体的重要职位，经济精英群体被委以重任。最经典的例子就是艾森豪威

---

① ［法］托马斯·皮凯蒂：《21世纪资本论》，巴曙松等译，中信出版社2014年版，第525页。

② ［美］托马斯·戴伊、［美］哈蒙·齐格勒、［美］路易斯·舒伯特：《民主的反讽：美国精英政治是如何运作的》，林朝晖译，新华出版社2016年版，第2页。

尔总统时期的国防部长查尔斯·威尔森，他曾是通用汽车公司的首席执行官，在他的听证会上，当被问及他的职位是否会造成利益冲突时，威尔森回答说："我认为对国家有益的事情必然会对通用公司有益，反之亦然。"这些由经济精英转化为行政精英的群体，利用国家机关的行政权力，制定出台有利于自己的政策措施，维护自己的利益。

银行、工业、媒体、法律等经济领域的精英进入政府部门，经过一段时期的公众工作之后又回到私人部门职位，美国经济精英——政府官员的"旋转门"转换现象，是经济精英掌控国家的表现形式。乔治W.布什政府，当时大部分的行政部门领导都有公司领导经历。布什总统在进入公众服务部门之前，自己就拥有几家公司。

（三）美国独立董事制度实质上体现为经济制度的不平等

《21世纪资本论》中指出，2000—2010年，前0.1%人群的绝大多数是由高管组成，各类运动员、演员和艺术家占这个人群不足5%，美国新时代不平等更大程度上归因于"超级经理人"而非"超级巨星"。英语国家（指美国、英国、加拿大和澳大利亚）近30年来（1980—2010年）收入不平等扩大的首要原因是金融部门和非金融部门的超级经理人的兴起。20世纪70年代，美国前1%人群收入占国民收入在6%—8%，80年代开始快速上升，2010年达到20%。[①]上市公司是最主要的公司形式，美国85%的董事会主席兼任首席执行官职务。首席执行官是超级经理人的主要群体，是美国富裕阶层在70年代以后的主要成员。

上市公司制度是富裕阶层操控的国家制度中的典型代表制度。美国的董事会由大股东和他们决定的独立董事组成，没有中小股东应有的席位，这是人人不平等的强力证据。笔者认为，董事会中既有大股东的席位，又有中小股东相应比例的席位，如此才是真正的人人平等、真正的同股同权。

---

① ［法］托马斯·皮凯蒂：《21世纪资本论》，巴曙松等译，中信出版社2014年版，第309—324页。

分红时，不论大股东还是中小股东，每一股份得到相同的红利，表象上是“同股同利”。这个表象建立的基础和前提是“同股不同权”，董事会中没有中小股东的席位和代表，中小股东应有席位的权力客观上被大股东通过独立董事的遮掩而剥夺，权力被剥夺必然利益被侵占。建立在不平等基础之上的表象平等，本质上则是不平等。真正的同股同权、真正的人人平等是，中小股东自己选派董事在董事会中占据相应比例的席位，以及以此为基础之上的“同股同利”。

大股东的“掏空行为”在公司治理学中被称为“隧道行为”，表现有三种形式：第一，董事为了自身的利益通过关联交易的途径转移上市公司的财产、资源或者直接侵占；第二，支付经理人员较高的薪水，好多控股股东在他控制的公司里往往担任经理等要职，其实在给自己大发薪水；第三，通过内部人交易、秘密并购等途径增加控股股东的持股数量。[①]1980年美国500家大公司经理人员与普通员工薪金之比为50∶1，1990年两者的薪金之比达到120∶1。[②]2003年美国大公司首席执行官的收入约为普通工人的500倍。[③]高管人员薪金过快增长，是“看得见”的掏空行为，大量通过关联交易暗箱操作的掏空行为，被媒体曝光的只是沧海一粟。独立董事没有阻止高管人员薪水过快增长足以证明，独立董事没有维护中小股东的正当利益，其本质是富裕阶层侵占大众阶层的收入。

美国的法律制度以中小股东股权分散为托词，冠冕堂皇地提出：独立董事能够维护中小股东利益的制度和理论，迷惑中小股东的思想，实现中小股东放弃主张在董事会应有的席位，从而最终实现侵占大众阶层收入的真正目的。这个制度产生于20世纪的美国，建立的基础是人人不平等的经

---

① Johnson, Simon, Peter Boone, Alasdair, Breach, and Eric Fiedman, 2000，“Corporate Governance in the Asian Financial Crisis，1997—1998”，Journal of Finance Economics 58；1—2，141—186.

② 李维安：《公司治理学》，高等教育出版社2005年版，第121页。

③ ［美］卢西恩·伯切西、杰西·弗里德：《无功受禄——审视美国高管薪酬制度》，法律出版社2009年版，引言首页。

济基础和人人不平等的政治背景，因而独立董事制度的上层建筑必然是服务于人人不平等，是剥夺大众阶层的利益实现一小部分人的利益最大化。换句话说，独立董事制度无非是富裕阶层蒙蔽大众阶层，实现富裕阶层利益最大化的一个工具和途径。

（四）美国的独立董事制度为人人不平等在20世纪的延续保驾护航

在19世纪初期，以资本为核心、具有现代意义的股份有限公司制度开始在英美等国家发展起来。企业制度发展到20世纪初产生了一个深刻的变化，即高度分散的公司股权导致了公司的所有权与经营权的高度分离。由于股东人数众多，受管理成本的限制，只能每年举行为数不多的几次股东会，因此公司需要个常设机构来执行股东会的决议，并在股东会休会期间代表全体股东对公司的重要经营做出决策，这个机构就是董事会。

1848年2月，马克思、恩格斯发表《共产党宣言》；1867年《资本论》（第一卷）出版。资产阶级的居室是宫殿，而无产阶级住在贫民窟，精准地反映了资本主义国家资产阶级与无产阶级之间的巨大不平等，这个巨大的不平等在20世纪逐渐演变成富裕阶层与大众阶层之间的不平等。

20世纪初出现股权高度分散的公司形式，独立董事制度由此萌芽、产生、发展。以马克思历史唯物主义方法和政治经济学理论判别美国的独立董事制度，就是资产阶级剥削无产阶级在20世纪的延续、演变。表现为：富裕阶层侵占大众阶层的收入，而独立董事制度是这种侵占的典型“遮羞布”。

2015年诺贝尔经济学奖获得者安格斯·迪顿在《远离不平等》一书指出：“美国公司薪酬委员会的成员多是些有名无实的独立董事，他们经常会为高管们制定出天价的薪资。正如巴菲特等所指出的，这些独立董事收入的很大一部分是由董事会所决定的，而且，这些独立董事也完全在CEO本人的操控之下。巴菲特同样提醒大家注意这些薪酬顾问所扮演的角色，他戏称这些人组成的是一个‘薪酬高一点，再高一点，对了’的乐于助人型团体，其所起到的作用不过是让一家又一家公司采纳了巨额薪酬的政策而已。”[①]上市公司大股东是最主要的富裕阶层，他们披着一层独立董事所谓的公正和独立外衣，侵占中小股东的权力和利益，具有很大的隐蔽性和迷惑性，其性质依然是人人不平等。

马克思名言：“统治阶级的思想在每一时代都是占统治地位的思想。”[②]此名言在今天的美国等国家依然是真理。经济精英是这些国家实质性的统治阶级，他们维护自身利益的各种思想和理论是占统治地位的思想和理论，独立董事制度是统治阶级思想的典型产物，本质是维护精英群体的利益。

二、不同股东的委托代理成本的差异

（一）不同股东的委托代理成本的差异

大股东在决策的核心机构有自己的忠实代表，大股东与他们自己选派的董事之间的委托代理成本近乎为零。

德国监事会掌控董事会，董事会实为高管人员的集合，董事会在监事会的操控下开展生产经营，监事会可以随时解雇、降职高管人员以及其他职工，经理层对大股东的利益构不成威胁，经理层与大股东之间的委托代理成本近乎为零。

美国模式不设监事会，虽然形式有别于德国，但是大股东与经理层之间的关系同德国一样。美国85%的董事会主席兼任首席执行官，自己与自己之间的委托代理成本为零；其余15%的企业董事会主席没有兼任首席执行官，但首席执行官在董事会的操控下开展工作，经理层与大股东之间的委托代理成本近乎为零。

1990年美国个人持股占普通股比例为50.2%，德国为17.0%。[③]德国小

① ［美］安格斯·迪顿：《远离不平等》，崔传刚译，中信出版社2014年版，第172页。

② 《马克思恩格斯选集》（第一卷），人民出版社1972年版，第52页。

③ 冯根福：《西方主要国家公司股权结构与股东监控机制比较研究》，《当代经济科学》1997年第6期。

股东的投票权由受托管其股票的银行来行使，银行派驻代表进入监事会。[①]美国通过独立董事来维护中小股东的利益。德国、美国中小股东在核心决策机构均没有自己的代表或席位，他们只能希冀大股东的良心发现来实现自己的利益。董事是大股东“亲生的”，绝非中小股东“亲生的”，欲壑难填，独立董事根本起不到监督作用。在巨大的利益诱惑面前，董事的良心发现是很有限的，于是董事与经理层共同联手侵害中小股东利益的掏空行为源源不断地发生着。中小股东与经理层之间的委托代理成本是非常巨大的。

（二）委托—代理理论

20世纪初在西方国家出现股权高度分散的股份有限公司，德国的共决制是在工人阶级付出巨大代价后才取得的，大股东在没有压力的前提下，不会主动赋予中小股东应有的席位，不会自愿“引狼入室”来削弱自己对公司的控制权力，相反以股权分散为理由拒绝其他股东和中小股东代表进入核心决策机构，以期达到侵占他人利益之真正目的。

西方法律制度以中小股东股权分散、不能准确决策和不具备可行性为托词，冠冕堂皇地借助“委托—代理”制度，迷惑中小股东的思想，实现中小股东不要主张应有的席位，从而最终实现侵占他人利益的真正目的。“委托—代理”现象产生于西方资产阶级统治国家的时代。西方国家的独立董事制度，事实上是资产阶级剥削工人阶级在20世纪延续、演变的产物，无非是蒙蔽广大中小股东，实现大股东利益最大化的一个工具和途径而已。

三、独立董事监督异化为“友情监督”

独立董事是大股东的朋友，难以维护中小股东的利益，他们对大股东的监督表现为“友情监督”。

---

① 彭真明、江华：《美国独立董事制度与德国监事会制度之比较》，《法学评论》2003年第1期。

（一）人与人之间的社会关系类型

费孝通先生在《乡土中国》中对中国人的人际关系曾有经典的描述。每一位中国人处在一个蜘蛛网中，自己处在这个网的最中心，根据血缘关系和亲近疏远关系决定他人与自己的距离，与自己越近的人越靠近网中心，父母亲、同胞兄弟姐妹靠近网中心；与自己越远的人越远离网中心，陌生人处于网的外边缘。犹如一块石子投入水中，水面泛起波纹，一圈圈推出去，愈推愈远，也愈推愈薄。[①]根据费孝通先生发现的中国人际关系现象，笔者将人与人之间的亲近疏远关系共分为九种类型。

第一种，家人关系。包括父母亲、子女、配偶、爷爷、奶奶、姥姥、外公、同胞兄弟姐妹及其配偶和子女，是一个人血缘关系最近的群体，视他们为自己。

第二种，近亲关系。包括伯、叔、姨、姑、舅及其子女，平日交往较多，心里距离很近，血缘关系较近。

第三种，友情关系。包括同学、战友和朋友。同学和战友有着相同的青少年成长历程，该历程没有复杂的社会纷争，几乎没有利益纠纷，思想单纯，人与人之间的感情纯真、淳朴，有一种天然的纯净亲近情感。朋友大多是进入社会以后，由于有共同的利益或相同的爱好走在一起，平日交往较多。同学、战友和朋友，虽然与自己没有血缘关系，但是心理距离很近。部分交往甚密的同学、战友和朋友，不是家人胜似家人。

第四种，远亲关系。血缘关系较远的群体，俗称远房亲戚。平日交往很少，只有在婚丧嫁娶等重大事件上才会偶尔一遇，心理距离较远。

第五种，熟人关系。互相知道对方的一些信息，平日见面互相寒暄一下。交往渐多的熟人会变成朋友，交往渐少的熟人会逐渐淡出自己的脑海，长时间不见会忘其姓名。

第六种，生人关系。与自己互不相识，擦肩而过不知其谁。一回生，

① 费孝通：《乡土中国》，人民出版社2015年版，第25—34页。

两回熟，三回变成好朋友，生人因某个场合的偶遇会变成熟人，熟人随着交往次数的增加会变成朋友。

第七种，竞争关系。与自己相识或不相识，知其部分底细，有的很清楚对方背景信息，与自己在某些经常性利益环节，在权力和利益分配环节是你有我无或我有你无的状态。

第八种，同事关系。是熟人关系、友情关系、竞争关系综合在一起的特殊关系，其中主要以熟人关系为主。当有共同利益时，能够同舟共济，是朋友、伙伴。当有权益纷争时，表现为一种竞争状态，和平的外表裹不住明争暗斗，但这种竞争通常较为温和，不会发展激烈的冲突、不会撕破脸。在大学里教师评职称时，有的教师通过各种途径拉选票"讨好"评审委员会，这时候大家是竞争关系。没有成功晋升者暗地里会发几句"不公平"的牢骚，"如果撕破脸以后不好相处"的心理决定他们通常不会发生激烈的对抗。

第九种，仇人关系。与自己在某件事件上发生激烈的冲突，给自己造成很大的伤害，心理上留下痛苦的阴影，从而记恨在心，相信对方必定会得到应有的惩罚，如有机会绝不会放过他。

（二）不同社会关系类型的监督效果

通常面对家人群体、近亲群体、友情群体、远亲群体、熟人群体与其他生人群体发生权益纷争时，普遍存在打死胳膊往里拐的现象，偏向与自己更近的群体，不会客观、公正地评判和处理。往里偏的决心和力度随着亲近的程度而增加，偏向家人的决心和力度要大于偏向熟人群体。且偏向的行为只会偏向更近的群体，近亲群体与远亲群体发生权益纷争时，会偏向近亲群体；友情群体与熟人群体发生权益纷争时，会偏向友情群体。往里偏的行为客观上是一种纵容、默认和参与损害其他较远群体的权益，参与的结果自然会给自己带来些许利益或收获。如果往外偏，会被视为忤逆不忠、吃里扒外、不近人情。往外偏势必会丧失人心，社会网络日趋缩小，自己孤单一人如何在社会立足？人们普遍存在偏向维护、偏向保护与自己更近群体权益的心理和行为的“往里偏现象”。

有的司法部门工作人员在面对家人违法犯罪行为时，总是想方设法开展各种“营救”工作，希望法院能够从轻审判。人情在中国具有很强大的力量，他可以冲破重重法律制度，使诸多违法、违纪者可以逍遥法外。当监督者与被监督者是家人关系、近亲关系、友情关系、远亲关系、熟人关系时，监督效果是很差的，越与自己亲近，监督效果越差。

人们在面对一个生人与另一个生人发生权益纠纷时，通常会事不关己，视而不见，只有在特定环境下才会漫不经心地关注和评判。由于两个生人均与自己没有利益上的牵挂，故能客观、公正地评判和不偏不倚地处理。监督者与被监督者是生人关系时，虽然监督积极性不高，但监督效果体现出客观、公正。

当监督者与被监督者是竞争关系时，监督者会积极主动监督，且会一定程度地过度监督，通过对竞争对手的打压，从而直接、间接地给自己带来益处。

当监督者与被监督者是仇人关系时，监督者会利用难得的机会，狠狠地过度监督，从而以解自己心头之恨。

不同关系之间的监督存在太大差异，监督机制宜坚持生人关系原则和竞争关系原则，应杜绝亲属关系、友情关系和熟人关系，同时也应杜绝仇人关系。

（三）独立董事监督异化为“友情监督”

中国《公司法》第一百零三条规定：股东大会行使选举和更换董事、决定有关董事的报酬事项等11项职权。只有很小一部分中小股东参加股东大会，决定股东大会实际由控股股东操控。《公司法》第七十九条：股份有限公司的公司章程应当载明董事会的组成、职权、任期和议事规则等13项事项。《公司法》没有详细规定公司董事的选聘程序。中国证监会发布的《中国上市章程指引》（2016年修订）第九十六条规定：公司章程应规定规范、透明的董事选聘程序。国家的法律、法规将董事的选聘权力授权、下放给公司章程。公司章程最初由发起人起草并决定，股票发行后，发起人变成上市公司的控股股东或主要的大股东。公司章程以及股东大会实际均由控股股东操控，决定董事会人员选聘实际由控股股东以及主要的大股东决定。

《关于在上市公司建立独立董事制度的指导意见》规定：上市公司已发行股份1%以上的股东可以提名独立董事候选人。但是在实际执行中，大部分独立董事候选人均由控股股东提名，持股1%以上的中小股东提名独立董事的情况很少见。[①]

中国推行独立董事制度，主要目的就是监督控股股东和大股东，阻止掏空行为。独立董事与大股东通常是朋友，是友情关系，但独立董事与中小股东是生人关系。股东之间发生利益纷争时，"往里偏现象"决定独立董事会舍弃生人、亲近朋友，难以阻止掏空行为，监督效果是很差的。

独立董事大多是行业翘楚的名人担任，要么是经济、金融、管理、法律和财务等方面的专家和学者，要么就是其他企业的董事、经理、独立董事或高级职员。他们具有发现掏空行为的火眼金睛，但是在巨大的经济利益诱惑面前，火眼金睛变成了"睁眼瞎"和不作为。大股东的掏空行为并不会侵犯独立董事自己的收入，只是侵犯其他股东的收入，独立董事必然是事不关己高高挂起，高高挂起或许还能给自己带来巨大的收入。如果积极阻止掏空行为必然惹怒大股东，意味着自己薪酬的丧失，会被亲朋好友视为忤逆不忠和不近人情。反对给自己带来巨大经济利益的"恩人"，是一种"忘恩负义"的行为，要承担社会舆论和心理上的谴责。没有人乐意被身边的人谴责，于是乎掏空事件被新闻媒体源源不断地报道和曝光，如田野里的杂草斩不断、锄不尽。当掏空行为被新闻媒体曝光后，一个个独立董事均以"个人原因"辞去独立董事职务。身边突发一起大火，眼看要烧到自己，在自己要比朋友重要、自身要比金钱重要的心理下，一个个火速

① 上海证券交易所资本市场研究所年报专题小组："沪市上市公司2011年度董事、监事和高级管理人员履职情况分析"，www.sse.com.cn/aboutus/research/research/c/research20120810f.pdf，2012-8-16。

远离“火坑”保全自己。孙悟空拥有发现妖魔鬼怪的能力，但是他如果在妖魔鬼怪出现的关键时刻遛弯去了，唐僧恐怕根本到不了西天，在去往西天的半路就被妖魔鬼怪吃掉了。

面对部分大股东的掏空行为，独立董事和职工均不会积极、主动地阻止。阻止，就意味着可能被解聘；反对，就面临着失业的风险。利益的驱动决定他们会睁一眼闭一眼。但中小股东完全不同，他们是公司的主人，是拥有所有权的群体，任何股东不能丝毫撼动其他股东的股东身份。股东反对其他股东的掏空行为不会面临丧失股东资格的风险，相反挖地三尺地阻止掏空行为，会给自己带来应有的分红收入。天下熙熙皆为利来，天下攘攘皆为利往。同样均受利益驱动，但股东是公司主人的身份，而独立董事和职工是聘用之人，身份的迥异决定维护自己利益的途径和方法存在天壤之别，产生的结果也大相径庭。

在分配企业收入方面，股东之间是对立、竞争的关系，某些股东多得必然意味着其他股东少得。收入分配的对立关系、竞争关系决定，只有中小股东才能真正起到监督作用，才能真正阻止其他股东的掏空行为。独立董事制度违背制度设计初衷，表现为友情关系监督，则不如对立、竞争关系监督，宜由中小股东代表监督取而代之。

国内独立董事，有不少同时担任4家，甚至5家公司独立董事的职务。独立董事不是中小股东自己“最直接的人民代表”。“独立董事”和中小股东自己“最直接的代表”存在太大差异。中国共产党的群众基础、群众路线的法宝告诉我们，维护保障某个阶层、某个群体的利益，只有通过发动该阶层、该群体自身的力量才能实现。维护广大中小股东的利益，只有走一条接地气的“最直接的代表”路线，才可能完美实现。[①]

截至2024年2月7日，在中国知网以劳资共决制和共决制为关键词搜索，共搜索到51篇论文，以独立董事为关键词搜索，共搜索到6910篇论

① 申世永：《董事会宜由全体股东代表和职工代表共同组建》，《经济研究导刊》2019年第31期。

文，后者是前者的135.5倍，中国经济学学术界很少有人研究德国的劳资共决制。这个135.5倍的外在现象后面存在诸多深层次的原因。

中国经济学学术界有很多专家教授，曾担任过独立董事，他们可以旱涝保收、坐收渔翁之利。

他们之所以不研究德国的劳资共决制，其背后的本质是利益驱动。如果他们推荐劳资共决制、废除独立董事制度，他们必然不能继续兼职独立董事，必然不能旱涝保收，必然不能继续拥有巨大收入。从这一方面来说，维护自身收入最大化，是135.5倍现象的背后原因。

135.5倍好像是一种偶然现象，其实是必然性的产物。马克思曾有名言：偶然性是一种有必然性隐藏在里面的形式。人们追求财富是人之本性，这种本性不会随着经济的发展而丢失，经济学学术界概莫能外。追求财富的本性决定他们不会研究劳资共决制并主张废除独立董事制度，他们的实际行动是继续在独立董事制度中转圈圈，继续维护独立董事制度，这种行动必然产生135.5倍的偶然外在现象。

1992年邓小平同志南方讲话谆谆告诫："社会主义要赢得与资本主义相比较的优势，就必须大胆吸收和借鉴人类社会创造的一切文明成果，吸收和借鉴当今世界各国包括资本主义发达国家的一切反映现代社会化生产规律的先进经营方式、管理方法。"[①]中国经济学学术界理应推荐先进的德国劳资共决制，让中小股东选派董事进入董事会，实现真正人人平等的公司治理机制。

四、独立董事制度与平等原则

马克思关于"平等"有过经典论述："一切人，或至少是一个国家的一切公民，或一个社会的一切成员，都应当有平等的政治地位和社会地位。"[②]

我国《宪法》第二条规定：中华人民共和国的一切权力属于人民，人

① 《邓小平文选》（第三卷），人民出版社1993年版，第373页。

② 《马克思恩格斯选集》（第三卷），人民出版社1972年版，第143页。

民行使国家权力的机关是全国人民代表大会和地方各级人民代表大会。我国《宪法》第五十九条规定：全国人民代表大会由省、自治区、直辖市、特别行政区和军队选出的代表组成，各少数民族都应当有适当名额的代表。国家是全体人民的国家，全国人民代表大会由所有民族的代表组成，绝非汉族一个民族的代表组成。如果只有汉族有权利参加人民代表大会行使主人翁的权力，岂不是大汉族主义？“各少数民族都应当有适当名额的代表”，且少数民族代表由少数民族自己选举产生，绝非由汉族在汉族当中选举少数民族的代表，这是贯彻马克思基本原理“平等的政治地位和社会地位”在政治生活中的具体表象。人大代表产生的机制和制度，是国家维护少数民族权益的有力制度保障，实现了民族大团结与和谐共处。

在董事会中，既有“大股东”的代表，也有“中股东”的代表，同时还应有“小股东”的代表，这样的董事会才是所有权归属于全体股东的正常表现，才是人民当家做主的正常表现，才是平等的政治地位和权力的正当表现。但是《公司法》和《关于上市公司建立独立董事制度的指导意见》，借鉴国际惯例，将董事会组成人员决定权授权、下放给公司章程，客观上将中小股东应有的席位划拨给大股东，这与中国《宪法》人民当家做主的根本政治制度不协调。

“三个代表”重要思想是：“代表中国先进生产力的发展要求，代表中国先进文化的前进方向，代表中国最广大人民的根本利益。”“代表中国最广大人民的根本利益”要求，董事会应当有广大人民——广大中小股东应有的席位和代表。但是中国董事会组建制度以美国的制度为原则，董事会中没有中小股东应有的代表和席位，而是由控股股东代表和他们荐举的独立董事组成，仅表现为维护控股股东的利益，违背了人人平等原则。

例如，持股20%的A股东和持股10%的B股东，A投入的资金是B投入资金的2倍，A承担的风险是B的2倍，分红收益也应当是B的2倍。在现有的法律、制度下股东大会选举、决定董事，必然出现代表A股东的董事与代表B股东的董事之比不等于2的现象，这是不公平的。控股股东掌控的公司章程，董事选聘程序对自己呵护有加甚至过度维护，而对其他股东以及中小股东设置了诸多门槛和限制性条款，中小股东提名的董事根本没有机会进入董事会，这违背了公平原则。

毛泽东同志在1947年给陕西佳县人民题词："站在最大多数劳动人民的一面。"[①]2021年9月14日，习近平总书记参观中共绥德地委旧址时指出："坚持站在最大多数劳动人民的一面，坚持把屁股端端地坐在老百姓的这一面，有着重大教育意义。"[②]我们要运用马克思的历史唯物主义方法，看清楚美国独立董事制度的真正面目，不要被美国经济头号大国的表象所迷惑，不能把独立董事制度变成"大股东主义"，演化为一种"一小部分人民"侵占"最大多数劳动人民"权益的制度。

从法律上讲，中小股东在董事会中的席位并没有授权给大股东，也没有授权给大股东的"帮凶"——独立董事，但事实是在董事会中他们的公司主人翁的决策权被剥夺。权力被剥夺，必然利益被侵占。目前深沪上市公司营业收入占据中国GDP的大半江山，在半壁江山里，2亿股民的应得收入不能足额进入他们的口袋，这是当今中国贫富差距很大的原因之一。足寒伤身，民寒伤国。持股51%的绝对控股股东，他的实际收益远远大于51%，这是客观存在的实际控制人获得超额收入现象，这种现象在中国至今仍然存在。

这种"收入侵占"在西方国家已经存在了100余年。目前全世界所有的股票市场皆存在这种侵占。德国、美国也存在这种收入侵占，但是德国和挪威的侵占程度是轻微的，中国和美国则是严重侵占。德国员工在监事会中，挪威员工在公司会议中，拥有实质性权力，能有效约束、监督大股东的行为，能够及时阻止大股东的掏空行为，客观上起到了间接维护中小股东利益的作用。这也是德国、挪威贫富差距很小的原因之一。

马克思关于平等的发展趋势曾论断："平等，作为共产主义的基础，是

---

① 《中共中央在延安：一个马克思主义政党的崛起》，人民出版社2019年版，第69页。

② 《习近平谈治国理政》（第四卷），外文出版社2022年版，第64页。

共产主义的政治论据。”[①]上层建筑的法律必然由维护少数人的利益向维护全体人民的利益发展，“侵占”必然被“没有侵占”取代，不平等必然被平等取代，此乃历史发展的必然趋势。独立董事制度需要以保障中小股东利益为根本，必须归还中小股东在董事会中应有的席位，归还中小股东应有的权力，实现股东之间真正的平等。

习近平总书记在中共十八届三中全会第二次全体会议上讲话指出：“全面深化改革必须以促进社会公平正义、增进人民福祉为出发点和落脚点。这是坚持我们党全心全意为人民服务根本宗旨的必然要求。全面深化改革必须着眼创造更加公平正义的社会环境，不断克服各种有违公平正义的现象，使改革发展成果更多更公平惠及全体人民。如果不能给老百姓带来实实在在的利益，如果不能创造更加公平的社会环境，甚至导致更多不公平，改革就失去意义，也不可能持续。”[②]平等、公平是社会主义核心价值观的重要内容，体现了平等对保障公民基本权利、社会地位的重要性，平等、公平是国家维护公民基本权利的必须原则和实现社会主义核心价值观的重要目标。

五、发展壮大股市的根本之道——全体股东选派董事

（一）中国股票市场需要刮骨疗伤

2024年2月5日，中国股票市场又一次千股跌停，证券市场一片哀嚎。上证综合指数在2007年创出6124点高点以后，17年过去了，至今仍在6124点下方运行。中国经济一路正增长，股民的收入却一直负增长，完全与国民经济背离，股民没有因为中国经济的增长而受益。赔钱的股民对股票市场失望、绝望。寒心的股民只能挥泪离开股票市场，股票指数长期阴跌也是必然的结果。国有企业通过股票市场融资，获得了发展壮大的资金需求。

① 《马克思恩格斯文集》（第一卷），人民出版社2009年版，第231页。

② 《习近平谈治国理政》，外文出版社2014年版，第96页。

而对国民经济有着巨大贡献的股票市场幕后真正的功臣是2亿股民和6亿基民，但他们的收入却在不断缩水。股民赔钱深层次的原因是股东之间存在的收入侵占，这个侵占一直没有被消灭，整整存在了30余年，中小股民的收入得不到应有的保障，属于他们的收入被大股东侵占。

1992年邓小平同志南方讲话："证券、股市，这些东西究竟好不好，有没有危险，是不是资本主义独有的东西，社会主义能不能用？允许看，但要坚决地试。看对了，搞一两年对了，放开；错了，纠正，关了就是了。关，也可以快关，也可以慢关，也可以留一点尾巴。"①民心是最大的政治，失去民心支持的股票市场，必定没有发展前途。今天如果关闭股票市场，中国经济将会出现"大地震"。

中国政府曾多次通过暂时"输血"的方式来救市，每次"输血"都带来了短暂的繁荣，但是最终的结果是股票市场一路阴跌，而没有真正救活股市。实践证明："暂时输血"的方式不能从根本上救活股市。中国政府需要解决证券市场存在的深层次问题，需要刮骨疗伤，必须消灭股东之间存在的收入侵占，必须改革独立董事制度，归还中小股东在董事会应有的席位，归还中小股东应有的决策权和收入分配权。只有这样，证券市场才可能得到真正发展壮大。

（二）制度创新，100%的投票权出席股东大会

中小股东全部出席股东大会，这是现实世界永远不会出现的理想状态，现在的股东大会远离理想状态，但通过制度的不断完善可以实现非常接近理想状态。那就是：在出席股东大会的中小股东当中，随机抽取或选举产生若干名"补全代表"，由这些"补全代表"行使未参与股东大会表决的股份的表决权。股东大会非常接近理想状态自然要好于远离理想状态。"补全代表"可以通过设计特定软件程序，低成本地按股份随机抽取产生或抓阄的办法产生。

---

① 《邓小平文选》（第三卷），人民出版社1993年版，第373页。

股东大会变成一个非常接近理想状态的大会，几名“补全代表”联合起来是一个很大的大股东，“持股1%以上的股东可以提名独立董事候选人”所体现的深层次的法理公平性表明：董事会必然会有中小股东应有的席位和代表。

为了低成本、快速产生董事会，可规定：不分民族、不分种族、不分国内外，每一位大股东分别以每10%持股量各自直接派出1名董事；小股东以其持股总量按每10%持股量选派1名董事（不足一名按“四舍五入法”取舍，大股东和小股东界限标准暂定为5.0%的持股量）。某个持股29%的大股东可直接派出3名董事；某个持股7%的大股东直接派出1名董事；小股东如果持股总量为33%则选派3名董事。每名董事均拥有相同的1票表决权。

富裕者的政治、社会地位高于贫困者，人们拥有的财富的多寡是决定其政治和社会地位最主要的因素之一。拥有5亿元的富裕者的政治和社会地位显著高于只拥有区区5万元的贫困者，人类文明的长河发展至今，该状况依旧如此。若人人平等，则人们拥有的财富不再是其政治和社会地位的主要决定因素。高度文明的平等政治制度决定：不论贫困与富裕，人人拥有平等的政治和社会地位。拥有5亿元的富翁与拥有5万元的贫困者的政治和社会地位均平等，此乃历史发展的必然趋势。目前，距离这种“人人平等的政治和社会地位”尚有很遥远的距离。独立董事制度是“财富决定政治和社会地位”的典型历史尾巴。

改革独立董事制度，让中小股东董事进入董事会，这样的制度创新和完善，股东之间的收入侵占将被轻易消灭，这是贯彻执行“人人平等的政治和社会地位”的具体要求和切实举措。如果不进行如此的制度创新与发展，不从根本上解决中小股东的股份参加股东大会成本高昂的困境，不改变中小股东与大股东不平等的政治和社会地位的状况，不执行“人人平等的政治和社会地位”的原则，则股民的应得收入必然会被侵占，必然无法实现共同富裕。

（三）小股东董事需有“后备军”

不持有公司股份则无权力参加董事会。由于小股东经常变换，小股东董事需要“后备军”。小股东如果持股总量为33%则选派3名董事，在出席股东大会的小股东中由他们自己选出或抓阄产生9名董事，9名董事再次选举排出名次，1—3名为“前线董事”，4—9名为“后备董事”。“后备董事”只有在“前线董事”不再持有公司股份时，才有权利进入董事会。开董事会时，若有1名“前线董事”不持有该公司股票，则由第4名进入董事会；如果第4名“后备董事”不再持有该公司股票，则由第5名进入董事会。以此类推。“后备军”的制度是必须的补充制度，使小股东选派代表进入董事会具备了可操作性。

（四）董事长必须在大股东董事中产生

中小股东经常变换，且他们对公司业务的了解程度不及大股东。不甚了解公司业务的人不能准确判断产业的长远发展方向，他们担任董事长不利于公司的经营发展，所以必须规定：董事长必须在大股东董事中选举产生。

依据社会主义平等原则，必须改革独立董事制度，终结“大股东主义”，归还中小股东在董事会中应有的席位。董事会既有大股东的席位又有中小股东的席位，践行人人平等的社会主义原则，实行真正的同股同权。中小股东董事进入董事会，他们拥有了应该拥有的席位和决策权，权力不再被剥夺决定其利益不会被侵占，有利于保障中小股东的根本利益并早日实现共同富裕。人民群众的力量无穷尽，股东之间的收入侵占若被消灭，人民群众的聪明才智将得到充分挖掘和发挥，必然会出现无往而不胜的结果，经济、生产力必将快速发展。

第四章

Chapter 4

劳资集体谈判协商

第一节　劳资关系相关理论

西方国家对劳资关系的研究历史悠久，其理论学说也是众说纷纭，可以把劳资关系的理论分为两类：第一类是冲突论，第二类是合作论。劳资集体谈判的思想与实践是从冲突逐渐转向合作的发展过程。冲突论认为劳资双方在利益分配上有冲突、有矛盾，“资方特权”一元论强调资方权利，而马克思主义重视社会公平、强调劳方权利。合作论认为劳资双方的利益关系是可以调和的，合作是集体谈判的前提，只是法团主义把国家利益放在首位，强调政府的主导作用。二战后的西方国家劳资冲突明显缓解，在较长的一段时间内保持了相对稳定，合作、协商、民主的集体谈判占了上风，逐渐成为战后解决劳资矛盾的主要方式。

一、冲突论

（一）亚当·斯密的“自由竞争”

亚当·斯密《国富论》认为，在任何地方，劳动者的普通工资，到处都取决于劳资双方所签订的契约。这两方的利害关系绝不一致。劳动者盼望多得，雇主盼望少给。劳动者都想为提高工资而联合，雇主却想为减低工资而联合。在劳资双方的力量对比上，斯密认为资方明显处于优势地位。理由有以下三项：一是雇主的人数较少，容易团结；二是雇主的结合为当时的法律所认可，而劳动者的结合却不为当时的法律所认可；三是在劳资争议中，雇主总比劳动者更为持久，工人很少能从暴动中得到实惠。地主、农业家、制造者或商人，纵使不雇用一个劳动者，也往往能靠已经蓄得的资本维持一两年生活；失业劳动者，能支持一星期生活的已不多见，能支持一月的更少，能支持一年的简直没有。就长时期说，雇主需要劳动者的程度，也许和劳动者需要雇主的程度相同，但雇主的需要没有劳动者那样迫切。在如何处理两者的收入分配时，斯密主张通过自由竞争来调节雇主与劳动者之间的收入。他认为“劳动者不够，自会导致雇主间的竞争；雇主们竞相出高价雇用劳动者，这样他们就自动冲破了防止工资提高的自然结合”。

（二）马克思的“劳资对立”

17—19世纪初，英国处于资本的原始积累阶段，资产阶级残酷剥削、压迫工人阶级，工人的劳动强度极大却饥寒交迫，这一时期的工人运动主要是为生存而斗争，目的主要是提高工资。19世纪30年代以后，工人运动不再局限于提高工资，而是提出了鲜明的政治诉求，矛头直接指向资产阶级政权，但是工会组织遭到了政府当局严格限制和残酷镇压。马克思、恩格斯对早期欧洲工人运动进行了系统的研究，形成了以阶级对立为基本框架的劳资关系理论。革命导师指出：“在雇佣劳动制度的基础上，甚至无偿的劳动也好像是有偿的劳动。”[①]资产阶级通过无偿占有工人阶级的无偿劳动和剩余价值，残酷剥削工人阶级。马克思旗帜鲜明地指出，无产阶级与资产阶级之间是对立的、是剥削与被剥削的关系，他主张通过暴力来建立社会主义社会，暴力是孕育新社会的“助产婆”。

《共产党宣言》指出：“资产阶级不仅锻造了置自身于死地的武器，它还产生了将要运用这种武器的人——现代的工人，即无产者。……过去的一切运动都是少数人的或者为少数人谋利益的运动。无产阶级的运动是绝大多数人的、为绝大多数人谋利益的独立的运动。无产阶级，现今社会的最下层，如果不炸毁构成官方社会的整个上层，就不能抬起头来，挺起胸来。如果不就内容而就形式来说，无产阶级反对资产阶级的斗争首先是一国范围内的斗争。每一个国家的无产阶级当然首先应该打倒本国的资产阶

① 《马克思恩格斯选集》（第二卷），人民出版社1972年版，第184页。

级。……共产党人的最近目的是和其他一切无产阶级政党的最近目的一样的：使无产阶级形成为阶级，推翻资产阶级的统治，由无产阶级夺取政权。”[①]革命导师认为，资本主义制度制造了它的掘墓人——无产阶级，工人阶级不仅要组织反抗资本家，要消灭资本主义私有制制度，而且要团结起来，通过共产党推翻资产阶级的政权，建立无产阶级的政权，为工人阶级的彻底解放而努力奋斗。

（三）“资方特权”一元论

“资方特权”一元论从资方的角度看待劳资关系，认为每一个工作场所都是一个完整的、和谐的整体，不同的员工为了共同目的在一起工作，以实现资方制定的目标。劳动者、管理者以及所有者之间没有根本的利益冲突，企业组织是一个相互合作的利益共同体。一元论的最大特点是以劳资双方不应当有利害冲突为前提，得出了资方的管理特权是天然合理，雇员应该绝对服从资方的管理。对于劳资双方产生的冲突，一元论者给出两种解释：一是双方之间沟通失败，资方没有清晰地向员工传达其目的，没有详细解释公司做出调整、变化的原因；二是因为有某些人的煽动、鼓惑，或者企业在招聘阶段时选人不当。如果是第一个原因，主张通过增进交流加以解决；如果是第二个原因，主张通过解雇或终止劳动关系来解决。一元论认为，工会的存在会降低雇员对企业的忠诚感，所以应尽量消除或避免成立工会，以防止冲突的发生。一元论批判和反对工会，认为工会应对经济萧条负责，至少工会是不景气的重要原因之一。一元论在美国等国家仍然有大量的信徒，为他们反工会、反集体谈判提供了理论依据。

二、合作论

劳资关系合作论者主要有空想社会主义、社会民主主义和多元主义。

① 《马克思恩格斯选集》（第一卷），人民出版社1972年版，第257—264页。

（一）欧文的空想社会主义

罗伯特·欧文（1771—1858年）是一位工厂改革家、社会主义的先驱、合作社的倡导者、空想社会主义的奠基人。他的核心观点是无论人性好坏，都是由环境造成的。人不能自己形成性格，人的性格都是被环境塑造而成的。欧文的理论、设想与设计的基础都是相信好的工作环境，就会形成优秀的人。一个人应该尽力为社会服务，从而获得他的最大幸福。他认识到，如果国家任由市场按照它自身的规律发展，就会产生巨大的灾难。要塑造好的人性，就必须创造出好的环境。他认为，只有在合适的物质和精神条件下才能形成这种好的环境，但工人们对他们的环境是无能为力的，于是便设想了一种公社生活来塑造工人。28岁时，欧文买下了位于苏格兰的纽拉纳克制造厂，把它变成了一个模拟公社，他为所有的工人提供免费的学校教育；还为工人家庭建造舒适的房子；食品、燃料和衣服都以成本价销售给工人；工作时间缩短到10.5小时；在淡季和工人生病期间，还给雇员支付报酬，为他们提供养老保险和各种娱乐设施；当然工人工作不好时也会被解雇，但取消了罚款和惩罚。1824年，欧文在美国印第安纳州买下了1214公顷土地，开始了他的"新和谐公社"实验。"新和谐公社"实行生产资料公共占有、权利平等、民主管理等原则，但是他的实验最终以失败收场。1834年，他领导了英国工会（British Trade Union）运动，希望通过采取集体行动控制生产资料，改变资本主义工资制度，这次运动也失败了。欧文的空想社会主义在当时只能是幻想，他的各项实验均以失败告终，但这位乌托邦的社会主义者，播下了社会主义的第一批种子。

（二）韦伯夫妇的社会民主主义

19世纪末20世纪初，西欧许多国家，工人获得了选举权，工人阶级开展斗争拥有了必要的政治条件，工人阶级的处境有了较大的改观，直接影响了工人运动的发展，修正主义和改良主义开始兴起，最具影响力的是英国理论家和劳工运动领导人悉尼·韦伯。1902年，韦伯夫妇在《产业民主》

一书中第一次使用了“集体谈判”（collective bargaining），将“集体谈判”定义为：“雇主不是面对雇佣劳动者个体并与之订立劳动合同，而是面对集体的意志、决定，订立统一的合同，合同订立的原则是在当时条件下的雇佣劳动者的集体抉择。”韦伯夫妇认识到工会力量增强这一变化趋势，希望把当时盛行的代议制民主原则扩大到产业范围中。他们不认同马克思所主张的通过革命的手段来解决劳资冲突，而认为“集体交涉”也可以实现劳资双方权利的均衡。“集体交涉”已成为现代集体协商和集体合同制度的理论渊源，社会改良和社会整合思潮也逐渐成为欧洲劳工运动的主流观念。

（三）康芒斯、弗兰德斯——多元主义

多元主义早期的代表人物约翰·R.康芒斯，他否认工人阶级和资产阶级是资本主义社会的两大对立阶级。他认为，劳动关系双方的冲突源于双方经济利益的对立，但这种利益的冲突又是相互依赖、相互维系的，社会应该建立制度规则来缓解矛盾冲突，通过“集体行动控制个体行动”，工人们需要组织起来进行集体谈判，通过谈判让劳资双方达成合作。同时康芒斯还认为，市场机制本身不会给经济社会中的各个群体带来公平的结果，市场的运行往往偏向雇主一边，造成这种不公平、不平衡的原因主要是双方的议价能力悬殊。由于劳工作为一个阶级，在谈判中处于不利地位，因此成立工会就成为工人的政治上的一种正常反应。工人成立工会的主要目的是提高他们的待遇，而不是改变整个社会关系或获得生产过程的控制权。康芒斯提出了两项保障劳动的策略：一是通过立法保护工人加入工会，工会、农场组织和合作社，是社会中最为重要的机构，是民主的生命线；二是规范工作场所，包括加大安全与健康、禁止童工、实行最低工资制度、加大失业和工伤保险，以及社会保障等。

英国艾伦·弗兰德斯（Allan Flanders）的“集体合同”，不仅强调政府调节和管理集体谈判制度的重要性，而且更注重集体谈判自身的规则。他认为，集体谈判的本质不是市场中的讨价还价，而是劳资双方进行博弈的制度，是一个包含双方组织力量制定规则的过程。他指出，个体谈判是工

人个人和雇主在劳动力市场上讨价还价的过程，谈判的结果形成劳动合同；劳动合同确定了双方的交换条件，可以用来调解劳资双方存在的利益冲突。但通过集体谈判形成的集体合同，不仅仅只保证单一的劳动力买卖双方利益的实现，而是要确保所有受合同覆盖的买卖方都在劳动力价格和其他交换条件上受合同条款的约束，集体合同实际上成了规范所有劳动合同条款的实体性规则，集体谈判过程也成了一个制定规则的过程。

法团主义出现于战后20世纪60年代的英国，发展于瑞典等国，将政府的作用置于集体谈判的主导地位。它强调雇主、工人和政府三方应以国家利益为重，提倡集体谈判在高度组织化的雇主联合会和工会之间进行，劳资双方都承认对方的利益诉求，并愿意通过谈判和协商达成一致；政府的作用主要是促进劳资双方达成合作。但现实中，政府充当了集体谈判主导力量。

第二节　劳资集体谈判

国际劳工组织在《促进集体谈判公约》中指出："集体谈判是一个雇主（或雇主团体），或一个或几个雇主组织，同一个或几个工人组织，为确定工作条件和雇佣条件，调整雇主（或其组织）与工人（或其组织）之间的关系，所进行的所有谈判。"

1850年劳资集体谈判萌芽于英国，英国工人阶级经过不懈奋斗，终于在1850年拥有了与雇主平等谈判的势力和权力。二战以后，西方国家劳资双方逐渐意识到对抗斗争的结果是两败俱伤，逐渐摒弃对立的观念，双方谋求合作，集体谈判制度开始有了新的进展。1949年国际劳动组织召开的第32届国际劳动会议，通过了《组织权和集体谈判的公约》（第98号公约），该公约于1951年开始生效，为各国完善集体谈判权提供了基本的指引。1981年国际劳动大会通过《促进集体谈判公约》（第154号公约），进一步规范了集体谈判。

英国在1950年之前以多雇主集体谈判为主，之后企业水平的集体谈判逐渐增多，1980年覆盖的雇员比例超过了多雇主集体谈判。德国目前集体谈判仍然以行业性谈判为主，但随着工会参与率下降、集体合同覆盖率的下降，德国的行业性集体谈判也走上了分散谈判的道路，出现企业内的谈判逐渐增加的趋势。目前美国政府不直接参与工会组织和雇主之间的集体谈判，谈判以企业内的集体谈判为主，比较松散、自由，弹性较大。

在1850年劳资集体谈判萌芽于英国之前，雇员没有与雇主集体谈判的权力与机制，他们处于极度弱势地位，工资增长非常缓慢，利益得不到有效保障，雇主残酷剥削雇员，马克思对这种剥削在《资本论》中进行了大量精准的描绘。工人阶级经过不懈奋斗，终于拥有了与雇主平等谈判的势力和权力，这是付出巨大的生命和血的代价才取得的，此后雇员的利益能够得到较好的保障。工会曾经是保护雇员利益的一个有效组织，但是英国、德国、美国出现工会参与率下降、集体合同覆盖率下降的趋势，行业性集体谈判比例逐渐减少，而企业内的谈判逐渐增加。

一、英国劳资集体谈判

（一）劳资集体谈判的萌芽

英国工会的起源可追溯至17世纪末，随着工业的发展，劳工开始发展起来。这种最初的劳工组织称为“礼拜堂”，是一种类似俱乐部的社交组织，后来逐渐发展成与雇主对抗的工会组织。之后工会组织进一步发展壮大，形成一股强大的力量。

19世纪前20年代，英国工人为了阻止新技术的引入（动力织布机和走锭细纱机等），掀起了劳工抗争的浪潮，他们都未能阻止纺织业机械化进程的扩张和工人工资普遍下降的趋势。此时的劳工抗争也大多以失败告终。一个很重要的原因在于，当时正处于纺织业发展繁荣期，不断增加的纺织品需求，促使资本家在新地区建厂、扩大生产规模、招募新的工人，这样原生产地区工厂数目的减少、生产规模的缩减，导致原地区的工人丧失了斗争的能力，无法同资本家抗争。1800年政府出台《结社法》限制工人非法组织的发展，1824年《结社法》被取消，结社才成为工人斗争的合法权利。19世纪前20年，《联合法案》规定：工会行为或工会组织的所有方面都是非法的。资产阶级广泛地使用了间谍和奸细从工人内部瓦解工人斗争。工会主义者的活动如果被雇主发现，就会被解雇并从公司中彻底驱逐出去，这些人员也会被列入整个地区的黑名单；工人还会被迫签署一份“文件”，承诺自己不会加入任何一个工会。此时的工人阶级力量依旧渺小，资产阶级的势力依旧很强大，他们的斗争大多以失败告终。

从一次次失败当中，工人逐渐认识到了这样一个事实：单个雇工的斗争给资产阶级施加的压力是极其有限的，单打独斗根本不能削弱资产阶级强大的实力，他们必须联合起来集体行动，报团取暖才有可能真正削弱雇主的强大地位。只有组成坚实的工会组织，工人才能长时间地罢工，才能逼迫雇主做出实质性的让步，才能根本改变谈判弱势的地位。19世纪40年代，英国工人开始尝试用集体行动的方式来争取自己的利益。他们继续不懈斗争，资产阶级不得不“挤牙膏”式地让步。1847年英国颁布《十小时工作法》，这是工人斗争取得的小胜利。

1868年，英国第一个全国性的工会联盟——工会联合会成立，它的成立表明英国工人在全国范围内形成了一股有组织的重要力量。激烈的劳工冲突迫使雇主不得不转换思维，重新审视集体谈判。资本家发现，集体谈判不仅可以避免劳资对抗，抑制罢工和怠工行为，还可以避免同行业者之间的无谓竞争；沟通协商机制能使他们及时发现并解决企业存在的问题，有利于企业竞争力的增强。于是，他们开始接受集体谈判和团体协议。政府也逐渐认识到工人罢工等斗争不能构建和谐社会，不利于社会的发展，逐渐承认工人享有结社权、工会享有谈判权，以后逐渐成为各国政府的立法取向。

1871年，英国颁布世界上第一部《工会法》。1850年，英国纺织、矿山和炼铁业的工会组织通过谈判与雇主达成一些协议，尽管当时的集体谈判没有得到法律的保护，谈判所达成的协议也只是“君子协议”，随时可能被资方抛弃，但它却标志着集体谈判的萌芽。《工会法》的颁布标志着集体谈判正式确立。《工会法》明确规定：不得仅仅以限制产业为由判定工会非法；如果工会是为了谋取民事利益，则为合法。它明确表示工人有组织工会的权利，承认工人与雇主之间地位平等，允许工人以团体名义与雇主进行谈判签订契约。至此，工会的法律地位终于得到了法律肯定，工会取得了实质性胜利，其结果是有力地限制了雇主的权力，增加了工会的权力。集体谈判制度的正式确立，使工人获得了更多的保障和利益。

1872年，政府颁布《仲裁法》，鼓励各地方、各行业成立仲裁与调解委员会，对有关工资等问题实施仲裁，对劳资之间的争端实施安抚性调解。1875年，政府又颁布《雇主和工人法》，将劳资关系从之前的“主仆关系”重新界定为平等的雇佣关系，从而为集体谈判的发展提供了前提。1896年又颁布《调解法》，强化了政府在处理劳资争议方面的权力。政府不仅设立了劳工部，而且还成立了政府调解委员会。鼓励劳资双方以自愿式集体谈判方式来化解冲突，但如果劳资冲突的任何一方请求干预，那么劳工部负有调解的责任；如果劳资双方都请求干预，那么劳工部将担负起仲裁的责任。所有这些，一方面标志着英国式的自愿主义的集体谈判制度的形成，另一方面也意味着政府以仲裁与调解方式干预劳资关系的常态化与制度化。政府从之前的“无为”转变为“有为”，积极化解劳资纠纷，以期实现劳资和谐的状态。①

英国的集体谈判逐渐发展成两个等级的谈判：一是全国或区域、产业范围的多雇主谈判，多雇主谈判是雇主联合会与国家级工会之间的谈判；二是企业水平的单个雇主与企业工会间的谈判。1898年英国工程业雇主和工会签订全国性集体协议，协议承认工会在集体谈判中的地位，确定了集体谈判的内容，制定了避免争端的程序。这个协议是英国劳动关系史上最

① 张丽琴：《欧洲集体谈判研究——以英、德、瑞为例》，中国政法大学出版社2016年版，第55—69页。

著名的协议，也是英国集体谈判历史上涉及范围最广泛的协议。

1916年以惠特利为主席的劳动关系委员会肯定了集体谈判在确定基本工资中的核心地位。随后英国许多私营部门建立起由雇主协会和工会代表组成的联合劳资谈判委员会，称为“联合工业理事会”；而公共部门也建立起类似的联合谈判机构，称为“惠特利委员会”。从这一时期开始直到1950年，这种多雇主集体谈判模式成为英国私营企业大部分雇员确定基本工资的主要方法。

（二）1945—1978年，工会鼎盛发展

第二次世界大战后，英国政府接受凯恩斯的需求管理理论，积极致力于福利国家的建设，维持高就业水平并缩小贫富差距，议会出台诸多有利于工人就业、工资谈判等法律制度。1965年政府通过《工会争议法》，给予工会充分的法律保障，使他们在就业合同受到撕毁威胁时能够采取行动。政府推行了大规模国有化措施，全员入会制的实施极大促进了工会的发展壮大。1951年英国工会会员是928.9万人，到1978年会员人数达到近1200万人。20世纪60年代中期，工会已在英国政治生活中占据重要支配地位，劳动关系问题成为举国上下关注的热点话题。工会改变了国家的政治力量格局，不管哪一个政党执政，都要与工会进行协商。各届政府的有关政策能否顺利通过，乃至各党派能否在大选中取得胜利，都要有赖于工会的支持与合作。1974年保守党由于对矿工罢工的镇压而导致在大选中失败，随后的执政党工党继续维护工会的力量。

（三）1979—1997年，工会逐渐衰退

1978年冬至1979年春，英国公共部门因为薪资问题爆发了大罢工，医疗、物流、垃圾回收等领域近乎瘫痪，被称作“不满的冬天”。大众质疑工会的权利，对工会的攻击是1979年保守党赢得大选的关键手段之一。1979年撒切尔夫人上台执政后，大力推行私有化。撒切尔政府认为工会力量过于强大，不利于企业提高经济效益，于是改变了过去政府对工会的协商、

谈判和妥协的方针，工会不再是平等的“伙伴关系”。政府采取了强硬政策削弱工会力量，取消全员入会制，出台了《就业法》，废除工会享有的普遍法律豁免权，压制工人罢工，缩小劳资冲突合法性的范围。20世纪80年代末，英国工会已不再像以前那样对国家政治生活产生举足轻重的影响。[①]

这一阶段英国工会的发展处于低潮期。工会会员人数大幅减少，1979年近1200万人减少到1997年的711.7万人。工会的认可度也直线下降，拥有25名雇员以上的企业对工会的认可度从1980年的64%下降到1998的42%。与此同时，一些雇佣组织开始撤销对工会的认可，试图将工会从劳动关系的管理中排挤出去，采取渐进策略措施弱化工会组织，从而最终撤销工会。弱化工会的措施有裁员、鼓励雇员签署个人合同、减少集体谈判等。

为了阻止工会的衰退，在20世纪80年代和90年代，工会发起了一系列运动旨在提高会员人数，但是招募新会员等措施没有扭转会员人数持续下降的趋势，在整个80年代和90年代，工会的会员人数在持续下降。工会的定位随之发生改变，工会联合会在1992年的年会上提出了实现“社会伙伴关系”的目标，在力求实现高工资的同时，也要为经济增长、劳动生产率的提高而努力。

（四）1998年至今，工会寻求复兴

工党布莱尔政府在1998年劳动关系改革计划中，强调劳动关系调整的目标是实现雇主和员工之间的伙伴关系。1999年1月起草的《雇佣关系法》提出，建立立法程序使工会得到雇主的承认，实现两者之间的集体谈判。布莱尔政府采取增加劳工个人法律权利而不是加强工会集体权利的形式调整劳动关系。对待罢工，布莱尔政府和保守党政府一样进行严格限制。

1999年的《雇佣关系法》引入了认可工会的法律规定，以前的认可路

---

① 刘彩凤：《英国劳动关系的发展——工会、集体谈判与劳动争议处理》，《当代经济研究》2010年第3期。

径是工会去征求雇主的认可，雇主对工会的认可是自愿的，既可以接受也可以拒绝。《雇佣关系法》通过法定程序使雇主认可工会，工会拥有了被认可的主动权，有利于获得与雇主相抗衡的力量，实现劳资双方力量的均衡。

随着2000年6月法定认可工会法规的实施，雇佣组织认可工会的比率明显上升。1997年1月至1998年2月，平均每月达成的工会认可协议数量是5.8起，在法定认可工会法规实施后，2000年11月至2001年10月平均每月达成的工会认可协议数量是39.2起。在这些协议中94%是自愿达成的。协议包括：工资、工作时间、节假日、员工代表等一系列内容。

目前英国工会积极探索实现复兴的道路。工会联合会认为，通过与雇佣组织充分合作的机制，工会的会员人数会增加，且有利于共同利益的壮大。工会联合会确定了合作协议的六条核心原则：对企业成功的共同承诺；明确各自的合法利益；对雇佣安全的承诺；关注工作生活质量；透明和信息共享；共同收益和增加价值。合作协议特别强调共同利益的增加，与之前的协议注重工会利益有所不同。

（五）集体谈判覆盖率下降

20世纪50年代后，随着英国重工业的衰退、公共部门的私有化改革，工会的力量逐渐减弱，劳资集体谈判开始萎缩，谈判覆盖面大幅下降。集体谈判覆盖的雇员比例由1984年的70%逐渐下降至2006年的33.5%。公共部门和私人部门均出现集体谈判覆盖面下降的现象。公共部门的覆盖比例从1984年的80%下降到1998年的63%，私人制造部门覆盖比例从1984年的51%下降到1998年的46%，私人服务部门集体谈判覆盖比例也从33%下降到22%。

英国集体谈判缺乏法律的保护，集体谈判协议是“自愿主义”，即使大部分工人要求集体谈判，雇主也没有法律上的义务必须与工会进行集体谈判，而只具有道义上的义务。双方达成的协议主要靠劳资双方的信誉来维持，不执行协议不需要承担法律责任。雇主在集体谈判中占据主动地位。法律和政府对劳资双方的集体谈判不进行干涉，只有向政府申诉时政府才会介入。

（六）1950年至今，企业内的集体谈判逐渐增多

20世纪50年代以后，企业内的集体谈判逐渐增多，到1980年企业水平的集体谈判覆盖的雇员比例已经超过了多雇主集体谈判。1989年行业工会与雇主协会的集体谈判失败，自此多雇主集体谈判机制逐渐被企业水平的单个雇主与企业工会间的集体谈判所取代。诸多原因造成以下转变：一是企业为争夺雇员而产生竞争，雇主之间的合作受到了冲击；二是雇主协会的地位显得较弱，一些实力较强的企业越来越不愿受雇主协会的制约，他们希望自己拥有更大的自主权和灵活性；三是企业中选举产生的工会代表，在维护本企业员工利益比国家级工会组织更直接、更主动，国家级工会组织代表逐渐被企业工会代表取代；四是英国政府1972年出台的《劳动关系实施规则》，加剧了集体谈判向单雇主企业谈判模式的转换。

企业水平的集体谈判有助于降低成本、增强工资的灵活性，符合市场发展方向，是谈判发展的总体趋势。

（七）劳动争议处理

英国劳动争议处理体系由四个机构组成：劳动咨询调解仲裁委员会、产业法庭、劳工上诉法庭、中央仲裁委员会。

1.劳动咨询调解仲裁委员会

劳动咨询调解仲裁委员会成立于1974年，是由政府出资建立的独立的非政府组织，主要处理个人劳资纠纷和集体谈判争议。劳动咨询调解仲裁委员会由1名主席领导，管理机构是由雇主、雇员和独立代表组成的三方委员会，委员会成员由4名雇主代表、4名雇员代表和3名独立代表组成。下设13个分支机构，全国约有800名工作人员。具体工作职责主要有以下三项。

第一，预防和解决集体纠纷。通过咨询、调停和仲裁的方式解决集体纠纷，帮助、鼓励劳资双方通过双方都认可的方法进行谈判，达成共同接

受的解决方案。只有在双方达成和解协议时，劳动咨询调解仲裁委员会才安排调停或仲裁。仲裁常由单个仲裁员进行，仲裁员由劳动咨询调解仲裁委员会在仲裁员名单（约80名）中确定。因为在仲裁前双方都表示要接受仲裁结果，并且劳动咨询调解仲裁委员会会施加一定的压力令双方遵守仲裁结果，所以仲裁结果执行率很高。

第二，处理个人权利纠纷。劳动咨询调解仲裁委员会受理不公平的解雇、工资福利待遇、违反劳动合同和歧视等争议。调停员与双方单独商谈，引导双方进行换位思考，增加双方的互相理解意识，自己不参与发表意见，最后以书面形式记下双方达成的和解条件。调停协议具有法律约束力。如果调解成功，双方达成了协议，那么此案即为终结。调解过程中当事人所作的陈述，除非当事人同意，否则不得作为以后法庭程序的证据。解决个人权利纠纷是劳动咨询调解仲裁委员会的最主要工作，占其总工作量的60%左右。调解不成的纠纷，当事人可以到产业法庭起诉。不服产业法庭判决结果的，可以到劳工上诉法庭上诉。在解决个人权利纠纷的案件中，调解成功占40%，撤回调解占30%，起诉到产业法庭占30%。

第三，提供信息和咨询，促进良好的合作关系。劳动咨询调解仲裁委员会建立了覆盖全国的公开咨询网络，对个人所提出的问题给予及时解答。劳动咨询调解仲裁委员会经常组织一些会议和研讨会，通过各种途径促进良好的劳动关系。在过去几十年里，个人权利案件逐渐增加，工作重点从集体争议案件转移到个人案件，导致信息咨询业务大量增加，劳动咨询调解仲裁委员会的角色主要从“防止和解决”逐渐转为“服务和支持”。

2.产业法庭

负责处理劳动咨询调解仲裁委员会调解不成而起诉的个人劳资纠纷，其中以不当解雇争议为主。产业法庭设在一些主要城市，其审理的案件没有叛例效力，也没有强制执行权。

3.劳工上诉法庭

专门负责审理不服产业法庭判决的上诉案。只有对产业法庭判决中的法律方面（而非事实方面）有异议时，当事人才有权上诉。

4.中央仲裁委员会

成员主要是学术人员，是专门处理工会合法性的机构，对仲裁结果不得上诉。

二、德国劳资集体谈判

（一）19世纪90年代前

1839年，在普鲁士特别是在军界的压力之下，军人担心损害“他们的新兵来源”，故而第一次对儿童的劳动做了限制，规定9—16岁的儿童每天在工厂和矿山工作不得超过10小时，同时禁止他们在夜里、星期日和节日进行劳动。这时，德国工人的实力同样非常弱小。德国设立了一系列政治法律障碍，用以阻止任何有组织的工人利益代表机构的出现，打压和镇压工人运动，维护资产阶级的利益。1845年《普鲁士工商业管理条例》第182条规定：帮工、伙计或工厂工人凡商定罢工者，将被判处1年以下的监禁。《普鲁士工商业管理条例》第134条规定：独立的企业经营者及其伙计、帮工和学徒之间的关系如何确定，是自由协议的内容。此时的工人只拥有协商的权力，但组织罢工属于违法行为。

随着工人队伍中越来越多的人意识到，要想改变他们的命运，他们必须组织联合起来进行更大的斗争，因此他们继续斗争。

从19世纪50年代开始，德国的工业化过程突飞猛进。1848年8月23日，斯泰凡·波尔恩在柏林召集了“全德工人代表大会”，会议于9月3日结束，建立的“全德工人兄弟会”被认为是德国第一个工会组织。德国社会民主党就是由群众性的工会组织演变而来的。1868—1869年，一系列的工会发展了起来，如裁缝、面包师、造房木工、鞋匠、建筑工人、木材加工工人、冶金工人和纺织及服装工人的各种职业联合会纷纷应运而生。

从1865年到1873年发生的罢工浪潮中，工人的斗争形式从申诉和请愿转变为劳资斗争形式的罢工。大多数的工会成立跨地区的组织形式，如此可以不断地向劳资斗争提供资金，同时还可以阻止资本家从其他没有发生罢工的地区调来援助力量以破坏罢工。1868年11月，柏林机器制造工人工会在柏林成立，同年12月德国机器制造工人和五金工人工会成立，1869年5月德国工会联合会成立。

1873年，德国书籍印刷工人联合会与雇主签订了第一个集体合同，工会的合法地位也还未得到法律上的认可。但是这份合同的签订给后来法律认可工会的地位起到了积极的推动作用。1899年，建筑工人缔结了他们的第一份劳资协议；1906年，冶金工人也缔结了他们的第一份劳资协议。此后工资协议的数目急剧增长，从1906年的3000个增长到1913年的大约13.5万个。

1871年，铁血宰相俾斯麦统一了德意志联邦，建立了德意志帝国。之后经济危机频频爆发，工人运动空前高涨。俾斯麦对工人运动残酷镇压，但随着社会主义理论的传播和影响，他逐渐认识到，对工人运动光靠“鞭子”不行，还需要给予“糖果”政策，社会保险是缓解工人运动的有效政治工具。德国皇帝威廉一世于1881年11月7日宣布，要大力发展社会福利政策，之后，1883年发布《医疗保险法》，1884年发布《工伤事故保险法》，1889年颁布《老年和残疾人保险法》。这是工人持续斗争的结果，资产阶级不得不做出的“糖果”让步，但此时他们并没有在公司决策权环节做出让步。俾斯麦帝国出台的社会保险立法是德国走向现代国家的重要一步。

1889年的罢工运动失败之后，工人组织呼吁建立全国性的跨行业工人组织，这成为现代工会运动的基础。1890年11月，在柏林举行的工人组织联席会议上，多数工会组织同意组成德国工人组织的统一联盟，其基本职责是：维护工人的基本权利；广泛开展宣传活动；组织罢工；召集统一联盟的成员组织；制订统一联盟的组织计划。统一联盟使成员组织之间的联系更加紧密，标志着德国历史上第一次出现了具有严格章程和行动规则的工会联盟。

（二）一战前后

1892年3月，德国工人组织统一联盟在半城召开第一次代表大会，讨论工人运动的未来发展方向，提出建立全国性的核心联合组织，从而进行更好的资金管理和组织协作，推动社会保障计划。随后各种工人组织迅速结成了紧密的“卡特尔”组织，核心联合组织计划也扩展到各个领域，几乎所有的工会成员组织都建立了罢工基金、疾病和死亡受益计划等。

在核心联合组织的领导下，工会组织的机构运作效率和社会影响显著提高，取得了不小的成就。1916年通过的《预备服务法案》，强调了工会权利：雇员人数在50人以上的企业必须建立工人委员会；设置调解委员会；赋予工会在战争时期代表所有工人进行谈判的权力。

随着第一次世界大战的爆发，核心联合组织也减少了大规模的罢工行动，以免激化社会矛盾，以期提高军队的战斗力并有利于实现胜利之目的。工会成员也逐渐分化为两大派别：社会民主主义者是工会中的多数派，他们接受了政治停战协议；共产主义者则积极推动工人组织的阶级斗争，继续组织开展工人运动。

（三）一战后至二战前

1918年1月，柏林爆发了工人政治罢工，罢工运动很快扩展到全国各中心城市，参加者达100多万人。罢工中，自由工会提出主要内容之一是，要求政府通过新的法律，保证职工结社权（包括罢工权）和确认签订劳资集体合同的合法性。1918年12月23日，德国颁布了《集体合同法》，使德国的集体合同第一次由法律形式确定下来。集体合同签订后，应将合同的适用地域和生效时间，送到政府劳动部门的官署登记，并由政府劳动部门宣布该合同具有一般约束力。

第一次世界大战德国战败，德国建立了魏玛共和国，实行民主政治制度。1919年德国工会建立了全德工人联盟，坚持工人集会自由和8小时工作制。但到了1923年，全德工人联盟做出调整策略，工人的每周工作时间增加到50.4小时。1924年之后，德国的政治经济形势逐渐稳定，全德工人联盟积极推动了社会保障制度的不断完善，将法定失业保险引入社会保障体系。

1930年前后，欧洲陷入前所未有的经济大萧条，1930年德国失业者高达440万人。随后政府采取强硬干预措施，抛弃了自由的集体合同谈判，由政府直接规定工资标准和工作条款。

随着德国社会矛盾日益尖锐，以工会团体为主的左翼力量支持希特勒领导的纳粹党，使希特勒于1933年1月30日被选举为总理。1933年5月，希特勒政府无情镇压全德工人联盟，全德工人联盟总部大楼被占领，部分工会成员被杀，其余被关押或流放。

（四）二战后至德国统一

第二次世界大战结束之后，1946年原东德地区建立了自由德国工会联盟，1948年初原西德地区恢复了工会组织的社会地位。冷战形势使这两个组织的发展方向逐渐背离。原东德地区的自由德国工会联盟逐渐成为德国社会团结党。原西德地区的工会组织则建立了统一联盟，即德国工会联合会，其会员从1950年的545万人增长到1984年的766万人。

德国工会联合会确立了工会的基本纲领：共同决定社会经济事务；将重要工业企业转变为公有制；决策国家经济计划；促进社会公平。这些基本设想逐渐成为“社会市场经济模式”的思想基础。在这种思想的影响下，西德逐渐探索出“社会市场经济”发展道路。

德国工会联合会广泛参与德国社会政治经济事务，其职责有：第一，1952年建立“工会代表委员会”，特别是利用德国政府对煤炭和钢铁行业的依赖性，维护其在重要工业企业中的地位。第二，针对工人福利问题，1955年提出了一系列政策建议：周五工作制和每天8小时工作制；男女薪酬平等；保留工人疾病期间的工资；提供残疾、事故、疾病、失业方面的社会保障；工会、公司、政府管理机构之间进行平等对话，共同决定社会经济事务；改善工作环境；为新工人提供职业培训。第三，1959年提出“神圣山方案”，促进了社会市场经济秩序的发展。第四，1989年德国统一进程开始之后，强调德国社会经济体系的统一性，接纳了原东德地区的自由德国工会联盟，促进并建立工作统一制度，积极处理地区之间的人口流动，将“社会市场经济模式”扩展到整个德国地区。

1953年，西德联邦议会通过劳资协议法案，法律规定在联邦德国实行工资自治制度。除少数公务员和自由职业者以外，几乎全部工人、大多数职员的工资、薪金不是直接由国家规定，而是由工会和雇主联盟通过每年举行的劳资谈判以劳资协议的方式确定。

德国的雇主组织包括私营部门的雇主联合会和公共部门中的雇主协会。私营部门的雇主联合会主要有产业联合会和产业间的州级联合会，属于全德雇主组织联合会。该联合会在全国有47个产业联合会、384个会员、12个州级产业间联合会及464个分支组织。公共部门的雇主协会有时共同参加集体谈判，有时与联邦政府进行合作集体谈判。

20世纪50年代，德国经济高速增长，劳资双方工资谈判的理论基础是“劳动生产率主导型”工资政策，这一工资政策由联邦德国雇主协会创立，核心是把名义工资的增长与国民经济劳动生产率的提高紧密联系在一起，并且工资增长要低于劳动生产率的增长。

20世纪60年代，由于物价上涨幅度高于50年代，为了使雇员的实际工资同企业经营收入同步增长，联邦德国宏观经济发展鉴定委员会提出了“成本水平不变的工资政策”，以保证雇员的名义工资增长率与国民经济劳动生产率的提高和预测的物价上涨率相适应，这一工资政策满足了工会的愿望和要求。

（五）1990年以后

1.会员数量逐年下降

在1991年德国工会密度达到顶峰36.0%之后，工会会员数量逐渐减少，工会密度逐渐下降，至2003年下降到22.6%。下降原因主要有以下几点：

第一，蓝领劳工数量减少。德国工会以产业为基本组织形式，产业工人是工会会员的主要来源。随着科技的发展及产业结构的调整，传统的产业工人逐渐被自动化的机器取代，大批企业还将生产线转移至劳动力廉价的发展中国家。

第二，随着社会的进步，个性化发展观念深入人心，新生代工人加入工会的观念弱化，现在工会很难说服新生代工人加入工会。

第三，工会制度的溢出效应与集体合同扩展作用，使非工会会员同样能够享受到与工会会员一样的利益和保护，劳动者越来越不愿意缴纳会费加入工会。

2.工会组织的社会角色发生转变

现代德国工会的社会角色正在发生了转变，其扮演的社会角色是法律监护者，积极参与法律和社会体系的构建，努力完善法律体系和改善社会制度，维护德国的社会保障制度，维护德国劳动市场的集体谈判模式，保护工人的实际利益，将制度对工人利益的损害减少到最低程度。积极推动工会、雇主协会、政府之间的交流，促进德国社会的民主进程，坚持德国的文化传统和宗教观念。现在德国工会的主要任务是以下几项。

第一，维护集体合同谈判。德国工会的传统任务是通过集体合同谈判来保障工人利益，但是越来越多的人崇尚个人成功和自我实现，集体行动模式受到很大挑战，工会努力通过集体行动提高工人的谈判能力，以集体合同保障工人的利益。

第二，维护社会保障制度。工会继续维护社会保障体系的健康运行，防止社会分化，保护社会弱势群体的基本权利。

第三，维护共同决策机制。工会积极参与企业决策，扩大工会对企业发展策略、集体合同政策、社会改革计划的影响力。

（六）现在的谈判方式

德国最大、最主要的工会组织是德国工会联合会（DGB），下设八大行业工会：五金工会，服务业联合工会，矿山、化学与能源工会，农业工会，食品餐饮业工会，列车与交通工会，教师与科研工会，警察工会。除了德国工会联合会，德国还有其他一些全国性工会组织，如德国公务员联合会、基督教工会联合会等。①

劳资谈判分为国家、产业和企业三个级别，谈判一般每年进行一次，其中以产业、行业谈判为主。劳资谈判首先由工会提出方案，雇主方根据工会的提案进行应约，工资、工时等由劳资双方通过集体谈判决定，政府不直接干涉。②产业谈判的基本程序如下：

第一步，各个行业工会在谈判的内容和组织上进行准备，主要包括确定下一年工资谈判的方针和基本要求，在此基础上致信雇主联合会，要求约定谈判时间。

第二步，雇主方面收到工会方的信后，召开会议，讨论、拟定答应条件。

第三步，双方谈判前各自开会，重点分析一年来的经济形势。工会主要考虑的是通货膨胀率、劳动生产率、本行业的经济形势等。

第四步，在大多数情况下双方都不争取第一次就达成一致协议，而是从双方的角度尽量阐述自己的条件。

第五步，谈判会出现两种情况。一种是劳资双方相互妥协，较快地达成一致，并签订工资协议，有效期为一年，它对所属的行业都是有效的。另一种是谈判失败陷人僵局，这时就要寻找调解人来协调。如果协调不成就可能出现工会组织罢工，雇主关闭厂门的局面。③

现在集体谈判仍然以行业性谈判为主，但随着工会参与率下降、集体合同覆盖率的下降，德国的行业性集体谈判也走上了分散谈判的道路，出现企业内谈判逐渐增加的趋势。

---

① 张莉芬：《对德国工会制度的反思——从德铁大罢工谈起》，《工会理论研究》2017年第4期。

② 刘仁宝：《集体协商谈判模式的国际比较》，《山东工会论坛》2019年4期。

③ 严明：《德国的工资集体谈判简介》，《工会理论研究（上海工会管理干部学院学报）》2005年第4期。

三、美国劳资集体谈判

（一）美国工会的起源

1.美国最初工会的起源

1782年，费城成立了一个鞋匠工会，但它只存在了不到一年的时间。1794年，另一个费城鞋匠工会——皮匠联盟协会（Federal Society of Journeyman Cordwainers）成立了，它与雇主进行谈判，并一直存续到1806年。1796年，纽约市的家具木工组织了一个工会。1799年，纽约的印刷工人也组建了一个工会，并开展了有关工资和工作规则的谈判。此时，大多数的早期工会无法抵挡雇主的强大攻击，工会力量很小，无法从雇主那里争取到高工资。

1866年，在铸模工工会威廉·西维斯（William Sylvis）的领导下，一些工会领袖组建了全国劳工联盟（the National Labor Union，NLU）。全国劳工联盟吸收熟练工和非熟练工入会，并且将参与政治活动作为其主要职责。全国劳工联盟在1872年举行了最后一次全国代表大会，此时已经更名为全国劳工改革党（the National Labor Reform Party），寻求在国家政治生活中发挥重要作用，然而政治活动的尝试并不成功。在全国劳工联盟内部纷争不断，关于全国性工会如何维护其成员的利益一直没有形成过共识。[①]

2.劳工联合会的诞生

瓦工工会（the Bricklayers）、铸模工工会和卷烟行业工会（the Cigarmakers），在1886年共同建立了美国劳工联合会。卷烟行业工会的领导人塞缪尔·冈珀斯（Samuel Gompers）成为美国劳工联合会的首任主席，担任这一职务直到1924年去世。冈珀斯是现代美国工会运动的主要缔造者。

劳工联合会是众多自治工会组成的联合会，劳联领导人称之为“用沙子拧成的绳子”，劳联的权力来源于各成员工会。劳联制定了一些合理的制

---

① ［美］格里·蔡森：《危机与未来——美国工会组织的发展》，刘宝坤译，中国工人出版社2022年版，第3—5页。

度，劳联的成员工会拥有完全管辖权，每个工会都在其章程中明确了某一类的会员标准，不会与其他工会重叠，没有“内乱”。冈珀斯和劳联为地方职业工会的组建积极提供帮助，希望并吸收其成为联合会的成员。联合会稳步发展壮大，成员数量由1897年的58个增长到了1904年的120个。

3.世界产业工人联盟的成立

1905年，来自43个工会组织的代表在芝加哥举行大会，成立了一个革命性的总工会——世界产业工人联盟（the Industrial Workers of the World，IWW或者Wobblies）。世界产业工人联盟章程序言鲜明地体现了其激进的意识形态，即认为阶级斗争是不可避免的信念：“工人阶级与雇主阶级毫无共同之处。”

世界产业工人联盟更青睐罢工行动，它是工团主义（Syndicalism）的支持者。工团主义认为罢工将导致资本主义的灭亡。在此之前，罢工是为了提高工人工资、改善工作条件。世界产业工人联盟极力避免签订正式的集体合同，只是公布其工资要求清单。

世界产业工人联盟不分行业或产业，吸收所有的工人加入工会，包括工厂工人、移民农场工人、海员和码头工人等。世界产业工人联盟在纺织、木材和码头等行业，举行了几次成功的工会组建和罢工活动，它的罢工行动往往伴随着暴力。世界产业工人联盟认为，第一次世界大战是资本主义的阴谋，所以拒绝支持美国参战，为此政府将它的许多领导人逮捕入狱。

4.产业工会联合会的成立

美国劳工联合会内部，工会领袖们对于组织和代表工人的办法一直没有达成共识。初期的工会通常是由特定职业的熟练工人组成，如印刷工人或制鞋工人。第一次世界大战以后，生产工人数量大增，手艺职业工人已经不再占主导地位。劳联的大多数工会是职业工会，对以产业为基础组建的工会持强烈的批评态度。他们觉得产业工人谈判能力弱，在工会中存在不同的工人群体会破坏工会的凝聚力并可能导致宗派主义。

在1935年的劳联大会上，人们就产业工会主义与职业工会主义展开了辩论。劳联的领导人支持职业工会主义，美国矿工联合会（the United Mine

Workers）的主席约翰·L.刘易斯（John L.Lewis）则主张产业工会主义。劳联大会否决了产业工会主义。1935年11月，刘易斯领导成立了产业组织委员会（the Committee for Industrial Organizations）。劳联将此视为对其核心原则和领导权威的挑战，指责该委员分裂组织，下令解散委员会，刘易斯拒绝执行。劳联于是驱逐了7个工会组织和近100万名会员，这些工会组成美国产业工会联合会（the Congress of Industrial Organizations，CIO）。

5.劳联—产联劳工联盟的成立

产联主要在钢铁、汽车、橡胶、纺织、海运等行业成功进行了工会组建活动，劳联主要在大规模生产行业的熟练工人中开展组建活动。尽管产业工会联合会在不断扩张，但劳联的规模仍更胜一筹。20世纪30年代中期，劳联和产联经历了一段激烈的工会“奇袭”期（工会组织设法吸收其他工会代表的工人加入自己的工会）。工会之间的谩骂竞争和挖墙脚，败坏了整个工会的声誉。后来工会意识到了这一点，互相挖墙脚的事件逐渐减少。1954年，劳联和产联达成协议，结束工会之间的互相阻挠行为，这一和平协议成就了双方最终的整合。他们相信，强强联合会产生更大的政治影响力。1955年，美国劳工联合会和产业工会联合会合并成立了劳联—产联劳工联盟（AFL-CIO），乔治·米尼和沃尔特·鲁瑟分别成为新组织的主席和副主席。

劳工联盟是一个拥有56个全国工会组织的协会，负责协调工会组建活动、谈判活动以及政治行动；禁止成员工会在组建活动中相互袭击；代表工人利益在各州和全国的立法过程中开展游说活动；为了执行国际劳工标准，与其他国家的劳工联盟保持联络；推进人权事业；对会员和非会员开展培训。劳工联盟鼓励其成员工会开展组建活动并提供协助，但是不会代表成员工会的会员开展集体谈判。

劳工联盟每月向其成员工会按每位会员53美分收取会费，代表大会由成员工会选择产生的代表组成，每4年举行一次。代表大会修改工会章程、通过相关决议、制定政策和工作目标，选举工会联盟主席、秘书财务长、执行副主席及51位副主席。这些人组成劳联—产联劳工联盟执行委员会，负责联盟日常工作，决定行政和政策事项。执行委员会的成员，各成员工会的最高领导人，联盟各行业、各产业部门的负责人以及联盟所属各州机构4位代表组成劳联—产联全体董事会（general board），负责处理执行委员会交办的诸如批准全国政治候选人等事务。

劳联—产联还有4个地区办事处：中西地区办事处、东北地区办事处、南部地区办事处、西部地区办事处；有51个州联盟（state federations），主要负责处理政治活动事务；有570个劳动理事会（Executive Council），负责协调成员工会的地方或者区域组织分支机构。

联盟设有7个职业或产业部门（trade or industrial departments），负责协调成员工会之间的跨工会、跨地区活动。联盟还设置了服务的中心，这些服务有：向会员提供团体福利项目，协助成员工会发展经济，开展培训，向成员工会的养老金计划提供不动产投资机会。

2004年，联盟将入会和未入会工人以及社区联盟的居民联合起来组建了劳动美国（Working America），其目标是实现“好工作、强社区、政府领导人正确做事顺序”的政治目标。

（二）20世纪20年代工会的艰难时期

一战后由于工会遭受雇主激烈的抵制和打压，工会会员流失，工会实力下降。由于雇主强硬反对集体谈判，工会发动的罢工活动在战后的几年时间里日益频繁。其中比较重要的劳资纠纷有纽约煤矿工人和码头工人罢工、波士顿警察罢工以及1919年的西雅图总罢工（该城所有工人都参与了罢工，以支持正在罢工的船厂钣金工人）。

1919年的钢铁行业举行大罢工的失败，显示了雇主打压工会的坚定决心和强大实力。钢铁行业工会要求与美国钢铁公司（the U.S. Steel Corporation）集体谈判，要求终止由雇主主导的公司工会、提高加班工资、实行8小时工作制等。公司拒绝了这些要求之后，工会先是设定了罢工的最后期限，然后举行了罢工投票，并在7月22日举行了罢工，近35万工人参加了此次罢工。

美国钢铁公司对罢工展开了全面反击，它联合新闻界抹黑工人，将罢工者描绘成目无法纪、行为激进的外来人（很多罢工者都是东欧移民），地方当局限制了罢工者进行集会的权利。公司利用密探散布罢工活动及其领导者的虚假信息，煽动不同移民群体之间的敌意来破坏罢工，公司还雇用了3万名美国黑人工人顶替罢工者的工作。面对公司的强烈打压和冲击，罢工者士气低落，最终三分之二的工人重返工作岗位。1920年1月，工会宣布罢工结束。这次罢工遭遇了灾难性的失败，显示了工会在20世纪20年代处境十分困难。此后近20年里，美国钢铁公司没有开展集体谈判。

工会在20世纪20年代流失了160万名会员，约占当时工会会员总数的三分之一。雇主要求工人签署"黄犬契约"（yellow dog contracts），工人必须签署"黄犬契约"并承诺不参加工会组织才会被雇用，不签署"黄犬契约"不被雇用。雇主将工会抹黑成与美国个人主义精神格格不入的异类，指责工会拖累了生产效率，是外国激进分子的同谋。雇主还雇用密探来发现并解雇支持工会的工人，然后将他们列入"黑名单"并解雇。雇主还采取暴力、胁迫、开除工会支持者以及雇用工贼等措施来对付工会的组建和罢工活动。面对雇主的激烈进攻，工会束手无策。工会组建活动乏善可陈，会员人数也大幅下跌。

接下来的十年里，在罗斯福新政期间，新法律的出台推动了集体谈判，工人对工会也有了新的认识，工会才逐渐复了活力。

（三）《瓦格纳法》的出台

第一次世界大战前后，劳联成为威尔逊在总统大选中的有力支持者。总统大选中获胜后，劳联把威尔逊政府当做可以依赖的政府力量，希望在威尔逊政府的支持下建立一个保护劳工权益的机制。第一次世界大战结束后，在美国第一届全国劳资关系会议上，劳联要求保留战时所建立的劳资联合委员会，并把它变成一个推动集体谈判的论坛，变成一个"影响社会进步和商业利益的问题"的机构。劳联仅是希望联邦政府与这些协调劳资关系的机构进行合作，不要"动用法律或行政命令干涉他们的活动"。

在1923年劳联的年度大会上，劳联执行委员会在其报告中谴责劳资关系是“无秩序的冲突”，倡导建立一种制度以协调生产过程中影响工人地位和权利的所有问题，工会将承担更大的责任与雇主共同达成协议，从而将劳资冲突变成历史。劳联所争取的是工人劳动力支出应该得到的合理收入，工人的收入应在总国民收入中占一个适当的比例，稳定和提高工人的社会购买力，能使工人过上体面甚至高雅的社会生活，不再谋求推翻资本主义生产方式，而是完全认同了资本主义制度中关于财产所有和权力分配的规定。

工人持续的罢工斗争、劳资冲突斗争使美国一些雇主忧心忡忡，他们不再坚持劳资关系是敌对态度，转而接受一种温和的观点，逐渐承认和谐劳资关系是社会发展的必需要求。20年代至30年代，有不少雇主倾向于劳资双方集体谈判。一些“开明的”雇主通过集体谈判的方式协调劳资关系，工会组织生存和活动的社会环境缓慢趋向于好转。但是集体谈判还没有被资产阶级普遍接受，雇主们不愿与劳工工会分享企业决策权，他们坚持自已拥有生产经营绝对的控制权，反对与工会共同决定工资和工时等问题。实现让全体资本家接受劳资谈判任重而道远。

瓦格纳在担任纽约州最高法院法官时，在1922年施莱辛格诉昆塔案的审理中，裁决劳资合同具有法律效力，命令违法的雇主继续履行其合同义务，瓦格纳法官认为工人的利益受到了资方的侵害。

第一次世界大战后，在美国逐渐出现了一种从法律上承认工会集体谈判权和法律地位的趋势，这一发展势头使得法院可以把劳资合同与合同法的规范相互协调，把进行集体谈判订立合同的权力赋予工会。美国法院涉及劳资争议的这些观念的变化，为《瓦格纳法》的出台提供了司法上的实践经验。

20世纪30年代的“大萧条”把美国从繁荣的峰巅打到衰败的谷底。为摆脱经济危机，罗斯福开始了勇于创新的新政实验，政府的行政管理职能急剧扩大，行政管理权力大大加强，联邦政府制定新的劳资关系政策使经济走出萧条。人们关于法律社会功能的观念也随之发生了革命性的变化，人们普遍接受了法律应对现代工业社会不断变化的社会经济问题做出迅速的反应，这有利于集体谈判法律的出台。

1932年美国国会通过的《诺里斯—拉格尔迪阿法案》规定：工人有权自由加入工会组织，雇主不得对新加入工会组织的工人持有偏见，法庭也不能随意裁决工人罢工违法。1933年春天，罗斯福总统任命瓦格纳参与国家复兴法案的制定。同年6月16日国会通过《工业复兴法》规定：雇工有通过他们自己所选择的代表来组织工会和集体谈判的权利，并且在指派那样的代表时或在把自己组织起来时，或在为集体谈判而采取的其他协同一致的活动中，或在其他互相帮助或保护中，不受雇主或他们的代理人的干涉、限制或胁迫；雇主必须遵从经总统批准或规定的最高劳动时间、最低工资率以及其他的雇用条件。

《工业复兴法》的出台意味着国家责任观念的转变，法案使在国家层面上制定促进经济繁荣和扩大就业成为可能。更为重要的是，由于法律保护所有雇员集体谈判的权力，这就在美国历史上第一次表明了国家承认它在调控劳资关系中的义务，国家必须在劳资关系的调控中承担建设性的角色。

《工业复兴法》使原来力量已经衰弱的工会恢复活力，使一些原来从未组织过工会的工业部门也加入了组织工会的运动，有成千上万的工人加入了橡胶、钢铁、汽车、炼铝、水泥、矿冶等工会。但是部分资方并不愿拱手让步，如在钢铁业及其附属企业，资方就关闭了西弗吉尼亚州克拉克斯堡和俄亥俄州斯托本维尔的威尔顿钢铁厂；费城布德制造公司的汽车配件厂把所有参加罢工的雇工开除了。工会和雇主的对抗迅速导致了罢工斗争的激增。1933年因罢工造成的每月的劳动日损失天数由60万个劳动日上升到240万个劳动日。

1935年2月21日，瓦格纳明确提出了新的“国家劳资关系法”。他宣称法案的目的是：“详细解释《工业复兴法》第7条，成立一个永久性的全国劳资关系委员会，赋予其适当的执行的权力。”由于民主党进步派力量在1934年国会议员选举中大获全胜，瓦格纳得到了多数参议员的支持。《国家劳资关系法》在内容上更突出了瓦格纳的思想，要维持经济发展与工资水平之间的平衡，必须促进劳资之间在集体谈判中的平等地位，保护劳工组织工会和进行集体谈判的权力。

在瓦格纳的影响下，《国家劳资关系法》（又称《瓦格纳法》）于1935年5月16日在参议院率先通过。5月24日罗斯福总统站出来支持这个法案，在美国工商界强烈要求总统制止这项法案的喧嚣声中，6月罗斯福坚定表态“必须通过”。《瓦格纳法》第7条规定：雇员有权自己组织起来，建立、参加或帮助劳工组织，有权自己选择代表进行集体谈判，并且有权进行以集体谈判或互助或保护为目的的其他一致行动。这个法案还创建国家劳资委员会行使国家权力确保劳工上述权力的实施，从而实现了调控劳资关系的法律和机制的重大变革。

在《工业复兴法》实施初期，就成立了美国矿工联合会、防治工人联合会、国际女装工人工会等工会组织，工会会员从1933年的297.3万名增长至到1935年388.8万名。《瓦格纳法》使工会的组织力进一步提高，并开始参与国家的政治活动，在政治选举、政府政策和法律的制定方面产生了很大的影响力，工会会员继续增长，1940年达到1100万名，这种增长趋势一直持续到1956年的巅峰35%左右。《瓦格纳法》使劳资关系的处理纳入法制化的轨道。法律把工会变成一种制度化的力量，通过法定的程序支持和鼓励工会采取和平的罢工行动，从而避免劳资之间的经济纠纷演变成社会动荡，保证了社会经济发展的和平、有序进行。《瓦格纳法》建立的劳方、资方和政府的三方合作机制，为美国工会的发展创造了适宜的制度环境，提高了工会的地位。劳资双方通过集体谈判协商工人工资及其他福利，使工会参与到工厂的经营管理之中，提高了公司经营决策准确性。通过集体谈判的方式消弭劳资纠纷的机制，不仅提高了美国工人收入，同时提高了劳动生产率，从而提高了企业竞争力。瓦格纳深信通过国会立法和政府的作为可以从根本上改变社会，瓦格纳在美国劳资集体谈判机制的创建中居功甚伟。①

① 周剑云：《试论美国劳资集体谈判的确立——1935年〈瓦格纳法〉的缘起》，《世界历史》2009年第4期。

（四）二战后至1981年

第二次世界大战后期，美国国会内部开始表现出压制劳工的政治倾向，提出了多个反劳工法案。1943年通过了《史密斯—康纳利法》，该法对劳工举行罢工的权利作了诸多限制，并规定在罢工之前有一个为期30天的“冷却期”。

1947年出台了《塔夫脱—哈特莱法》，该法从根本上改变了《国家劳资关系法》的主旨，对劳工和工会的权利进行了诸多限制，禁止“间接抵制”，并补充了工会的“不正当劳动行为”。在《国家劳资关系法》中，不正当劳动行为是针对雇主的，而如今却转变为针对劳工，这是美国工会会员数量下降的关键原因。罗斯福新政时期建立的劳资和谐模式开始被逐渐消解，这是一个持久的、缓慢的过程，它对工会的消极影响渐渐显现出来，20世纪70年代以后美国工会持续衰落，工会会员的数量不断下降，工会的组织影响力日益减弱，至2013年美国工会组织率已跌至11.3%。[①]

在里根之前，美国政府仍然执行罗斯福新政期间制定的福利政策，他们认为需要坚持政府对经济的干预，保障充分就业，保护弱势群体。在收入分配政策中，采取措施保障工人权益和增大税收调节力度。1950年，美国《工资工时法》生效，工人最低工资标准提高到了75美分，同年国会通过了《社会保险法》，将退休工人养老金平均增加了77.5%。1953年，联邦养老保险受益范围为4500万人，失业保险覆盖范围达3500万人。同时政府加大了对收入分配的调节力度，个人所得税最高边际税率一度高达70%。贫困率从1959年的23%下降到1978年的11.5%。

（五）1981年至2008年

尼克松政府期间，严格控制劳工工资。1978年出台《航空管制解除法》，

---

① 金世育、刘婷婷：《新自由主义下的美国工会力量与收入公平——基于权力资源理论的分析》，《工会理论研究（上海工会管理职业学院学报）》2015年第4期。

1980年通过《汽车运输法案》，航空、铁路、公路方面的管制法规被解除，美国的经济政策明显倾向于自由竞争，一系列限制工会发展的立法出台，美国工会开始进入了持续的衰退期。

1981年，里根当选为总统，里根政府的自由市场理念反映出清晰的反工会立场。受新自由主义影响，里根政府时期收入分配政策体现在工资谈判制度、减税和削减社会保障津贴等方面，被称作“劫贫济富”的政策。

1981年8月，联邦航空管理人员举行了持续3天的罢工，要求提高工资水平和缩短工作时间。这次罢工使每天约7000多班次的航班停飞。里根政府采取经济镇压的方式对罢工进行干预，解雇了11301名罢工人员，使20世纪80年代的美国工会发展受到巨大打击。

20世纪70年代末期，工人们在谈判中的地位下降，劳资双方在工资谈判中的力量对比发生了明显的变化，工资谈判制度也由“集体谈判”时代进入“让步谈判”时代。变化体现在以下两个方面：一是强迫工人接受“双重工资定价”，新雇员的工资水平大大低于在职工人的工资水平，在就职几年以后才有可能增加至全薪；二是工资的经常性增长被“一次性总付”的方法所取代，这不仅避免了工资的持续性上涨，而且这种“一次性总付”还包括加班、晚班、带薪假期和养老金等，大大减少了公司的劳动力成本，职工收入增长非常缓慢。

在税收方面，个人收入中利息和股息等非劳动收入的最高税率由1982年的70%减到50%，资本利得税从1981年6月起由80%减到20%。1986年利息和股息等非劳动收入的最高税率再次从50%下调至28%。公司税的最高税率从45%下降到34%，然而低收入阶层的税率却从11%上涨到15%。税收政策的大改变使收入迅速向高收入群体转移，增加了低收入群体的负担。

自20世纪80年代以后，新自由主义逐渐成为美国政府的执政理念，政府强调市场的作用，倡导充分竞争，很少干预社会事务，逐步退出了集体谈判过程，从集体谈判的“积极介入者”转变成为“协调者”。

之后老布什政府在保护劳权方面非但没有积极举动，反而降低了劳工部和美国联邦仲裁与调解局内部劳资合作项目的等级。这些行为均与罗斯福新政时期支持工会集体谈判的态度大相径庭。

1993年，民主党人克林顿入主白宫，1993年建立“未来劳资关系委员会”，希望重新平衡劳资双方力量，鼓励劳资合作，协调解决工作场合的劳资冲突问题。但由于民主党在1994年国会中期选举失利，这些改革未能成功。劳资关系中弱劳工的格局没有得到改善。

随着20世纪90年代经济全球化进程的加快，美国企业通过转包、外包、新建企业的无工会化和撤消工会等方式不断削弱工会的谈判力量，集体谈判赖以存在的传统基础条件发生了较大改变。技术变革及非制造业部门的崛起使蓝领工人数量逐渐下降，白领工人逐渐成为劳动力的主力军。白领工人喜欢与企业进行直接协商，对集体谈判的依赖性下降。工会的数量和工会密度继续下降，1999年工会密度降至13.4%，2003年下降至12.4%，2003年同期德国为22.6%。

企业职工收入增长缓慢，1980年美国500家大公司经理人员与普通员工薪金之比为50∶1，1990年两者的薪金之比达到120∶1，2000年继续上升到458倍。穷人收入比重持续下降，富人收入份额持续上升，贫富差距越来越大。从1973年至2000年，最富有的20%家庭的收入占国民总收入的比重从41.0%上升到49.7%，同期最贫穷的20%家庭收入的比重从6.0%下降到3.6%。

（六）2008年后的集体谈判状况

2008年金融危机爆发后，美国制造业首当其冲遭受了重创，工会组织受到打压，发展受挫，参会人数继续呈下降趋势。2010年工会密度为11.4%，2015年下降到11.1%。工会组织的集体谈判的作用越来越弱，集体谈判发展明显放缓，主要表现在以下几个方面：

第一，谈判进一步转向企业内部谈判。公司治理结构不断向分散化方向发展，员工偏好呈现出多元化、个性化的特征，劳资谈判往往在公司内部就能够达成，集体谈判次数与规模都逐渐下降。

第二，集体谈判行业转向政府部门雇员。在私人商企业领域集体谈判数量显著下降，而在政府公共部门有所增加，2012年仅有6.6%的私营企业雇员参与了集体谈判，但是有35.9%的政府部门雇员（如警察、公立学校教师、消防队员等）参加了工会组织的集体谈判。

第三，涉及集体谈判的法案数量大幅下降。政府继续奉行自由市场理念，加大私有化改革力度，放松管制，大幅度地减少对集体谈判的干预。[①]

四、挪威劳资集体谈判

挪威第一部全国性的集体协议出现在1907年。挪威的集体谈判覆盖率很高，2003年挪威工会密度和集体谈判覆盖率分别为54%和73%。[②]挪威劳资谈判最重要的文件是1935年由工会联盟和雇主联合会签订的《基本协定》（Basic Agreement），它规定了集体谈判的目标、基本原则和程序。

挪威工会结构等级严格，自上而下分为全国性工会联盟、全国性工会、地方或行业性工会和企业工会。90多个全国性的工会组成了四大工会联盟，分别是工会联合会、职业工会联合会、专业协会联盟和专业工会联合会。它们的主要任务是与相应的雇主联合会进行谈判与沟通，并签订全国性的基本协议。

挪威的集体谈判自上而下分为三层：即工会联盟与雇主联盟所进行的集体谈判、行业性工会和行业性雇主协会所进行的集体谈判以及企业层面的集体谈判。每一个层面的集体谈判都会签订相应的集体协议，下一级的集体协议不能与上一级所签订的协议相违背，但是企业中的工会在进行集体谈判时也拥有较大的自主权，可以独立与雇主进行谈判。只有当谈判不能顺利进行时，上一级工会才会介入。[③]

① 刘军伟：《美国企业工资集体谈判制度变迁及其启示》，《求索》2017年第10期。

② ［美］格里·蔡森：《危机与未来—美国工会组织的发展》，刘宝坤译，中国工人出版社2022年版，第86。

③ 张敬：《挪威集体谈判制度的现状研究》，《企业导报》2011年第9期。

在工资谈判过程中，出口行业、面对外部竞争压力的行业，如采掘、造纸、造船、IT、铝业等的工资谈判最先展开，谈判结果对其他行业具有指导作用。在谈判之前，工会、雇主协会以及国家收入技术报告委员会都会发布各自的经济形势报告，为工资谈判提供准确、公开、透明的背景信息。在谈判过程中，工会并不会单纯追求过高的工资增长，而是会在合理的职工福利增长与保持企业、行业劳动生产率和竞争力之间谋求一个有效平衡。①

挪威的集体谈判和集体协议制度是建立在相互理解和合作精神之上的，从而保证了劳资双方的利益，对其经济的发展、劳动关系的和谐及社会的稳定发挥了巨大的作用。挪威工会组织致力于为工人争取更高的工资福利和良好的工作条件，工会也乐于为提高生产力水平与资方开展合作，工会与雇主之间能够保持良好的关系，这与一些国家雇主对工会极度仇视和恐惧的态度截然不同。在挪威的劳资关系中，不仅仅强调对劳动者权利的维护，同时也重视对雇主利益的保护，政府、工会、雇主组织通过合作创造出和谐的环境有利于经济的发展，使三方在经济的增长中都能受益。挪威创造出了和谐的劳资关系，成为全球范围内劳资关系的典范，不仅工资收入差别小，而且罢工也比其他欧洲国家少。挪威劳资双方相互理解、良好合作的精神和理念值得世界各国学习和效仿。笔者非常赞赏这种精神和理念。

为避免集体行动，挪威政府设立了国家调解委员会。工会在集体行动之前需要告知国家调解委员会，劳资双方必须经过强制调解，劳资之间的争议将由国家工资委员会仲裁解决，这一举措使挪威的集体工业行动发生率十分低。政府认为工业行动将会对社会造成严重影响，那么就会出台一个临时法案结束罢工。挪威的劳动关系中劳资冲突水平很低，且绝大部分的工业行动规模小、时间短。

① 张慧君：《北欧福利国家向何处去：挪威经验及启示》，《科学社会主义》2011年第4期。

五、不同国家劳动要素应得收入的差异

1850年，劳资集体谈判萌芽于英国，这是工人阶级不懈斗争的结果，在此之前他们没有与资方集体谈判的权力。工人阶级继续奋斗，他们的权力逐渐增大，德国、美国等西方国家逐渐建立了自己的集体谈判制度。谈判过程实为资本与劳动要素分配企业收入的行为。

2003年，德国集体谈判覆盖率为68%，[①]且德国以行业集体谈判为主，劳动要素不仅在谈判形式上拥有与资本要素平行、对峙的谈判权力，而且由于劳动要素抱团取暖，能够形成巨大的合力。人多力量大，所以劳动要素拥有与资本要素实质性平衡、对峙权力，谈判双方的权力结构实质上是一种平衡、对峙的权力结构，劳动要素拥有实质性的收入分配权，劳动要素能够获得他们的应得收入，因此可认为不存在资本侵占劳动要素应得收入。马克思理论中，17—19世纪的资本主义国家，劳动要素拥有的收入分配权近乎为零，存在大量童工，工作环境恶劣、至少工作12小时，当时存在资本残酷剥削劳动要素的现象在20世纪的德国得到终结，这是目前德国贫富差距很小的原因之一。

挪威集体谈判覆盖率很高，2003年挪威集体谈判覆盖率为73%。[②]劳资谈判是双方对峙的权力结构，劳动要素能够获得他们的应得收入，不存在收入侵占现象。在劳资双方互相理解、良好合作的精神和理念下，挪威创造出了非常和谐的劳资关系，员工工资收入差别小，而且罢工很少发生，成为全球劳资和谐关系的典范。

2003年，美国集体谈判覆盖率为14%，[③]且美国是以企业内的集体谈判为主，劳动要素没有抱团取暖，不能形成巨大的合力，劳动要素不拥有与资本要素实质性的平衡、对等的权力，谈判建立在“强资本、弱劳动”的

---

① ［美］格里·蔡森:《危机与未来——美国工会组织的发展》，刘宝坤译，中国工人出版社2022年版，第86。

② 同上。

③ 同上。

基础之上，谈判过程中劳资关系本质是一种“强资本、弱劳动”的权力机构，劳动要素只拥有部分收入分配权，劳动要素只能部分获得他们的应得收入，存在一定的资本侵占劳动要素应得收入现象。德国和美国的谈判过程，以及劳动要素与资本要素不同的权力结构，导致劳动要素获得的收入存在差异。这也是造成两国贫富状况差别很大的主要原因之一。

挪威、德国的劳资谈判，双方是一种对峙的权力结构，劳动要素能够获得它们的应得收入，不存在收入侵占现象，这是两国贫富差距很小的原因之一。美国的劳资双方是一种“强资本、弱劳动”的关系，存在资本侵占劳动要素应得收入的现象，这是美国贫富悬殊的原因之一。挪威劳资双方互相理解、良好合作的精神和理念，是罢工很少发生的思想原因，这种理念和思想值得其他国家学习和效仿。

第三节　劳资集体谈判的缺陷

劳资集体谈判是保障劳动要素应得收入的途径之一，但是谈判过程中充满着“火药味”，谈判破裂势必引发“工业行动”，激烈对抗的结果只能是两败俱伤，并且会对国家和社会造成巨大危害。

一、德国罢工

目前德国的劳资关系是一种紧密的伙伴关系，员工对雇主的忠诚度较高，两者较为和谐，罢工事件发生的频率和强度在欧洲属于低水平状况。但是2015年的“罢工年”显示，这种比较和谐的劳资关系绝非坚不可摧、牢不可破，存在随时可能断裂的脆弱性。

（一）2015年德国大罢工

2015年的德国陷入有史以来最大规模的罢工潮。

5月4日，德国火车司机工会宣布举行为期6天的大罢工，要求铁路公司上调薪水5%，并要求工作时间由每周39小时降低至37小时。这次罢工是德国联邦铁路公司（德国铁路）有史以来经历的时间最长、规模最大的一次罢工，不仅涉及长途铁路运输，甚至连柏林等城市的轨道交通也受到影响，造成全国人民出行难。

5月8日，全德国的幼儿园教师也加入了罢工的行列，幼师工会要求资方为全德24万幼儿教师涨薪10%。由于幼儿园全面关门，父母不得不带着孩子上班，或者请假在家照顾孩子。5月12日，全德国邮递员也罢工，要求德国邮政将邮递员每周工作时间由38.5小时降低到36小时，并要求平均工资提高5.5%。罢工导致邮件包裹大量积压，无法送达收件人手中。

（二）德国联邦铁路公司罢工始末

火车司机工会组织的罢工战，从2014年9月至2015年5月共发生9次，其中2014年6次、2015年3次。

第一次，2014年9月1日，客运停运3小时、货运停运3小时；

第二次，2014年9月6日，客运停运3小时、货运停运3小时；

第三次，2014年10月7日至10月8日，客运停运9小时、货运停运9小时；

第四次，2014年10月15日至10月16日，客运停运14小时、货运停运14小时；

第五次，2014年10月17日至10月20日，客运停运50小时、货运停运61小时；

第六次，2014年11月6日至11月8日，客运停运64小时、货运停运75小时；

第七次，2015年4月21日至4月23日，客运停运43小时、货运停运66小时；

第八次，2015年5月4日至5月10日，客运停运127小时、货运停运138小时；

第九次，2015年5月19日至5月21日，客运停运41小时、货运停运52小时。

这9次罢工最初起源于2014年8月德国铁路与德国火车司机工会以及列车交通工会的薪资谈判破裂，而谈判破裂的原因不是双方不能就薪资达成一致，而是德国火车司机工会和列车交通工会之间的竞争。

德国铁路共有约16万员工，其中2万火车司机属于德国火车司机工会，而其余的14万员工（包括各职能部门职工、乘务人员、火车导航员等）属于列车交通工会。由哪个工会代表员工与德国铁路进行谈判呢？之前两个工会共同签订过协议，但是协议已在2014年6月底到期并且未有续签。这导致了两个工会之间发生纷争：火车司机工会要求不仅代表2万火车司机，也代表其余14万员工中的1.7万铁路乘务人员进行谈判；而列车交通工会则认为火车司机工会只能代表火车司机进行谈判。德国铁路表示，它不可能分别与两个工会为全体员工签订两份不同的薪资合同，但是愿意为火车司机在下半年一次性支付350欧元补贴，其他薪资问题待工会纷争问题解决之后再谈。火车司机工会严词拒绝德国铁路的提议，并指责德国铁路毫无诚意、一味回避问题，因此决定从9月1日开始警示性罢工，9次罢工由此拉开帷幕。在将近一年的时间里，火车司机工会拒绝德国铁路、列车交通工会提出的一切合作提议，将罢工进行到底。

2015年5月22日，由基督教民主联盟和社会民主党联合提议的薪资统一法案，以448票赞成、126票反对、16票弃权的结果在联邦议会通过并于6月生效。该法案规定：今后企业中人数最多的工会所签订的薪资合同才是具有决定性作用和普遍适用性的。此项法案一旦生效，法院可能将不会再允许小型工会发动罢工，这对于会员人数不多的火车司机工会无疑是致命性的打击。

2015年5月21日，德国火车司机工会终于宣布停止罢工，将从5月27日起与德国铁路进行为期三周的调解，调解期间不会进行罢工。依据德国法律规定，调解需有第三方介入，火车司机工会、德国铁路分别委托现任图林根州州长拉梅罗、勃兰登堡州前州长普拉泽克为调解人进行调解，直到7月1日调解终于成功。火车司机工会与德国铁路就薪资与工作时间达成了新的协议：火车司机薪资自2015年7月1日起上调3.5%，到2016年5月1日再上调1.6%；德国铁路向每位火车司机一次性发放350欧元补贴；到2018年火车司机的工作时间由每周39小时减少为38小时。此外对于招聘新职工、减少老年职工的工作时间以及加班等方面也达成了统一的协议。

虽然调解取得成功，达成了新的薪资协议，火车司机工会为了取得16万德铁员工的谈判代表权而发动了第9次罢工。列车交通工会早在5月就与德国铁路达成了新的薪资协议，将分两次提高薪资5.1%，这与火车司机工会通过谈判取得的结果一致，也向14万员工一次性发放350欧元补贴。

德国总统高克于7月6日签署薪资统一法案，德国企业内部将统一签订薪资协议，不再与不同的工会进行谈判、签订不同的薪资协议，从而使小工会的发展前景不容乐观。

（三）罢工造成的巨大危害

德国铁路称，2015年以来的火车司机罢工造成直接经济损失至少1亿欧元，而德国铁路2014年全年的盈利仅为2800万欧元。德国铁路的客运服务形象因罢工遭受严重损害，失去了旅客信任，将会损失大量客源，造成铁路运营进一步恶化，形成恶性循环。

火车司机工会也付出巨大的代价。在罢工期间工会必须给罢工的会员发放罢工补贴，罢工的工人不能从雇主那里领到薪水。火车司机工会在罢工期间几次提高罢工补贴，从最初的50欧元/天提高到75欧元/天，再到后来的圣灵降临节期间的100欧元/天，但火车司机并未从罢工中得到任何好处。一位火车司机的税前薪资为每月3000—3800欧元，按照每天100欧元的补贴计算，也达不到不罢工的正常水平，罢工对工人也是一个“赔本买卖”。罢工对劳资双方是两败俱伤。

铁路货运的罢工使得化工业、钢铁业、汽车制造业的物流遭受重大打击，各大公司不得不紧急启动应急方案。德国工业总协会称，德铁罢工一天造成德国经济高达1亿欧元的损失；德国商业银行的测算相对保守，估计德铁罢工一天造成的损失为0.5—1亿欧元，罢工十天造成经济损失约为7.5亿欧元，直接拉低德国2015年第二季度的国民生产总值0.1个百分点。[①]9次德铁罢工对整个德国经济产生了巨大负面影响。

德国职员因罢工无法按时上班，学生因罢工不能按时到校，民众的日常生活受到了严重的影响，广大百姓怨声载道。

二、美国罢工

（一）20世纪60年代以后罢工渐少

20世纪60年代以后，美国罢工次数总体发展趋势是逐渐减少，罢工强度逐渐减弱。1960—1981年，平均每年的大罢工达到275起，平均参加人数为130.6万人；而1981—1992年，平均每年大罢工仅56起，平均参加人数为40.7万人。每年参与人数在1000人以上的罢工次数，1980年为187起，2002年为19起；1980年79.5万人参与罢工，2002年是4.6万名工人参加罢工。除了2005年外，2002—2018年美国罢工次数一直保持在20次以内。[②]

（二）1991年4月政府干预铁路工人罢工

自20世纪80年代中期起美国联邦政府很少干预罢工事件。80年代后期发生的美国东方航空公司数千人大罢工，政府没有干预；1990年维格长途汽车公司司机的全国性罢工，出现了暴力冲突，政府还是没有直接干预。但是1991年4月铁路工人罢工，政府进行了积极干预。

1991年4月16日，全美国的货运车站即刻停止了发车，美国铁路行业11个工会23.5万名铁路货运工人发动的大罢工，这是美国自1982年以来第

① 张莉芬：《对德国工会制度的反思——从德铁大罢工谈起》，《工会理论研究》2017年第4期。

② 钱玉波：《美国工人罢工运动：发展历程、特征与新趋势（1776—2018）》，《海派经济学》2020年第1期。

一次全国性的铁路工人大罢工，繁忙不息的铁路线骤然沉寂。

这次铁路工人大罢工，源于由来已久的劳资双方的纠纷。双方争论分歧之一是，一列货运火车究竟应该有多少工人操作才算正常行驶？20世纪初美国货运火车乘务组由司机、司炉工、司闸员、技工和列车员5人构成。但随着科技的进步，蒸汽机车被内燃机车取代，同时铁路沿线装配备了电子安全装置，5人工作组显得人力空闲。资方认为2—3人足够驾驶一列货车，计划裁员，铁路工会极力反对裁员。劳资双方争论分歧之二是，一名工人究竟应该随列车跑多少里程才算完成自己当天的工作量？蒸汽机车时代，铁路工人必须不断地向火炉里铲煤，狭小的驾驶室又脏又热，工作环境异常艰苦，当时确定的工作量是每天100英里。20世纪80年代内燃机取代蒸汽机后，工人的工作量提高到每天108英里。资方感觉工人每天108英里的工作量偏低，主张提高到每天200英里，工会反对进一步提高工作量。

罢工发生的当天，美国联邦政府运输部长斯金纳忧心忡忡地宣布："福特汽车公司不得不在48小时内停工。"罢工也给美国的采矿业带来严重威胁。杜邦公司发言人霍夫曼向新闻界透露，倘若罢工持续几天时间，公司所属20个煤矿中就会有10个减产或完全停产，4000名矿工将会失业。据专家估算，如果铁路罢工持续两个星期，美国各行业将不得不解雇50万—100万名工人。

面对罢工严重的后果，布什政府采取了紧急对策。应联邦政府要求，美国国会举行紧急听证会。资方竭力要求以总统紧急委员会来解决纠纷，工会认为总统紧急委员会偏袒资方。经过一天的听证和辩论，1991年4月17日深夜，国会以压倒票数通过了紧急决议。随后睡梦中的布什总统被唤醒，在决议上签了字，使之生效而成为正式的法案。这项法案主要内容有：铁路工会必须接受总统紧急委员会自1990年以来提出的大部分有关工资和福利的建议，并且即刻复工；对某些尚存争议或分歧的条款，则由总统紧急委员会予以修改或澄清；成立专门的三人委员会，负责审理劳资双方的重大争议问题，限期65天内提出最终解决方案，届时劳资双方不论赞成与否都必须接受。

国会通过的这项法案制止了罢工，使美国经济得以继续运转。大众传播媒介对国会的评价是："在这次干预铁路货运工人大罢工的过程中，国会里的民主党和共和党议员在国家经济面临威胁的情况下，抛弃党派之争而采取了基本一致的态度，有关法案才能迅速通过。"1991年4月17日深夜，随着火车机车笛声的鸣响，持续不到24小时的铁路工人大罢工宣告结束。

（三）20世纪60年代以后罢工渐少的原因

决定工人发动罢工的因素有国家的经济运行情况、政治局势、工会密度、工人心态、劳工法案、罢工的效果等。美国工人罢工在20世纪60年代以后逐渐渐少，主要原因有以下四项。

第一，二战后美国经济一路正增长，是世界经济的"火车头"，从1948年到2018年劳动生产率提高了246.3%，工人的工资增长率虽然低于劳动生产率，但是增长了114.7%。按美国2018年为基础通货膨胀调整后平均实际时酬测算，1964年为20.27美元，2018年为22.65美元。[①]工人阶级实际收入增长非常缓慢，但是几乎不存在生存压力。当生存压力小于"造反"压力时，必定不会轻易"造反"。

第二，20世纪60年代之后，美国工人罢工运动数据及走势图与工会密度趋势图之间呈现出高度的正相关关系，工会密度持续降低，工会力量渐衰，工会的号召力缓慢下降。

第三，司法部门的介入使得罢工组织者承受巨大的压力。在罢工发生后，司法部门会要求发动罢工的工会主席和其他工会高层出庭应对司法起诉，如果他们拒绝结束罢工，司法部门还会威胁工会领袖将被判处监禁。

第四，政府对待罢工措施强硬。政府对组织罢工的工会采取罚款、扣除罢工工人工资等措施，很多罢工以失败而告终，不能取得预期的目的，

① 钱玉波：《美国工人罢工运动：发展历程、特征与新趋势（1776—2018）》，《海派经济学》2020年第1期。

降低了工会发动罢工的动力。①

三、法国罢工

1995年11月底至1996年1月中旬，法国发生500万人参加的大罢工，铁路、邮政、电力、学校、航空公司和电话局等行业的员工参与其中，罢工使城市交通、邮电、垃圾清理等一系列与百姓生活密切相关的领域陷于瘫痪状态。2008—2009年，法国交通运输业在各行业中罢工最多。

2009年1月29日，法国交通和公共服务行业工人，抗议政府处理金融危机不当举行罢工游行，导致公共交通瘫痪，多家银行停业，学校、邮局、医院关闭。

2010年9月7日，交通运输、邮政等公共服务行业工人及私营业工人，抗议政府的退休制度改革举行罢工游行，导致多条地铁停运，超半数境内列车停运，约半数国内航线停飞。

2013年6月11日，法国航管人员抗议欧盟修改航管规章举行罢工，导致全国机场取消1800个航班。

2014年6月17日，法国短期表演艺术工作者，抗议政府改革失业津贴制度举行罢工，全国有多项文化活动取消。

2014年6月18日，法国国营铁路公司铁路工作人员，抗议法国政府为疏解铁路系统的债务的改革举行罢工，对铁路客运、货运产生影响。

2014年9月15日，法国航空公司驾驶工会，因不满法航计划扩展旗下廉价航空举行罢工，造成法航巨大经济损失。

2014年12月，法国国营铁路公司查票员、急诊医师和一般诊所医师，前者担心工作不保，后者抗议卫生部部长图雷有关工时和值班制度的提议举行罢工，高速火车取消、区域列车受影响，民众看病不便。

2015年6月25日，法国出租车司机反对Uber以不公平价格竞争举行罢

① 金世育、刘婷婷:《新自由主义下的美国工会力量与收入公平——基于权力资源理论的分析》,《工会理论研究（上海工会管理职业学院学报）》2015年第4期。

工，罢工演变为暴力事件，交通拥堵、机场火车站瘫痪。

2016年1月，法国出租车司机、航空管制员、教师、医护人员及政府机关工作人员，抗议类似Uber这种非传统的工作服务产生的劳资争议，罢工游行后演变为暴力冲突；数百名出租车司机占据巴黎西部主要路口，导致交通拥塞。

2016年3月10日，法国国营铁路公司近半数员工参与罢工，要求调薪及增聘足额员工，反对政府有关两轮工作之间最短间隔和休息日的新规定，铁路交通受影响，许多旅客改走公路，同时造成严重塞车。

2016年3月21日，法国机场航管人员，反对裁员，不满对新科技的投资不足举行罢工，导致航班取消、飞机延误，乘客不得不在机场过夜。

2016年3月31日，法国劳工及学生、法国总工会等主要工会组织，要求政府撤回劳动法改革方案，学生举行罢课游行，各地发生零星冲突，部分抗议者在街头燃烧杂物、冲进市政府、破坏商店橱窗，全国有中学被封锁，学生停课，巴黎埃菲尔铁塔全天关闭。

2016年4月29日，17万名劳工和学生举行示威抗议，要求政府撤回劳动法改革方案，抗议者与警方发生冲突，警方发射催泪弹反制，多城市爆发警民冲突，在巴黎的警民暴力冲突中有24名警员受伤、124名抗议者被捕，许多航班取消、延误。

2016年5月17日，法国总工会、工人力量等7家工会，以及公共交通运输系统员工、教师、餐厅员工，反对劳动法改革方案，举行全国范围内的罢工、抗议示威，示威者向警方扔掷汽油弹，警方发射催泪瓦斯，警方逮捕了12人。

2016年5月18日，警察工会反对仇恨警察，在巴黎共和国广场集会，一辆警车遭焚烧。

2016年6月10日，巴黎清洁人员反对劳动法改革方案举行罢工，半数行政区垃圾无人清理，垃圾处理场进出停摆。

2018年3月22日，法国政府机关工作人员、铁路员工、电厂员工、教师、航空交通管理人员，抗议政府改革、不满取消公务员职位举行罢工和示威游行，警方发射催泪瓦斯对抗示威者，大部分高铁、城际铁路、航班被取消。

2018年4月3日，法国国营铁路公司员工、垃圾清洁队、电力公司及法国航空公司员工，抗议政府对法国国营铁路公司的改革发起罢工，每周2天，持续了3个月，导致高铁取消、高速列车受到影响，仓库停工，供货部门无货供应。

2018年11月，法国政府调高燃油税引发民众抗议，爆发了“黄马甲”运动，不仅持续时间较长而且扩散到欧洲不少国家。

2019年12月5日，铁路工人、航空地勤、教师、医务人员、警察和消防员，反对政府进行退休制度改革发起罢工示威游行，罢工持续至2020年1月，导致铁路、航班取消，交通几乎瘫痪，学校停课。

四、其他国家的罢工

荷兰2010年和2011年的罢工，主要发生在交通和仓储部门，分别达到当年罢工总数的1/2和1/3。波兰教育行业的罢工自2006年后呈上升趋势，2008年达到12609次。2012年，爱沙尼亚发生了1.5万教育工作者罢工，英国20万公共部门员工围绕养老金问题进行的大规模罢工，30年来挪威首次发生了公共部门大罢工。俄罗斯受次贷危机影响最严重的年份是2009年，当年劳资冲突很多，达到前一年（2008年）的3倍，2009年工业部门抗议行动占所有抗议行动的60%，2010年占48%，2011年占40%。2013年，西班牙、葡萄牙、意大利，航空、教师医务人员罢工轮番上演。

2019年10月初，智利首都圣地亚哥地铁票涨价30比索（约合0.28元人民币），引发大规模抗议和骚乱，结果交通停顿，社会秩序失控，并导致当年亚太经合组织（APEC）领导人非正式会议和联合国气候变化大会停办。

2020年10月5日，印度尼西亚通过《创造就业法案》，成千上万的民众走上街头抗议，与警方发生激烈冲突。

五、德国规制罢工

在集体谈判的过程中，劳资双方因为对某些问题互不相让，双方都会向对方施加压力而采取工业行动：工会举行罢工和雇主采取封闭工厂，也称之为“工业冲突”。

1954年后，德国联邦劳动法院判决罢工行为时需要坚持以下原则：国家必须对工会的罢工权利进行限制；罢工只有在适度的社会范围内才是允许的；坚持平等原则，保障工会与雇主之间“斗争权力的平等”。之后，工会的罢工斗争范围逐渐缩小。

（一）规制正式罢工

在德国，当罢工是为了达成集体协议时，罢工才是合法的。为了防止劳方过多地使用罢工手段，1971年德国制定了一条“均衡性原则”，对罢工进行了限制，并主张通过温和的途径促使劳资双方达成协议。根据这一原则，工业行动应当符合下列条件：采取工业行动必须是不得已的方式；工业行动手段的运用是为了达到签订集体协议的合适手段；实行工业行动并不是解决劳资矛盾的唯一手段，应当尽量使用其他较和平的方式。之后联邦劳动法院规定了罢工的几个先决条件：罢工必须遵循和平义务；工会在举行罢工之前，要在会员中进行秘密投票；罢工必须是公平的；罢工只能作为劳资双方达成协议的最后手段。

（二）规制警告性罢工

德国在20世纪50年代，每年平均有13.4万名雇员参加罢工；60年代减少到9.8万人；70年代又增加到13.9万人；1981年至1984年，平均人数增加至19.6万人。这4年平均每年参加罢工的人数之所以快速增长，原因之一是经济衰退，劳资双方矛盾加剧，劳资双方很难达成协议，原因之二是工会实行了新的罢工策略——“警告性罢工”。

“警告性罢工”是指发生在一个或几个企业内的短时间罢工，集体合同所包括的区域内各个企业轮流罢工。传统罢工往往发生在集体谈判失败之后，而“警告性罢工”发生在集体谈判过程中，目的是向资方施加压力，督促资方让步，以加速集体合同的签订。如果资方不让步，则劳资冲突将升级。

1976年以前，下列两种情况的罢工是违法行为：一是罢工之前没有在会员中进行表决；二是罢工不是在不得已的情况下举行的。1976年这些规定得到了改变，联邦劳动法院认识到发生在企业内部、仅持续几个小时的短时间的警告性罢工，往往会使劳资双方较快地达成协议，从而可以避免大规模罢工的发生。对于“罢工必须在不得已的情况下举行”的规定，法院给予了新的解释：“如果罢工的目的是促进谈判，罢工只是向雇主表示，劳方已做好了罢工准备。这种温和的警告性罢工，可以在谈判无法进行下去时发挥作用。”法院对“警告性罢工”是一种谨慎认可的态度。

雇主强烈反对“警告性罢工”的合法化，认为集体谈判的自由和平等原则受到了挑战，雇员的力量太强大破坏了集体谈判的平衡。工会则大力欢迎“警告性罢工”的合法化，在正式罢工中，工会要向参加罢工的会员支付罢工津贴，经济负担很重，而“警告性罢工”成本很低，工会无需向参加罢工的会员支付罢工津贴。

（三）规制声援性罢工

声援性罢工是指某个工会组织为了支持另一工会发动的罢工而举行的罢工。在联邦德国，关于这种声援性罢工只有具备以下条件才是合法的：举行声援性罢工的企业的雇主放弃了他的中立立场，卷入工业行动；卷入工业行动的企业和参加声援性罢工企业之间的经济关系属于一个整体。符合这两种特殊条件而出现的支援性罢工的概率是很小的。国家之所以出台这种极其苛刻的规定，实质就是极力限制这种罢工。

（四）规制政治性罢工

政治性罢工是指向政府行政机关或立法机构施加压力而发动的罢工，不论罢工是否与工作条件和经济条件有关。若政治性罢工不是为了达成集体协议，则违反了《基本法》，是非法的。

（五）规制封闭工厂

封闭工厂是雇主阻止工人上班，临时关闭工厂，以强迫工人同意雇主提出的条件，迫使工人顺从雇主的安排，是雇主对工会举行的罢工活动的一种报复手段。从1963年至1984年，联邦德国共发生过7次较大的封闭工厂事件。1963年和1971年，先后在巴登—符腾堡的五金产业企业中发生封闭工厂事件；1976年，在全国范围内的印刷产业中发生了封闭工厂事件；1978年，在全国的印刷产业中以及在巴登—符腾堡地区的五金产业中发生了封闭工厂事件；1978年和1979年，在北莱茵—威斯特华伦的钢铁产业发生了封闭工厂事件；1984年，在黑森州和巴登—符腾堡州的五金产业出现了封闭工厂的事件。所有这些封闭工厂事件，都是由雇主协会针对工会举行的罢工而采取的行动，是雇主向工会施加压力的一种措施。

1955年，联邦德国关于封闭工厂的法律规定是，劳资双方必须被平等对待。这一规定意味着劳资双方均有权力采取工业行动，工业行动是双方的均享武器，体现一种平等性，封闭工厂是合法的。

1980年，联邦劳动法院对1955年的规定进行了很大的修改，法院破除了1955年建立的封闭工厂和罢工“同样合理”的认识。取而代之的观点是，罢工和封闭工厂应当区别对待，以保持劳资双方谈判力量的平衡。罢工作为集体谈判中劳方向资方施加压力的手段，是必需的，否则没有罢工，集体谈判就会变成工人的“集体乞求”。工人举行罢工是无奈之举，应该给予理解和同情；但是雇主封闭工厂不一定是正确的，封闭工厂有利于保持谈判双方权利的平衡性，但不是雇主必须使用的手段，所以封闭工厂是非法的。只有在下列情况下封闭工厂才是允许的：少数雇员发动声援性罢工，罢工的目的是支持其他企业雇员的罢工，不是针对本企业的雇主；发生声援性罢工势必影响本企业的正常生产活动，本企业雇主可以封闭工厂。[①]

六、劳资集体谈判的缺陷

在欧美国家，罢工运动与国家经济状况呈现出显著的相关关系：经济状况越好，罢工行动越少；反之，经济状况越糟糕，罢工行动越多。在经济状况相对较好的一些西欧国家如卢森堡、奥地利等，罢工抗议发生较少；而在经济形势严峻的希腊、葡萄牙、意大利、西班牙等国，罢工抗议行动频繁。在同一国家内部，也呈现出这样的相关关系，经济状况的好坏决定着罢工行动的多寡。

自20世纪60年代以来，劳资关系总体呈现出越来越和谐的景象，欧美地区的群众性政治、经济反抗斗争多以“非暴力抗议”为主要手段。现在的罢工斗争较20世纪60年代以前温和了许多，“火药味”有所淡化，斗争的激烈程度也有所降低。尽管如此，仍有许多罢工抗议引发了示威者与警方的激烈冲突，有的甚至会演化成骚乱。在法国和希腊，2008年危机后发生的多起罢工最后均以骚乱收场。2011年12月哈萨克斯坦扎纳奥津市持续数月的矿工罢工引发了大规模骚乱，造成14人死亡、近百人受伤、70多人被捕。

罢工不可避免地造成了巨大的经济损失，严重影响了社会公共生活秩序。为了规范罢工行为，各国逐渐完善了相关方面的法律。在承认罢工是合法权利的同时，又规定了限制性条款。德国法律规定：采取罢工是集体谈判劳方的权利，但只有当罢工是为了达成集体协议时，罢工才是合法的。美国法律规定：政府雇员的罢工是非法的，参加罢工的政府雇员应立即予以解职，而且3年内不得在任何国家机关中担任公职。韩国法律规定：涉及

① 张丽琴：《欧洲集体谈判研究——以英、德、瑞为例》，中国政法大学出版社2016年版，第145—155页。

国家、地方政府以及国防工业中的工作，不得有对抗行动。[①]

劳资集体谈判从无到有，是保障劳动要素应得收入的途径之一。目前德国、美国劳动要素较17—19世纪拥有的收入分配权以及社会地位有了不同程度的进步，但仍然存在以下瑕疵与缺陷。

（一）分配收入第一、增大收入总量第二

劳资关系是一种典型的对立统一的关系。企业收入总量增大，对双方皆有利，大家都希望企业能蒸蒸日上、财源滚滚，这种心态反映出统一关系的特征；同时在劳资集体协商谈判中，劳方希望高薪，资方却拿出种种理由不乐意给职工增加工资，因为劳方多得必然资方少得，资方多得必然劳方少得，两者存在对立关系的特征。

集体谈判的过程是一种“对立为主、统一为辅”的过程：对立是主要色彩、主要成分，谈判的大部分时间耗费在收入的争夺中，你争我夺、互相拉锯；统一是次要色彩、次要成分，谈判中很少时间用于探讨交流企业如何经营发展壮大，或探索如何能够创造出更大的财富和收入。集体谈判是一种分配收入第一、增大收入总量第二的机制，应探索出一种“增大收入总量第一、分配收入第二”的新机制。

（二）工业行动，两败俱伤，危害巨大

谈判过程中劳资双方均不会轻易让步，一旦让步就意味着自己收入的减少。谈判充满着“火药味”，并有可能失控而引发激烈的对抗，最后演变为“工业行动”：职工罢工、资方被动或主动关闭工厂抵抗职工的罢工。“工业行动”激烈对抗的结果只能是两败俱伤：企业生产停顿，客户流失，生产成本增加，利润必然下降；罢工期间劳工没有收入，罢工的员工还可能被司法部门拘留、关禁闭。

---

① 张光宇：《论劳动法范围内的罢工与罢工制度的实质》，《长春大学学报》2006年第5期。

"工业行动"给社会、国家造成巨大损害。交通部门出现罢工，交通停运，人们无法按时上班，娃娃们无法按时到校；医生、护士罢工，病人无法就医；电力部门出现罢工，所有部门无法正常运转；供热部门出现罢工，人们就会受冻；环卫部门员工罢工，垃圾无法及时处理，城市臭气熏天；自来水厂员工罢工，人们无法正常烧水、洗澡。

某个部门的罢工，可能引发其他部门的跟进，就会引起社会的混乱甚至社会骚乱，并可能造成人员伤亡。劳资集体谈判，潜伏着一种巨大的风险和隐患，社会各界需要探索出一种不发生"工业行动"的谈判机制。

（三）只能同甘、不能共苦

在欧洲，经济状况较好的国家如卢森堡、奥地利等，罢工很少发生；而在经济形势不好的希腊、葡萄牙等国，罢工发生频繁。在同一国家内部，也呈现出这样的规律。这个规律充分印证了邓小平同志的名言"发展才是硬道理"。国家必须创造出安定团结的局面，才可能集中力量快速发展经济；国家只有采取切实有效措施发展经济，经济才能快速发展。经济状况良好，社会各群体之间的矛盾和纠纷就少，而纠纷越少越有利于经济发展，形成良性循环；反之，国家没有采取切实有效措施发展经济，经济慢悠悠，人民看不到美好的前景，社会各群体之间矛盾和纠纷就多，越不利于经济发展，形成恶性循环。

目前集体谈判机制下的劳资双方是一种只能同甘、不能共苦的关系，经济好时大家是好朋友、好兄弟；经济差时随时可能分道扬镳，是貌合神离的"两家人"，绝非"一家人"。市场经济，存在高潮与低谷。企业的存在与发展，同样也有高潮、有低谷，时而艳阳高照、时而阴云密布，不存在永远的艳阳高照。企业很少在蒸蒸日上、一路高歌时破产，总是在困难时破产的。经济差时，企业订单减少，举步维艰，劳资双方更应当互相体谅并拧成一股绳共度难关，而不是"两家人"各自只顾自己的利益。共患难必然能够共享受，但是共享受未必能够共患难。共患难的机制有利于企业度过难关，共享受的机制不能确保企业成为百年老店。在公司治理方面社会各界应当思考、探索一种劳资双方共患难的“一家人”机制。

（四）劳资双方各自唯我正确

1775年，北美13个殖民地联合发动了反英独立革命。1776年颁布《独立宣言》，标志美国的诞生。1787年5月25日修订《联邦条款》的会议在费城召开，此次会议实际变成一个制定新宪法的会议。来自12州的55名代表，各派固执己见，互不相让，甚至有一次会议出现严重分歧，会议濒临破裂。当时已是81岁高龄的本杰明·富兰克林，一个德高望重的学者型政治家，被誉为“美国的苏格拉底”，在会议无法继续下去的关键时刻发挥了不可替代的重大作用。富兰克林请来一名牧师，为代表们做了一场弥撒，主题是“让上帝驱除掉我们心中‘唯我正确’的恶魔”。弥撒之后，代表们情绪缓和下来，继续心平气和地开会。富兰克林不仅口头上反对“唯我正确”，自己也身体力行实践不能“唯我正确”。起初他反对两院制，后来他放弃了自己的观点，同意了多数代表提出的两院制议会方案。正如他自己所言：“当听到反对意见时，我总是首先怀疑自己又犯了错误。”代表们接受了富兰克林“去除唯我正确”的思想，为美国宪政的成功建立排除了一大心智障碍。他们坚信，没有人是绝对的真理，任何人都可能犯错，于是在出现分歧时大家互相理解并对反对的意见做出让步，会议得以继续进行，没有出现激烈的对抗，如此成就了当时很合理的宪政制度。[①]美国有了当时很合理的宪政制度，才有今天世界经济头号大国的地位与成就。富兰克林的“去除唯我正确”的思想是美国宪政制度诞生的思想基础，他是第一功臣；代表们互相让步、达成一致意见是美国宪政制度诞生的机制。

目前，西方各国的劳资集体谈判制度，劳资双方均存在明显的“唯我利益”的思想和行为，没有双方是利益共同体的理念，没有互相体谅的心理，自然不会向对方做出让步。遇到企业经营困难时，不是首先思考如何共同度过难关然后如何分配收入，而是首先思考如何从对方争取更大的利

---

① 程汉大：《西方宪政史论》，中国政法大学出版社2015年版，第262—263页。

益，然后再思考如何共度难关。事实证明，劳资双方均应当坚守“去除唯我利益”的思想，坚持“我们是利益共同体”的理念，如此才能将双方之间的矛盾与纠纷最小化，如此才能确保企业顺利度过难关并快速发展壮大。思想决定行动，国家的法律制度需要引导劳资双方拥有“去除唯我利益”的思想。

人的自私本性决定很少有人拥有“去除唯我利益”的思想，很少有人达到这样的思想境界。国家的法律制度需要长时间引导，人们的思想境界才会缓慢提高。法律制度没有可能在短时间内使人们达到这样的境界，但是可以使劳资双方必须并且只有在“去除唯我利益”的原则下，互相理解并及时做出让步的机制下开展工作。合理的制度可以化解和缩小矛盾，使大矛盾变成小矛盾、小矛盾变成更小的矛盾，劳资双方虽然存在很小的矛盾与纠纷，但是不会发生或几乎不发生激烈的对抗。社会和国家需要这样的制度来引导劳资关系健康发展。

（五）工会日趋衰落

马克思理论中的无产阶级、资产阶级可以认为是雇员和雇主。雇员不得不联合起来、抱团取暖，工会由此诞生，雇员通过工会组织才能从雇主那里争取到更多的“蛋糕”，才能活下去、很好地活下去。英国第一个全国性的工会联盟——工会联合会在1868年成立；德国第一个工会——全德工人兄弟会在1848年成立。

1991年德国工会密度达到顶峰36.0%，之后工会会员数量逐渐减少，工会密度也逐渐下降，2003年下降到22.6%。美国工会组织率在1956年达到了35%的巅峰，但自20世纪70年代以来，美国工会持续衰落，工会会员的数量不断下降，工会的组织影响力日益减弱，2013年美国工会组织率已跌至11.3%。[①]工会必定逐渐萎缩并可能最终会在历史上消失，原因主要有以下四项。

---

① 李向民、邱立成：《美、德劳资关系发展的路径依赖研究》,《经济体制改革》2008年第2期。

第一，随着经济、生产力的发展，机械化程度越来越高，蓝领工人越来越少，白领员工越来越多，白领较蓝领具有明显的追求个性、行为独立的特征，人们越来越自我，白领加入工会的意愿较低。

第二，随着经济的发展，第三产业必然超过第二产业，劳动力的结构性必定发生变化。美国劳联—产联联盟在1998年的一项调查中发现，在就业减少的行业中，工人加入工会的比例达到了20%，而正在增长的行业中，入会比例只有9%，在增长速度最快的零售、商业和个人服务以及金融和保险等部门中，入会比例只有5%甚至更低。[①]

第二产业工业部门中雇员完成工作的互相依赖度很高。以生产汽车为例，流水线的生产线上，第一环节如果出现停顿现象，必然引发第二、第三环节出现中断，每一环节串联运行，员工必须很好地配合、协助才能高效生产商品。每一环节串联运行的生产方式，属于马克思基本原理中“生产关系”的范畴，这种“生产关系”产生、决定的思想意识形态是：必须或应当具有很好的协助配合精神。思想意识形态属于“上层建筑”的范畴，这种精神有利于并引导雇员加入工会。

第三产业雇员之间大多是一种平行、并联的关系。以销售保险为例，张三不需要必须与李四合作来销售保险，完全可以通过独自一人的方式来销售保险。雇员的生产关系是互相独立的行为，这种生产关系产生、决定的思想意识形态是：我行我素。雇员之间的团队、配合精神较低，我行我素的思想意识形态决定他们加入工会的兴趣很低。第二产业制造业岗位越来越少，第三产业服务业岗位越来越多，第三产业雇员入会率很低必然导致工人入会率的整体降低。

第三，科技的持续进步，生产力的逐渐提高，社会创造出的物质财富必然越发丰富，雇员不需要抱团取暖也可以生存下来。雇员之间的依赖性越来越低，工人加入工会的价值越来越小，工会必然逐渐失去原有的价值。

---

① ［美］格里·蔡森：《危机与未来——美国工会组织的发展》，刘宝坤译，中国工人出版社2022年版，第121页。

第四，德国在俾斯麦时期开始建立社会保障系统；美国在罗斯福新政期间快速建立完备社会保障系统；英国率先建立了一套“从摇篮到坟墓”的社会保障制度，1948年英国率先宣布建成福利国家。完备的社会保障系统，可以确保人们较好的生活，降低了工人抱团取暖的必要性。从长期分析判断，国家的保障系统会越来越发达，加入工会的价值和意义必然逐渐降低。

美国、德国、英国越来越低的工会密度已经显示出工会的长远发展趋势——最终可能会消失。一个最终可能消失的组织，从长远角度来评判，工会无力完成、承担与资本要素密切合作成为“一家人”的重任。社会各界应当立足长远发展趋势，思考、探索一种没有工会组织的机制来实现劳资双方“一家人”共患难的机制。

综上所述，劳资集体谈判是保障劳动要素应得收入的途径之一，但是存在缺陷，谈判是分配收入第一、增大收入总量第二的机制；谈判失败引发的工业行动，两败俱伤，并且对社会造成巨大危害；集体谈判机制下的劳资双方是一种不能共患难“两家人”的关系，不利于企业度过难关。工会日趋衰落，极有可能最终会消失，长远分析工会无力完成、承担与资本要素“一家人”的重任，社会各界需要思考并探索一种新的更合理的机制。

第四节　中国劳资集体协商

中国推行集体协商制度的目的是保障劳动要素的正当收入。正当收入主要包括工资、工作条件以及各种劳动保险。工资性收入是劳动者的主要收入，各种劳动保险也是正当收入且是保障劳动者权益的必须措施。自从中国实行市场化改革以来，劳资关系问题逐渐成为影响经济发展和社会稳定的重要社会问题。中国政府不懈努力构建和谐劳资关系，但是劳资矛盾并没有得到充分解决。2015年出台的《中共中央、国务院关于构建和谐劳动关系的意见》指出：“中国正处于经济社会转型时期，劳动关系的主体及其利益诉求越来越多元化，劳动关系矛盾已进入凸显期和多发期，劳动争议案件居高不下，有的地方拖欠农民工工资等损害职工利益的现象仍较突出，集体停工和群体性事件时有发生，构建和谐劳动关系的任务艰巨繁重。”

中国集体劳动争议案件数1996年为3150件；1997—2007年依次是4109件、6767件、9043件、8247件、9847件、11024件、10823件、19241件、16217件、13977件、12784件；2008年达到顶峰21880件；2009年至2012年依次是13779件、9314件、6592件、7252件；从2013年至2022年依次是6783件、8041件、10466件、9745件、7513件、8699件、9235件、8321件、7446件、8148件。近10年每年平均8440件，没有减少的迹象。全国劳动者申诉案件数1996年为41697件，之后总体呈逐年攀升走势，2022年上升到1421670件。[①]中国构建和谐劳资关系任重而道远。

一、中国集体协商制度的发展脉络

旧中国曾经出台过集体合同相关制度。1922年，中国国民党政府劳动组合书记部出台《劳动法大纲》，提出“劳动者有缔结团体契约权”，把签订集体合同作为工人维护自己权益的一项法定权利确定下来。1924年，孙中山以大元帅令公布了《工会条例》，确认工人有组织工会与雇主或雇主团体缔结协约的权利。1930年，南京国民政府出台《团体协约法》，规定雇主团体与工人团体有权缔结集体书面契约，确立劳动关系，并对集体合同的效力、存续期间等进行了规范，这是中国历史上第一部专门的集体合同法。1931年，中国共产党中央苏区通过《中华苏维埃共和国劳动法》，对集体合同作了规定。1942年，陕甘宁边区政府曾制定《陕甘宁边区战时工厂集体合同暂行条例》。

新中国成立初期，具有临时宪法作用的《中国人民政治协商会议共同

① 数据来源：《中国劳动统计年鉴2023》。

纲领》规定：私人经营的企业，为实现劳资两利的原则，应由工会代表工人职员与资方订立集体合同。1950年，中央人民政府颁布了《中华人民共和国工会法》，规定在国营及合作经营的企业中，工会有代表受雇工人、职员群众参加生产管理并与行政方面签订集体合同之权；在私营企业中，工会有代表受雇工人、职员群众与资方缔结集体合同之权。到1953年，先后有纺织、铁路和电力等产业部门推行了集体合同，之后集体合同制度在其他国营工厂和私营企业中也建立起来，协调了企业劳动关系，为恢复和发展国民经济发挥了积极作用。之后，中国开展并完成了生产资料的社会主义三大改造。进入计划经济时代，国营企业的体制工人也是企业的主人，不存在劳资对立与冲突的现象，经济体制决定了在中国没有开展集体协商的“土壤”，集体合同制度逐渐被削弱直至被取消。

1978年以后，中国稳步进行了经济体制改革，计划经济逐渐转变为社会主义市场经济，国有企业进行了改革，民营企业快速发展，多种所有制经济形式并存。改革开放40余年来，集体谈判制度一直受到国家的高度关注，中国政府坚持不懈地推进集体谈判制度的完善。为促进经济建设，中国逐步完善集体合同制度。1979年，全国总工会发出了在全民所有制企业中恢复签订集体合同的倡议。1983年修订的《中国工会章程》和颁布的《中外合资经营企业实施条例》，1986年颁布的《全民所有制工业企业职工代表大会条例》，1988年颁布的《私营企业暂行条例》，1992年修改颁布的《中华人民共和国工会法》，进一步明确了工会的组织制度，明确工会有权代表职工签订集体合同。1994年7月，中国颁布了《中华人民共和国劳动法》，第一次以法律的形式明确了确立集体协商和集体合同制度，对集体合同的主体、内容等事项作了原则性规范，为在中国全面建立集体合同制度提供了法律基础，标志着中国集体合同制度进入一个崭新的发展阶段。1994年，劳动部印发《集体合同规定》，详细、系统地对集体合同制度与集体协商程序做了进一步的规范。2000年，劳动和社会保障部发布了《工资集体协商试行办法》，规定了工资集体协商是指职工代表与企业代表依法就企业内部工资分配制度、工资分配形式、工资收入水平等事项进行平等协商，在协商一致的基础上签订工资协议的行为。2004年，劳动和社会保障部修订了《集体合同规定》，进一步促进了中国的集体合同全面实施。2008年，中国正式出台了《劳动合同法》，强调在制定、修改直接涉及劳动者切身利益的重大事项时要充分尊重劳动者的意愿，不得私自臆断、违背劳动者的意志；规定工会或者职工享有对企业实施不当行为提出疑义的权利，企业应当及时通过与工会协商予以完善；首次提及行业性集体合同、区域性集体合同的设立；同时规定了集体合同履行的法律救济。2008年6月10日，全国总工会印发《关于开展集体协商要约行动的意见》(总工发〔2008〕34号)规定：要把开展集体协商要约行动作为表达职工利益诉求的法律手段，依法主动向企业方提出协商要约，通过平等协商和集体合同制度，协调劳动关系，维护企业职工合法权益，有效激发企业劳动关系双方自主协商的内在动力，促进企业集体协商机制的建立和完善。2011年，全国总工会出台《2011—2013年深入推进工资集体协商工作规划》，计划到2013年底，基本实现已建工会企业普遍开展工资集体协商。2015年，国务院出台了《关于构建和谐劳动关系的意见》，肯定集体协商对稳定劳动关系的作用，强调要继续加强集体协商代表能力建设，提高中国企业协商水平，探索中国特色的和谐劳动关系之路。

二、中国集体协商的现状

(一) 中国集体协商的现状

2011年之前，中国雇主组织只有中国企业联合会，以国有企业为主，无法代表数量庞大的民营企业。中国工商业联合会以民营企业和民营经济人士为主体，在2011年才被确认成为中国企业的雇主组织。

中国工商业联合会承担以下三项职责：第一，参与协调劳动关系三方会议，同政府部门、工会组织和其他有关企业方代表一道，共同推动劳动关系立法、健全劳动标准体系和劳动关系协商协调机制，共同研究解决劳动关系中的重大问题，参与劳动争议调解、仲裁；第二，引导民营企业依法与工会就职工工资、生活福利、社会保险等涉及职工切身利益问题进行平等协商，签订集体合同；第三，协调处理投资者利益和劳动者权益的关系，引导民营企业构建和谐劳动关系，坚持就业优先，积极创造就业岗位，严格遵守国家相关法律法规和政策，尊重和保障职工合法权益。

2007—2017年，中国签订集体合同数量和集体合同职工覆盖比率总体上呈增长态势，其中签订集体合同从2007年的72.3万份增长到2017年的140.2万份，增长了接近一倍。集体合同覆盖职工人数从2007年的9896.7万人增长到2017年的17527.7万人，集体合同覆盖率从2007年的13.4%增长到2017年的20.1%。从2014年至2017年，中国集体合同职工覆盖比例虽然有波动，但均保持在21%—22%。中国集体合同签订数量以及集体合同的职工覆盖率都呈增长趋势，这得益于中国政府的大力推动，其发展过程是一种政府“自上而下”的推动路径。①

2022年年末，全国就业总人数为7.335亿人，全国基层工会组织数为222.34万个，全国工会会员人数为2.556亿人，②入会率为34.85%。

中国各地方政府出台相关条例、制度，较为注重企业层级集体谈判，涉及行业及区域层级的谈判规范较少，中国更加注重基层制度的建设已形成主流态势，集体谈判制度以企业层级的集体谈判为主，主要通过基层工会开展谈判。

（二）集体协商存在的问题

全国劳动者申诉案件数1996年为41697件，之后总体呈逐年攀升走势，从2013年至2022年依次是641923件、690418件、784229件、801190件、762572件、869421件、1021334件、1041567件、1199847件、1421670件。③

① 何丽：《中国劳动关系集体协商法律制度研究》，西南政法大学2023年博士论文，第140页。

② 数据来源：《中国劳动统计年鉴2023》。

③ 同上。

虽然集体合同的签订数量和集体合同覆盖率稳步攀升，中国集体协商取得了一定的成效，但是中国劳动争议仍然居高不下，中国劳资矛盾呈频发、多发趋势，集体协商制度在协调劳动关系的成效上并不显著。

截至2022年7月底，全国共有县级以上工商联组织3252个，各级工商联所属和所联系的商会共有54589个，已形成覆盖全国的组织网络。中国工商业联合会是“双重属性”，既是人民团体又是商会组织，其主要职能是协助政府管理，没有突出集体谈判功能。

中国现有的法律对雇主组织的定位不明确，目前国内对于雇主组织的相关法律也不完善，所以在集体谈判中存在雇主组织缺位的现象，还不能完全满足劳资双方自主开展集体谈判的需求。

工会不能完全代表劳动要素开展集体谈判。中国目前的工会——全国总工会及地方各级工会，计划经济时代的行政化组织已经基本转变为维护职工权益的社会化组织，但是仍然保留有一定的以前行政色彩。

中国集体协商制度存在程序性不完善的问题。签订集体合同过程中和集体协商过程中的争议采取协商会议的方式来解决，在劳动关系双方协商不一致的情况下申请政府或者劳动行政部门介入处理。职工入会率不高，谈判层级不高，行业、区域性集体谈判的程序规定仍有待完善。

开展集体协商的程序性规定不够完善。《集体合同规定》虽然规定了集体谈判如何开展，但是在议题选定、代表授权、达成合同、争议处置等具体环节不够具体，容易导致集体谈判流于形式，模糊的法律规范导致劳动者的诉求无法得到充分表达，劳动要素的利益无法得到有效保障。

劳动者要求与用人单位进行协商，而用人单位存在不予回应或故意拖延的现象[①]。无论是从劳动争议的数量、处理方式，还是从集体劳动争议、群体劳动争议的发展趋势来看，中国劳动关系运行中的矛盾并没有完全得到缓解，集体协商法律制度调节劳动关系的效用尚未充分发挥出来。

① 王天玉：《劳动者集体行动治理的司法逻辑——基于2008—2014年已公开的308件罢工案件判决》，《法制与社会发展》2015年第2期。

自从中国实行市场化改革以来，劳资关系问题逐渐成为影响经济发展和社会稳定的重要社会问题。调解集体劳动关系矛盾是中国建立集体协商法律制度的最终目的之一。但是从历年来中国劳动争议的发展趋势来看，中国劳动关系运行中的矛盾并没有完全得到解决，需要继续完善。

三、劳动争议的解决

2017年人力资源和社会保障部颁布的《劳动人事争议仲裁办案规则》第五条规定：劳动者一方在10人以上并有共同请求的争议，或者因履行集体合同发生的劳动争议，仲裁委员会应当优先立案，优先审理。中国政府对于集体劳动争议的统计标准是按照10人为界，集体劳动争议是指10人以上并有共同诉求的争议，因而中国政府发布的集体劳动争议是指“10人以上的争议”。10人以下的职工就共同的权利诉求或利益诉求与用人单位协商而产生争议，按照《劳动人事争议仲裁办案规则》的规定不算集体劳动争议，也不会统计在政府发布的数据中。

目前中国解决劳动争议的方式有三种：调解、仲裁和诉讼。仲裁实为一种准司法救济途径，在劳动关系双方调解达不成一致情况下通常通过仲裁的方式来解决劳动争议。劳资双方在履行集体合同的过程中，若一方没有履行应尽的义务，侵犯了另一方的权利，双方发生劳动权利争议，在协商调解不成的情况下主要通过仲裁调解或仲裁裁决的方式来解决。

1996年劳动争议结案数为46543件，其中：仲裁调解24223件，占比52.04%；仲裁裁决12789件，占比27.48%；其他方式9531件，占比20.48%。2022年劳动争议结案数为1466857件，其中：仲裁调解847132件，占比57.75%；仲裁裁决542709件，占比37.00%；其他方式77016件，占比5.25%。[①]

① 数据来源：《中国劳动统计年鉴2023》。

四、中国民营企业劳动关系

（一）民营企业劳动关系存在强资本、弱劳动现象

现阶段中国民营企业的劳动关系存在强资本、弱劳动现象，是雇主主导的劳资关系。雇主侵犯劳动者权益通常表现在：延长工作时间相当普遍，相当多雇工未得到法律规定的加班加点工资；有些企业分配不公并拖欠劳动者工资现象严重；劳动安全卫生问题十分严峻，事故和工伤频频发生，从事有毒、有害作业时有发生；私营企业的社会保险也严重滞后。造成这种状况的原因主要有以下几项。

第一，中国劳动力供给远大于需求。这种状况将长期存在，劳动力供给大于需求的状况至少在3—4代人以后才可能有所改变。你感觉每月5000元工资太低，可有很多人不认为每月5000元工资很低；你嫌弃这份工作，可有很多人想干这份工作。时任国务院总理李克强在十三届全国人大三次会议闭幕后的记者会上指出："中国有6亿中低收入及以下人群，他们平均每个月的收入也就1000元左右。"保守估计目前中国至少有8亿人向往年收入6万元的高收入。劳动力供给远大于需求的状况非常有利于雇主，使民营企业的老板很牛，他们有足够的底气和理由不给工人涨工资。

第二，劳方的组织性较差，不能形成合力争取应有的利益。尤其是农民工，权利意识偏低，法律意识淡漠，维权意识不高，维护自身利益能力低，工作不稳定，流动频繁，组织化程度低，对工会活动不积极，政治活动和社会活动反应淡漠。

第三，雇主拥有相对雄厚的"社会资源"。民营企业主社会活动范围广、能力强，社会关系多，经济社会地位较高，政治参与欲望强烈，对社会政治活动反应积极。

第四，私营企业劳资协商运行的制度化、法治化和组织化有待进一步规范。特别在地处农村的小型私营企业，好多雇主出身于农民，管理的家族化色彩浓重，工会组织不健全，工会流于形式，劳资协商的机制尚未规

范、有序运行。中国国有企业签订集体合同的比例较大，合资企业次之，而私营企业很少。

从私营企业劳动关系主体构成上看，私营企业劳动关系主体双方常呈现出不平等、不对等的特征，表现为居于压倒地位的资方和处于软弱地位的劳方。

（二）民营企业存在资本要素侵占劳动要素应得收入现象

《中华人民共和国工会法》规定：工会通过平等协商和集体合同制度，协调劳动关系，维护企业职工劳动权益。

法律制度赋予劳动要素拥有与资本要素平等协商的权力，法律非常公平公正，但是公平公正的法律未必会产生公平公正的结果。“有很多人想干这份工作”给民营企业老板不给工人涨工资足够的底气和理由，公平的法律在强资本、弱劳动的实际国情面前显得苍白无力。民营企业劳资谈判外在形式是一种对等、平衡的权力结构，但是协商谈判的本质是建立在一种不对等、不对峙的权力结构之上，更不是一种制衡的权力结构，两者博弈过程中劳动要素处于明显的劣势。劳动要素不拥有实质性的收入分配权或没有足额拥有收入分配权，他们的利益必然得不到有效保障，它们的应得收入不能足额归属自己，存在资本要素侵占劳动要素应得收入的现象。

2022年，全国城镇私营单位就业人员平均工资为65237元。2022年，全国城镇非私营单位就业人员平均工资为114029元，其中国有单位123623元、城镇集体单位77868元、其他单位109895元。[①]城镇私营单位就业人员平均工资显著低于其他单位，是民营企业资本侵占劳动要素应得收入的强力证据和结果。

若劳动要素能够获得它们应该获得的收入，劳资关系处于和谐状态，劳动者则会积极主动、努力地工作，会关心企业，以厂为家，提供优质的劳动，发扬主人翁精神。相反，若劳动要素不能获得它们应该获得的收入，

① 数据来源：《中国劳动统计年鉴2023》。

劳资关系则必然是一种紧张、冲突状态，劳动者会“关闭”自己，出勤不出力、磨洋工、怠工，甚至反方向操作，进行消极抵制、破坏，有的则离开企业另谋出路。

民营经济在过去40年中取得了从“0”到“56789”的伟大成就：2019年1—7月，民营企业税收占比56.9%；民间固定资产投资占比60.3%，在制造业投资中占比更高达到85%以上；发明专利占比超75%；就业存量占比近80%；企业数量占比超95%。①中国2022年基尼系数0.467，②贫富差距较大。1992年改革开放总设计师小平同志对社会主义本质进行了科学论断：解放生产力和发展生产力，消灭剥削，消除两级分化，最终达到共同富裕。从1992年至今，虽然《劳动法》《工会法》《公司法》等法律有所完善，但是民营企业中资本侵占劳动要素权益的现象并没有得到根本改观。从1992年算起，在收入初次分配环节，这个侵占整整存在了30余年，这是当今中国贫富差距很大的原因之一。

五、中国国有企业劳动关系

马草原等研究发现：“国有部门和私有部门的劳动者无论在工资收入上还是在享有的社会保障上都存在巨大差异，横亘在两类劳动力市场之间森严的体制壁垒严重阻碍了劳动力的自由流动，即使拥有更高的人力资本，体制外的劳动者也很难进入体制之内；求职者能否进入国有单位就业与其父母的就业性质及家庭背景密切相关，两个劳动力市场在一定程度上形成了相对封闭的内部循环。内生于国有企业特殊产权属性的编制制度阻碍了劳动力优化机制对优胜劣汰这一市场根本准则的执行，使劳动力资源无法在部门之间自由配置。父辈的就业性质成为决定子女能否获得国有企业进入许可的关键，导致了劳动力市场分割的代际传承，其家庭背景就起到了

---

① 数据来源：《任泽平谈民营经济：民企发展是中国经济增长主要动力》，https://finance.sina.com.cn/china/gncj/2019-10-14/doc-iicezzrr2029049.shtml，2019年10月14日。

② 数据来源：《中国统计年鉴2023》。

关键作用，就业于国有单位的父母往往通过高收入和自身的政治与社会地位帮助子女在国有企业职位竞争中获胜，由此形成劳动力市场分割的代际传承。高收入职位的代际承袭使社会分层不断固化，当体制外的劳动者难以通过自身努力和相应人力资本投资来打破代际传承的藩篱时，强烈的被剥夺感将转化为严重的社会危机。”①

求职者能否进入国有企业，往往看他是否拥有与国有企业之间的紧密社会关系。没有这种社会关系，则很难就职于国有企业。于是频频出现国有企业的子女通常还在国有企业工作，私有部门的子女通常在私有部门工作的现象。

国有企业的劳动关系，虽然达不到一种制衡的状态，但是两者是一种“父母与子女”式的对等、平衡的权力关系。权力决定利益，权力状况决定利益分配状况。劳动要素拥有与国有资本对等、平衡的权力，劳动要素拥有实质性的收入分配权或足额拥有收入分配权，因此它们的利益能够得到有效保障，它们的应得收入可以足额归属自己，即国有企业通常不存在资本侵占劳动要素应得收入的现象。

① 马草原、马文涛、李成：《中国劳动力市场所有制分割的根源与表现》，《管理世界》2017年第11期。

第五章

Chapter 5

“三方一圆”收入分配制衡机制探析

第一节　黄金分割

对立统一规律是指：一事物由两个部分组成，这两个部分之间既存在对立性，又存在统一性，对立统一的两个部分构成了事物的整体。劳资关系就是一种对立统一的关系：企业收入总量增大，对双方皆有利，这是统一性；同时两者之间存在对立性，表现为劳方希望获得高薪，而资方不乐意给职工增加工资。

一、对立统一规律

（一）中国古代的对立统一思想

《易传》就以阴阳变化来解释世界，称“一阴一阳之谓道”“一阖一辟谓之变”，把阴阳的对立统一看成运动的根本动力。张载从矛盾学说的高度提出了“一物两体”的思想，认为事物“动因非外”，内部对峙的两个方面的相互作用构成了事物变化的根本原因。朱熹把“一物两体”进一步概括为“一分为二”，并认为“凡物皆有两端”，而且“独中又自有对”。“相反相成”“和而不同”“一分为二”“合二为一”等，都是中国哲学的矛盾法则。对立双方的相互依存、相互排斥和相互转化构成了事物的对立统一关系，这种对立统一关系为宇宙万物运动的普遍法则。直与曲、生与死、存在与消亡等都是对立统一性的表现。

老子在《道德经》中就曾经提出：“有无相生，难易相成，长短相形，高下相倾，音声相和，前后相随。”强调了事物之间的相辅相成特性。有与无、难与易、长与短等看似对立的双方，却是相互依存的，需要结合起来才更有意义。《老子》中的“祸兮福之所倚，福兮祸之所伏。”福与祸作为两种对立的状态，它们相互依存、相互包含，福祸实则是相统一的，福祸随时可以互相转换，没有永恒的福，也没有永恒的祸。法家代表人物韩非子提出“万物必有盛衰，万事必有驰张”的观点，强调了事物变化是普遍的特性，盛与衰、张与弛不断演替、周而复始。北宋思想家张载在《正蒙·太和篇》中提到：“两不立，则一不可见。一不可见，则两之用息。”其意是对立与统一不可分割。对立面不存在了，不可谓统一；统一体没有了，对立面也就消失了。宋明理学的奠基者程颢和程颐在《二程遗书》中提到：“天地万物之理，无独必有对，皆自然而然，非有安排也。”强调天地之间的事物都是相对的，没有单独的事物存在，体现出了统一的思想。朱熹在《朱子语类》中提出：“天下之事，一不能化，惟两而后能化，且如一阴一阳始能化生万物。”突出了“两”的重要性，即事物的两个方面在一个整体中，才可以推动事物的发展变化。

中国古代哲学是古人对于现象世界辩证规律的初步的和朴素的把握，带有浓厚的神秘色彩。中国哲学连绵不断，与西方哲学产生交集，特别是马克思主义传入中国，中国人民结合自身实际情况，在建设社会主义的进程中，以马克思主义为指导，结合中国传统优秀文化，形成以毛主席《矛盾论》为经典的对立统一哲学理论。

（二）事物双方对立性中的统一性

所有的矛盾都是由对立着的两个方面构成的，矛盾关系就是这两个方面之间的摩擦与纠纷的关系，没有对立的两个方面构不成矛盾；构成矛盾的两个对立面又相互依存，一方存在以另一方存在为前提。对立关系和统一关系是两种不同的关系，但这两种不同性质的关系又是结合在一起的，形成对立统一的关系。统一关系存在于对立关系之中，而且统一性内部就包含着对立关系；对立关系存在于统一关系之中，而且对立关系本身就包含着统一关系。对立是统一中的对立，统一是对立中的统一。

任何矛盾都存在于具体的统一体内，矛盾双方有着共同的基础。矛盾中的每一方都不是孤立地存在的，而是与另一方彼此相互依存。矛盾的一方必须以另一方为媒介，一方的存在和发展必须以另一方的存在和发展为条件。毛泽东同志说："同一性、统一性、一致性、互相渗透、互相贯通、互相依赖（或依存）、互相联结或互相合作，这些不同的名词都是一个意思，说的是如下两种情形：第一，事物发展过程中的每一种矛盾的两个方面，各以和它对立着的方面为自己存在的前提，双方共处于一个统一体中；第二，矛盾着的双方，依据一定的条件，各向着其相反的方面转化。这些就是所谓同一性。"[①] 事物的双方在相互依存中得以存在和发展，一方的存在以另一方的存在为条件，一方的发展也以另一方的发展为基础，这是事物得以存在和发展的根基和基础。双方力量的变化是在相互依存的统一体中完成的，双方的发展是在统一体中得到发展，不存在脱离另一方面的孤立发展。事物的双方相互作用、互相促进中各自得到发展，双方之间不存在根本的利害冲突，双方总是包含着可以彼此利用另一方的某些因素，从而有利于自身的发展。每一个事物在本质上与自身是统一的。

（三）事物双方对立性的普遍性

矛盾的对立性是指双方之间的斗争性，体现着对立双方之间的分离、摩擦与纠纷。矛盾的对立性在表现形式上则呈现着多样性。在敌我斗争中，敌对双方之间你死我活的残酷争斗；生物界中不同物种之间以及同一物种之间的弱肉强食和互相吞噬；机械运动中能量的吸引与排斥；分子中的阴离子与阳离子；化学反应中的分解与化合；任何生物基因的遗传与变异；社会生活中不同意见的争论，这些都是矛盾对立性的具体表现。

矛盾普遍存在，矛盾存在于一切事物之中，处处有矛盾。每一事物的发展过程自始至终都存在着矛盾，时时有矛盾。正如毛泽东同志所说："矛盾存在于一切事物的发展过程中，每一事物的发展过程中存在着自始至终的矛盾运动。"[②] 矛盾无处不在、无时不有。人与人之间存在矛盾，只是有的

---

① 《毛泽东选集》（第一卷），人民出版社1991年版，第327页。

② 《毛泽东选集》（第一卷），人民出版社1991年版，第305页。

矛盾很小，有的矛盾很大。国家与国家之间，也存在永恒的矛盾，每一个国家均希望自己的产品多出口，都希望贸易顺差。商品贸易虽然存在摩擦，但是大部分国家可以和而不同地共存于地球。

冷与热、干与湿、生与死、健康与疾病，体现事物双方的对立性，在同一事物中存在着两种极大差异的对立。每一个事物在本质上与自身是对立的，都包含着肯定自身与否定自身两种不同的力量，这两种不同的力量推动事物的运动、变化、发展，只有通过这样的方法才能准确认识事物的本质。

事物及其发展过程中不存在无对立的状态，对立性在不同阶段的外在表现不尽相同，有差异、对立、对抗等形式。差异就是对立性的较小状态，是矛盾的潜在状态或萌芽状态，在这个时候，某种矛盾尚未成熟，因而在矛盾体系中处于从属的地位。对立、对抗是矛盾由潜在走向显在，转化则是矛盾对抗达到一定程度时产生的一个过程向另一个过程、一种矛盾系统向另一种矛盾系统的飞跃，转化体现了矛盾的持续存在与发展。

对立性是普遍存在的，但现实中的对立性表现却各不相同，体现出对立性的特殊性和大多性。普遍存在的对立性反映对立性的大多性，个别的对立性是对立性的特殊性。人与人之间大多属于小纠纷、小摩擦，和而不同，虽然人们之间有意见但是可以共生，这是对立性的普遍存在状况。

（四）事物双方对立性的特殊性

只有极少数人们之间的对立性非常尖锐，你死我活、不共戴天，这是对立性的特殊表现。个别国家之间的战争，是对立性的特殊形式。特殊的事物是和普遍的事物联结的。由于每一个事物内部不但包含了对立性的特殊性，而且包含了对立性的普遍性，普遍性存在于特殊性之中，特殊性是普遍性的极端存在形式。对立性的普遍性与特殊性之间的关系就是对立性的共性与个性的关系。

每一种不同的事物、不同的运动形式都包含着特殊对立性，从而构成使自己与其他事物、其他运动形式区别开来的特殊本质；同一事物运动过程的不同阶段也包含着特殊对立性，区分这些不同阶段的根据，就是它们各自包含的特殊对立性。

任何事物都是由多种对立性组成的。在复杂的对立性群中，各种对立性力量是不平衡的，在事物发展中占有不同的地位，起着不同的作用。其中有一种主要对立性的存在和发展，规定或影响着其他对立性的存在和发展。这种在事物发展的一定阶段上处于支配地位的、对事物的发展起决定作用的对立性，就是主要对立性，也称之为主要矛盾。与此相反，那些处于从属地位、对事物的发展不起决定作用的对立性，就是次要对立性，也称之为次要矛盾。

（五）对立性与统一性的互相转换

不同的时间、不同的情况下，事物两个方面的对立性的对立程度会发生改变，即在事物的发展过程中会发生改变。对立程度的变化存在由重变轻、由轻变重的可能，不论何种改变，改变的过程均是逐渐的。

两人存在经济利益或其他方面的纠纷与摩擦，起初这个纠纷与摩擦只是轻微的，对立的程度并不激烈，只是两人互相讨厌而已。但随着两人不能化干戈为玉帛，利益的冲突逐渐加大，两人的对立程度逐渐加大，发生了口角和身体的冲突，一人给另一人造成了身体上的轻度伤害，两人的对立程度的性质发生改变并上升到民事纠纷的程度，触犯了《治安管理处罚条例》的一方，需要向被伤害方进行民事赔偿，此时两人是较重的对立关系。此时较重的对立关系可能发展成极端对立的情况，一方结束另一方的生命，一方触犯了《刑法》，至少需要承担无期徒刑的刑法责任。当然，起初两人轻微的纠纷与摩擦也可能变成更加轻微，甚至两人可能变成好朋友。事物两个方面的对立性一直处于动态变化中。

国家与国家之间存在经济利益与政治方向的纠纷与摩擦，这个纠纷与摩擦也是随着时间的推移而发生改变的，时而关系紧密、时而关系紧张。两次世界大战，是全世界文明的短暂向后倒退，是各国极端对立性的表现。社会文明和世界和平的向前发展，绝非一条只前不退的坦途，好多时候是通过向后倒退来向前推进的，每一次短暂的向后倒退意味着更大步伐地向前发展，短暂的倒退不会改变逐渐向好的总的趋势。

事物的两个方面的统一性不可能脱离对立性而存在，没有对立性就没有统一性；同时对立性也不可能脱离统一性而存在，没有统一性就没有对立性。没有矛盾双方的相互对立、相互斗争，就没有它们之间的相互依存、相互转化。两国或两人关系的变好，意味着统一性的增强、对立性的减低；两国或两人关系的变坏，意味着对立性的增强、统一性的减低。对立性的改变，统一性必然发生改变；统一性的改变，对立性也必然发生改变。每一事物的双方的对立与统一的关系状况决定事物的存在状态，它的对立统一关系状况发生改变的速度决定着事物的性质及其发展改变的速度。新事物的出现总是建立在旧事物的基础之上，吸收了旧事物的积极因素，从而使新事物较旧事物更具有某种优势。

事物双方的相互依存状况决定着事物发展的基本趋势。生物的进化是在遗传与变异的运动中实现的，而遗传与变异的相互依存决定着生物进化的方向。新物种由旧物种转化而来，与旧物种存在着内在联系，旧物种不会转化为与它毫不相干的其他新物种。

事物的发展过程其实是双方力量的此消彼长的过程，这一过程是由双方的相互斗争所推动的。在双方对立性的斗争中，双方此消彼长，造成双方力量的新的平衡，事物的性质因此而发生改变，新的事物取代旧事物，一种新的对立统一关系代替旧的对立统一关系。新事物的双方之间仍然存在着矛盾与纠纷，双方之间的斗争不会停止，新的双方在斗争中形成一种更新的状态，一种更新的事物由此产生。事物双方矛盾的转化过程是一种旧的矛盾统一体解体和新的矛盾统一体建立的过程，在旧的矛盾统一体完全瓦解之前，矛盾的双方并未完全割断联系，并未完全失去统一性。

富不过三代和穷不扎根是富裕与贫穷互相转换的经典俗语。优秀能干之人大多经过磨难和贫穷。穷则思变。生于忧患，困境锤炼了他们坚强的意志和杰出的才能，使他们能够成就大业，显示了穷不扎根的不懈奋斗精神。富裕者的后代在富裕的环境中成长，没有经历过困苦与艰辛，不懂得财富来之不易，意志不够坚定、能力平平，温室中的花卉无法长成参天大树，很容易败掉家业，于是出现富不过三代的现象。没有人才辈出的家庭难以富过三代，没有人才辈出的企业也难以长盛不衰。没有永恒的富裕，也没有永恒的贫穷，富裕因骄奢淫逸而变为贫穷，贫穷因不懈努力而变为富裕。

主要矛盾与次要矛盾，都是相互制约、相互影响、相互作用，并在一定条件下互易其位、相互转化的，且主要矛盾与次要矛盾均会发生改变。当一种新的主要矛盾取代旧的主要矛盾时，同时会出现新的次要矛盾。在奴隶社会，奴隶阶级与奴隶主阶级之间的矛盾会被农奴阶级与地主阶级之间的矛盾所代替，之后被无产阶级与资产阶级的矛盾所取代。随着生产力的不断发展，城市与乡村、脑力劳动与体力劳动这类非对抗性的矛盾之间的差别，就会不断缩小，最终达到“融合”。

分析事物的矛盾时，不仅要看到矛盾群中存在着主要矛盾、矛盾的主要方面，而且要看到次要矛盾、矛盾的次要方面等。促进社会发展，首先要抓住重点，抓住主要矛盾和矛盾的主要方面，并把它们作为解决一切矛盾问题的根本点和出发点，把主要矛盾解决了，次要矛盾则迎刃而解。

（六）统一性与对立性的互相影响和决定

事物双方之间的统一性与对立性互相影响，但是统一性对对立性的影响力量要大于对立性对统一性的影响力量。统一性使事物的双方关系趋于合作、和谐和美好，对立性使事物的双方趋于分裂、斗争加剧、矛盾尖锐。丘吉尔名言：没有永恒的朋友，没有永恒的敌人，只有永恒的利益。社会各群体之间以及各国之间存在永远的利益和权力争夺，永远存在摩擦与纠纷，但是人心向好的本性决定各群体之间以及各国之间的矛盾越来越小，关系越来越好，战争越来越少，世界越来越和平，尽管美好世界的进程的步伐是非常缓慢的。国与国之间发生战争，这是一种极端的对立状况。战争的结果是两败俱伤，没有赢家只有双输。只有和平共处才是最佳之道，战争的对立性必然被和平的统一性取代，所以存在永恒的利益纠纷，但不存在永恒的战争。

二、黄金分割是人类社会实践活动的方法论原则

（一）黄金分割的起源与发展

公元前330年左右出生的古希腊人欧几里得（Euclid）写下了最早有关黄金分割的著作《几何原本》。在《几何原本》里称其为“中外比”（extreme and mean ratio）。欧几里得在写此比例时，给出了中外比（黄金分割）的定义：“分一线段为二线段，当整体线段比大线段等于大线段比小线段时，则称此线段被分为中外比。”如图5-1所示：线段AC除以线段AB等于线段AB除以线段BC，即（AC/AB）=（AB/BC）。欧几里得的《几何原本》一书对黄金分割概念的提出和发展做出了不可磨灭的贡献。黄金分割这一名称是在19世纪初期才出现的。

图5-1　黄金分割定义图

13世纪意大利数学家里昂纳多·斐波纳奇（Leonardo Fibonnacci）发现的斐波纳奇序列数字：1、1、2、3、5、8、13、21、34、55、89、144、233，…，任何两个相邻数字之和形成下一个数字，任何一个数字与下一个数字之比大约是0.618∶1，数字序列越靠后，比值越接近无理数0.618034……，任何一个数字与下一个数字的比值越靠后越接近0.382。0.618加0.382等于1，0.382是0.618的0.618倍，1是0.382的2.618倍，1是0.618的1.618倍，1是1.618的0.618倍，1.618是0.618的2.618倍。[1]

① 郭轶男：《黄金分割研究》，辽宁师范大学2009年硕士论文，第11—17页。

（二）黄金分割在自然界的表现

人体在肚脐处分成黄金分割，统计上的平均值是0.618，肚脐上下之比为0.382∶0.618。从发际到下颏底和从下颏底到眼外眦、从颏底到眼外眦和从鼻翼到颏底、从颏底到鼻翼和从口裂到颏底以及面宽与眼外眦间距、口裂长与鼻底宽之间等的比例大都符合1.61∶1的黄金比例。

以0.618绘制的黄金螺线，向内向外无限推移，自然界中蜘蛛网、向日葵籽的排列、贝壳、海浪、羊角、旋风云、菊花花子、松果、发散的银河系、死亡的一品红叶子等，均与黄金螺线相符，见图5–2。自然界很多植物花瓣数是斐波纳奇数，百合花花瓣数目为3瓣，梅花5瓣，雏菊有34、55和89三个数目的花瓣。鸡蛋蛋黄的位置处在0.618的近视值上。在地球科学领域，地球划分为热带、南北温带和南北寒带，热带的宽度为2个23° 26′，热带的面积占地球总面积的39.8%，其他四带占60.2%，非常接近黄金分割。[①]黄金分割是宇宙中普遍存在的、事物发展变化的一种内在法则。水稻、小麦等植物的茎节，它们相邻两节的比例接近1∶0.618。很多植物的叶子是按照黄金分割比例的角度生长，例如车前草、蓟草和一些蔬菜的叶片，是按照黄金比例呈螺旋生长的，如果从上往下看，它们相邻两片叶子在水平面的投影夹角是222.5度和137.5度，近似在360度黄金分割的位置。这样的角度叶片不断交错，互相不重叠，能够最大程度的吸收阳光来进行光合作用。[②]

---

① ［美］小罗伯特·鲁格劳特·普莱切特、阿尔弗雷德·约翰·弗罗斯特：《艾略特波浪理论》，陈鑫译，百家出版社2011年版，第120—127页。

② 张金美：《人际判断中的黄金分割假设》，华东师范大学2014年硕士论文，第4页。

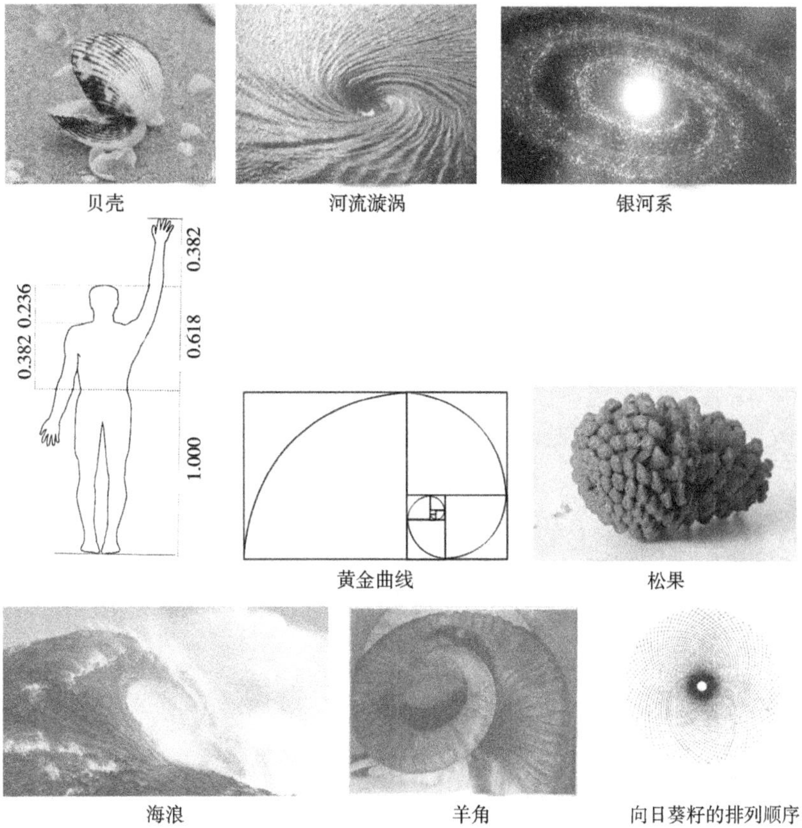

图5-2 黄金分割在自然界的表现

（三）黄金分割在绘画等领域的表现

《最后的晚餐》这幅作品（图5-3）是达芬奇运用黄金分割比例的巅峰之作。这幅画是耶稣在说完“你们之中，有人出卖了我”之后十三个人的神态，每人表情都栩栩如生，他们的肢体行为透露着他们的心理。这幅作品，视觉中心恰好在耶稣的头顶，在黄金分割位置，而出卖耶稣的犹大的位置也在整幅画面的黄金分割线上。达芬奇将这种神奇的黄金分割比例称为“神圣比例”。

图5-3 《最后的晚餐》

人物绘画通常将人物置于黄金分割处，如维米尔的《倒牛奶的女仆》（图5-4），将笔直的女人的身体置于画面的黄金分割位置，将双手托起的奶罐放置于另一个黄金分割位置，形成画面强烈的两个视觉中心，画面优美，左右不失衡。为了视觉上的美观，人们通常将信纸、便签纸、夹子、贺卡、钱包、书写用的石板、巧克力、姜饼、鼻烟盒、纸牌、课本、小说书、窗户、画框、大门等，设计成接近黄金分割比例，但正方形的大门很少会按照黄金分割比例设计。①

图5-4 《倒牛奶的女仆》

① 连艺华：《基于黄金分割在艺术设计领域里的应用研究》，哈尔滨理工大学2019年硕士论文，第11—14页。

埃菲尔铁塔，其第二层之下与第三层之比是0.618。世界最高建筑的多伦多电视塔，其阁楼之上与阁楼之下的高度之比是0.618。演唱者或者主持人站在舞台的黄金分割点处，会显得更自然协调，效果最佳。摄影师在拍照时把主要景物放在黄金分割比例点附近，拍出来的画面会更加突出主体，还会有动态的延伸效果。研究莫扎特的作品各部分的长度后发现，莫扎特恰是在利用黄金分割比例来组织他的音乐。股票市场的上涨与下跌，长期统计的结果是下跌总幅度是上涨总幅度的60%左右。①

（四）黄金分割是人类实践活动的方法论原则

马克思、恩格斯的对立统一规律，没有明确两个方面的合适分配比例，没有明确5–5分配或6–4分配或7–3分配或8–2分配或9–1分配是合适、稳定、优美的分配比例。1999年，蒋谦发展了马克思、恩格斯的对立统一规律，提出：“黄金分割率是对立统一规律的延伸和补充，0.618∶0.382是合适、稳定、优美的分配比例，黄金分割是人类实践活动的重要方法论原则。”②

根据唯物辩证法的原理，任何事物都是作为矛盾统一体而存在的，即每一事物都包含着互相对立的两个方面。对立的双方既互相排斥，又互相依存，共居于一个统一体中。在这个统一体中，矛盾的双方不总是处在势均力敌的状态下，而是常常以一方为矛盾的主要方面，另一方为矛盾的次要方面。由于矛盾的双方存在同一性，同时存在斗争和对立性，矛盾双方力量的对比以及分布状态会发生变化。当双方力量的对比以及分布状态的变化达到某个关节点时，矛盾双方的性质就会发生质的改变，一事物就会转变为其它事物，原有的矛盾统一体就会改变成新的矛盾统一体。

自然规律是自然界中各种物质存在的合理配置，需要人类在创造物质财富过程中遵守的规律。无论是物质生产还是精神生产，都需要遵守自然规律呈现出的美。黄金分割律是自然中的一条很美的规律，美的规律能够

① ［美］小罗伯特·鲁格劳特·普莱切特、阿尔弗雷德·约翰·弗罗斯特：《艾略特波浪理论》，陈鑫译，百家出版社2011年版，第145页。

② 蒋谦：《黄金分割率的哲学意蕴》，《科学技术与辩证法》1999年第4期。

有效地指导人们的实践活动，并创造出美的物质文明和精神文明。黄金分割法则是一个十分重要的对比以及分布状态，准确确定了矛盾双方的分配比例，且0.618∶0.382是一个很稳定的分布比例，为人们的实践活动提供了一个基本的方法论原则。

在认识和改造客观对象的过程中，认识事物的度特别是最佳度的问题，是人类实践活动的一个突出的问题。黄金分割法则为人们把握事物的最佳度提供了一个最基本的依据。我们可以把黄金分割线的两段看作矛盾双方的统一体，其中一条线段可看作矛盾的主要方面，另一段可看作矛盾的次要方面。运用黄金分割法则能够使我们更好地运用对立统一规律，能够更准确地把握事物的双方的最佳分配比例。

三、资本要素与劳动要素之间是对立统一的关系

资本要素与劳动要素之间的对立性，在17—19世纪非常尖锐，工人捣毁机器并隔三岔五地罢工，资本家严重剥削工人阶级。这种非常尖锐的对立性，在特定环境下表现为极端的对立——政权的争夺，不共戴天、你死我活的斗争。随着工人阶级的不懈斗争，资本家逐渐给予了让步，两者的对立性逐渐减缓，表现为20世纪工人的罢工以及反抗的强度较20世纪之前有所降低，两者之间矛盾的尖锐性也缓慢降低，两者之间的统一性越来越好，越来越和谐。西方国家劳资关系的缓慢转好，再一次印证了事物的统一性对对立性的影响力量要大于对立性对统一性的影响力量。但是目前较为和谐的劳资关系随时存在向后倒退的可能，随时可能再次发生工业行动。每一次工业行动均是短暂的后退，每一次后退孕育着接下来更大步伐地向前推进，这种后退不改变长期缓慢向好的发展趋势。

没有劳动要素，资本要素无力自行创造财富。资本要素的存在只有以劳动要素的存在为前提，才拥有了增值财富的能力；劳动要素只有以资本要素的存在为条件，才拥有了参与创造财富的过程，没有资本要素，劳动要素无法独立完成财富的创造。资本要素与劳动要素，互相依存、共同合

作才完成了财富的创造，两者具有统一性。劳资关系是一种典型的对立统一的关系，企业财富和收入总量增大，对双方皆有利，这是统一关系的特征。同时两者之间又存在对立的特征，劳方希望拿到高薪，资方不乐意给职工增加工资，两者存在对立的味道，职工罢工是对立性的典型表现。

企业的所有权归股东的资本要素所有，这里指机器、厂房、设备、原料等由资本要素购买，自然归资本要素所有。企业创造的财富和收入主要由资本要素和职工的劳动要素共同创造，主要归资本和劳动所有，资本要素和劳动要素均应拥有收入分配权。资本拥有所有权，职工的劳动要素拥有经营权，所有权是前提和基础，经营权是所有权授予的，所有权决定经营权，绝非经营权决定所有权。某人聘请律师打官司，此人是委托方，律师是受托方，是否继续上诉由此人决定，当然他应该认真听取律师的意见，而不是由律师决定是否继续上诉。委托方的权力必须大于受托方的权力，这是委托方与受托方基本的权力关系准则。职工劳动要素的经营权来自资本要素的委托与授权，资本的权力必须大于职工的权力，资本要素拥有的收入分配权必须大于职工劳动要素的收入分配权。劳资关系是一种典型的对立统一关系，一方为主、一方为辅。“黄金分割率是对立统一规律的延伸和补充，是人类实践活动的重要方法论原则。”把黄金分割率引进企业收入分配环节，则资本要素拥有61.8%的收入分配权、职工劳动要素拥有38.2%的收入分配权，这势必会出现意想不到的效果。[①]

第二节 民营企业“三方一圆”收入分配制衡机制

劳资双方之间永远存在利益的矛盾和纠纷，迫切需要构建风雨同舟、同甘共苦、纠纷很小“一家人”的劳资关系。双方在一起的沟通和交流时间主要用于谋划企业的发展壮大，而不是急于分摊共同创造的收入；双方

① 申世永：《董事会宜由全体股东代表和职工代表共同组建》，《经济研究导刊》2019年第31期。

共同努力通过企业收入的整体增大来实现各自收入的增大，即构建增大收入总量第一、分配收入第二的机制，而不是以“窝里斗”为主，以共同努力谋求企业收入的整体增大为辅的机制。风雨同舟、同甘共苦、纠纷很小的利益命运共同体的劳资关系才是理想的劳资关系，才是根本促进双方收入增加的善之善者之道。

一、构建劳资双方“一家人”的关系

2015年，中共中央、国务院出台的《关于构建和谐劳动关系的意见》明确指出：“推行职工董事、职工监事制度。按照《公司法》的规定，在公司制企业建立职工董事、职工监事制度。依法规范职工董事、职工监事履职规则。在董事会、监事会研究决定公司重大问题时，职工董事、职工监事应充分发表意见，反映职工合理诉求，维护职工和公司合法权益。”2016年，习近平总书记在全国国有企业党的建设工作会议上发表《坚持党的领导、加强党的建设是国有企业的独特优势》指出：“企业在重大决策上要听取职工意见，涉及职工切身利益的重大问题必须经过职代会审议，要坚持和完善职工董事制度、职工监事制度，鼓励职工代表有序参与公司治理。”[①]习近平总书记为国有企业中涉及职工切身利益的问题提出了解决路径，该路径同样对民营企业中关乎职工切身利益的问题具有导向作用。

构建劳资双方“一家人”的劳资关系，可以从以下方面着手。

（一）劳资双方每年召开12—24次经营发展讨论会

《工会法》第三十八条：企业、事业单位研究经营管理和发展的重大问题应当听取工会的意见。《公司法》第十八条第三款：公司研究决定改制以及经营方面的重大问题、制定重要的规章制度时，应当听取公司工会的意

① 《习近平谈治国理政》（第二卷），外文出版社2017年版，第177页。

见，并通过职工代表大会或者其他形式听取职工的意见和建议。这两条法律条款，均规定企业就经营发展事项应当听取工会和职工的意见。“应当”不等于“必须”，企业执行“应当”的法律条款寥寥无几。为更好地贯彻《公司法》精神，笔者提出如下建议：企业劳资双方必须每月召开1—2次企业经营发展讨论会，讨论并形成企业经营发展草案，草案提交公司董事会最终决定。经营发展讨论会每年召开12—24次，具体几次为宜由董事会决定。

每年召开12—24次经营发展讨论会，劳资双方之间便有了顺畅的信息沟通渠道，可避免因为信息沟通不畅而产生的误会与纠纷，能有效增加双方之间的情感纽带。人与人之间的交往，存在一回生、两会熟、三回变成好朋友的现象，交流会产生感情，交流越多产生的好感越多，有利于“一家人”同甘共苦关系的建立。劳资双方如何分配收入很关键，但是劳资双方建立“一家人”同甘共苦的关系对企业的发展壮大更有裨益。收入分配方式是决定人与人之间关系的非常重要的环节，而情感也是非常重要的决定因素之一。钞票很重要，但是并非每个人都是为了钞票而活着，人与人之间的关系，钞票并非唯一的决定因素。

劳资双方之间永远存在纠纷与矛盾，每年召开12—24次经营发展讨论会，这样的沟通机制使双方之间的纠纷与矛盾能够得到及时化解，使大矛盾变为小矛盾，小矛盾变为更小的矛盾。

企业推出一款新产品，销售一线的人员比销售部经理提前知道这个产品的销售潜力和市场反馈信息。最了解公司经营状况的是职工而不是股东，职工参与经营发展讨论会，能够使股东及时掌握公司存在的问题并及时解决，从而提高公司运行效率、降低产品成本和提高企业竞争力。

中国的公司治理制度，应该是一种能充分发挥职工聪明才智的制度。三个臭皮匠，赛过诸葛亮。俗话说，即使浑身是铁又能打几道钉子。一个人的时间、精力很有限，单枪匹马无法成就伟业。两人智慧胜过一人，优秀的领导总能充分发挥、调动大家的力量，博采众长从而将企业做大做强。定期召开经营发展讨论会，充分调动职工的积极性，他们的聪明才智才能得到充分挖掘，这是群众路线在企业管理中的运用和发展，有利于提高企业的决策力和战斗力。企业决策更加准确，竞争力提高，势必能够创造出更大的财富和收入，劳资双方皆大欢喜。

每年召开12—24次经营发展讨论会，是构建劳资“一家人”关系机制的必要条件，建议国家通过法律的强制性使企业全面认真执行。对没有执行每年召开12—24次经营发展讨论会的企业，给予巨额罚款。罚款不是目的，而是手段和措施；目的在于营造和谐的劳资关系，从而有利于企业能创造出更多的财富和收入。

（二）每年劳资双方协商谈判一次，董事会最终决定职工工资

职工不得在经营发展讨论会上与资方协商职工工资事项。如果职工提出协商职工工资事项，资方有权利拒绝。

《劳动法》第八条等条款规定：职工通过工会与企业平等协商来确定职工工资和集体合同。据此笔者提出：企业劳资双方每年（或某时期）召开一次职工工资和集体合同协商谈判会议，协商谈判会议形成职工工资制度草案和集体合同草案，两个草案提交公司董事会最终决定；如果协商谈判会双方达不成一致意见，完不成两个草案，则由董事会起草并决定。每年召开一次职工工资协商谈判会是参考国际惯例而为。

每年召开一次职工工资和集体合同协商谈判会。劳资双方之间交流沟通的时间和氛围以统一的色彩为主基调，以对立的色彩为次基调，从而使劳资双方步入齐心协力地促进企业发展壮大的轨道，在纠纷很小的状态下分享和分配更大的收入“蛋糕”。

董事会如何在“统一为主、少对立”的原则下最终决定企业经营发展策略、职工工资制度和集体合同，需要职工董事占据董事会适当比例。

（三）按照黄金分割率确定劳资董事比例

如前文所述，资本要素拥有61.8%的收入分配权、职工劳动要素拥有38.2%的收入分配权，是劳资最合适的收入分配比例，股东董事占据董事会

61.8%的席位、职工董事占38.2%的席位是黄金比例。

（四）借助三个“1+1=1”的制衡机制，实现“三方一圆”

1.董事会、监事会结构

每一位大股东分别以每10%持股量各自直接派出一名董事；全体小股东以其持股总量按每10%持股量选派一名董事（不足一名按“四舍五入法”取舍，大股东和小股东界限标准暂定为5.0%的持股量）。比如：某公司第一大股东持股35%则直接派出4名董事；某个持股7%的大股东直接派出1名董事；全体小股东如果持股总量为25%则选派3名董事。

同一大股东派出的董事视为同一来源董事，中小股东选派的董事视为同一来源董事。假设某公司第一大股东持股35%，他派出g1、g2、g3、g4 4名董事，此4名董事为同一来源董事。第二大股东持股25%，他派出g5、g6、g7 3名董事，此3名董事为同一来源董事。第三大股东持股15%，他派出g8、g9 2名董事，此两名董事为同一来源董事。其余小股东共持股25%，他们选派g10、g11、g12 3名董事，此3名董事为同一来源董事。股东董事共12人，职工董事7.4人即7人，董事会共19人，共19票表决权，每人1票。如果股东董事为11人，则职工董事为6.8人即7人，董事会共18人，共18票表决权，每人1票；如果股东董事为10人，则职工董事为6.2人即6人，董事会共16人，共16票表决权，每人1票。每名职工董事均拥有相同的1票表决权。董事会规模16—19人适合大公司。

小微企业股东分别以每20%持股量各自直接派出1名董事，股东董事共5人，则职工董事3人，董事会共8人。以下按董事会共19人为例，说明三个“1+1=1”的收入分配制衡机制。

大股东派出的董事人数可以小于其可以最大派出人数，但必须坚持股东在董事会中的表决票与其可以最大派出人数相等的原则。该企业第一大股东可以只派1人或2人进入董事会：如果只派1人，则此1人拥有4票表决权；如果只派2人，此2人每人拥有2票表决权。其他大股东亦然。中小股东人数巨大，足额选派董事进入董事会，每人拥有1票表决权。

该企业全体职工选举产生14—21名职工代表，职工代表人数以职工董事人数的2—3倍为宜，14—21名职工代表选举产生7名职工董事，其余7—14名职工代表参加经营发展讨论会和劳资协商谈判会，由董事会最终决定职工工资。职工工资确定的环节增加一个，就意味着增加一个向好的途径，“两步法”较董事会“一步法”能降低“工业行动”的发生几率。

决定职工工资制度的制度设计无非有以下四种方法：第一种，每年召开一次的劳资协商谈判会决定；第二种，每年董事会决定一次职工工资制度；第三种，每年劳资协商谈判会起草一次职工工资制度，董事会决定一次；第四种，董事会起草一次，劳资协商谈判会决定一次。前两种是“一步完成法”，后两种是“两步完成法”。现以第一种和第三种为例，说明“两步完成法”比“一步完成法”具有降低“工业行动”发生几率的优势。

协商谈判会无非有两种结果，第一种，双方小纠纷，最终出现和谐结果。双方虽有矛盾与纠纷，但最终达成一致意见，没有出现工业行动的激烈对抗事件。第二种，双方大矛盾，产生激烈对抗结果。双方矛盾与纠纷巨大，互不相让，出现“工业行动”的激烈对抗事件。

无论是资方还是劳方，人们内心深处都希望企业发展壮大，财源滚滚，都不愿看到“工业行动”，这是人心向善的本性所决定的必然的情感与思想，劳资双方均在这种情感与思想的支配下，双方协商谈判结果必然是小纠纷和谐结果居多，而大矛盾激烈对抗结果为少数。董事会中劳资双方董事协商决定职工工资的机理与结果也是如此。暂且假设小纠纷和谐结果的几率为90%、大矛盾激烈对抗结果的几率为10%。[①]“一步完成法”的结果是90%的几率为小纠纷和谐结果和10%的几率为大矛盾激烈对抗结果。

“两步完成法”的结果是99%的几率为小纠纷和谐结果和1%的几率为大矛盾激烈对抗结果。如果第一步双方达成一致意见并完成工资制度草案，第二步董事会环节可能会对草案进行微调，但决不会将第一步形成的小纠

① 90%与10%被80%、20%或70%、30%代替，均是“两步完成法”比“一步完成法”具有优势。根据西方国家劳资协商谈判的现状，列举的90%与10%为定性说明问题之用，并非精确统计定量之用。

纷和谐结果扭转180度引向大矛盾激烈对抗方向，第二步最终结果必然是小纠纷和谐结果，不发生激烈对抗。如果第一步双方没有达成一致意见，表明双方矛盾很大、纠纷很大，很有可能向工业行动方向发展。根据第二步90%的几率为小纠纷和谐共处与10%的几率为大矛盾激烈对抗的机理，第二步将第一步双方紧张的状态挽回、拉回至小纠纷和谐结果的几率为9%（10%×90%），第二步没有将第一步双方紧张的状态挽回、拉回至小纠纷和谐的状态，即大矛盾激烈对抗结果的几率为1%（10%×10%）。

“两步完成法”发生激烈对抗的几率为1%，而“一步完成法”发生激烈对抗的几率为10%，前者发生激烈对抗的几率远远小于后者。“两步完成法”中的第一步协商谈判会起草工资制度，相当于“一步完成法”的全部，职工工资制度出台环节增加一个，就意味着增加一个向好的途径。如同单位内部其他制度的讨论、企业内技改方案的研究与设计，随着讨论、研究次数和时间的增加，方案只会更加合理。

董事会、监事会结构如图5-5所示，由三个群体构成：董事长群体A（或实际控制人）、其他股东董事群体（或监事会）B和经营工作人员群体M。董事长群体A由执行股东董事a1和非执行股东董事a2组成；其他股东董事群体B由执行股东董事b1和非执行股东董事b2组成；m为职工董事；经营工作人员群体M由职工董事m、执行股东董事a1和执行股东董事b1组成。执行股东董事a1、执行股东董事b1是双重身份，但a1与b1不是职工董事。

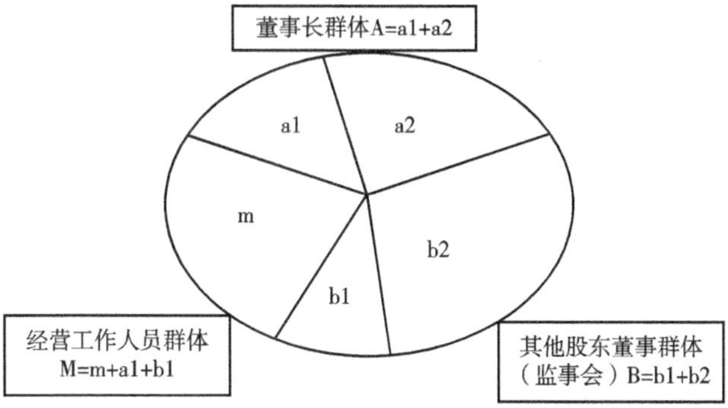

图5-5　董事会、监事会结构图

如果g1被选为董事长，g2在公司内任职，则a1由g1和g2两人组成，a2由g3和g4两人组成，董事长群体A共4人。如果g5和g8在公司内任职，则b1由g5和g8两人组成，b2由g6、g7、g9、g10、g11、g12 6人组成，其他股东董事群体B共8人。如果b1为零，其他股东董事群体中没有人在公司内任职，则b2为8人。

2.制衡制度设计

（1）职工董事m拥有与股东董事相同的一人一票表决权。职工董事由职工代表选举产生，职工代表由职工选举产生。职工董事以及职工代表中高层、中层和基层人员比例，按照与职工实际人员比例相符的原则来确定。该制度设计借鉴于德国1976年的《共决法》第11条：在监事会中的雇员代表，工人、职员和上层高管人员都必须拥有同其在雇员中人数相等比例的代表。[①]7名职工董事，高、中、基层职工分配比例无非有以下三种情况：1—3—3；1—2—4；2—2—3。何种分配办法科学、合适，不同的公司差别很大，宜根据公司实际情况来定，故由股东大会确定为宜。

（2）监事会按照董事会“三除”制度组建。如果g1被选为董事长，那么董事会全体成员除去董事长g1、除去与董事长同一来源的董事（g2、g3、g4）、除去职工董事m的人员组成监事会，即图5-5中其他股东董事群体B同时也是监事会。如果g5被选为董事长，那么董事会全体成员除去董事长g5、除去与董事长同一来源的董事（g6、g7）、除去职工董事m的人员组成监事会。监事会成员列席董事会会议且拥有董事会一人一票表决权，即监事会B成员为双重身份，既为董事又为监事。只有监事会成员有权利参加监事会会议。

（3）只有董事会有权利制定公司职工（包括总经理）聘任、解聘制度以及职工薪酬方案，监事会B拥有职工聘任、解聘制度的否决权；职工董事m拥有董事会通过的职工薪酬方案的否决权；监事会B拥有职工董事m否

① 孟钟捷：《20世纪德国企业代表会体制演变研究》，人民出版社2016年版，第242页。

决案的否决权；董事会拥有职工聘任权，监事会B无职工聘任权；董事会与监事会B同时拥有任一职工的解聘权；董事会与监事会B同时拥有查账的权利，且监事会B拥有独立查账的权利。董事会与监事会B均无权利解聘职工董事的董事职务，只有职工代表会议有权利选举、更换职工董事。

（4）董事会采用“过半数”原则通过决议；职工董事m和监事会B行使否决权，以及监事会B解聘职工时，采用“过三分之二”原则通过决议。

（5）董事长由董事会选举产生，且只能在大股东董事中产生；监事会主席由监事会全体在监事会成员中选举产生。第一大股东是实际控制人，普遍存在超额收入的现象。大股东董事皆有机会担任董事长，能够时刻警示第一大股东：“我如果侵占其他人的正当利益，势必将失去董事长资格。”这使第一大股东不得不打消侵占其他股东正当利益的想法。此举措能有效约束第一大股东的行为，高效的权力约束机制是阻断腐败现象的有效措施。

（6）股东大会决定董事薪酬，董事会决定董事长和监事会主席薪酬，职工董事享受董事薪酬，监事会B成员不单另享受“监事薪酬”。董事长和监事会主席分别是位居一、二的董事会的两名领导，当董事长因为婚丧嫁娶等暂不能主持董事会会议时，由监事会主席主持董事会会议。没有必要设副董事长。

董事长和监事会主席是董事会两个核心人物，股东大会并不准确知晓他俩对公司的实际贡献，只有董事会才清楚他俩的实际业绩，故由董事会决定他俩的薪酬为宜。董事长的薪酬由监事会主席主持的董事会会议决定，董事长需要回避会议；监事会主席的薪酬由董事长主持的董事会会议决定，监事会主席需要回避会议。

（7）只有董事会拥有而监事会B不拥有以下权利：召集股东大会，并向股东大会报告工作；执行股东大会决议；决定公司经营计划和投资方案；制订公司年度财务预算、决算方案；制订公司利润分配和弥补亏损方案；制订公司增加或者减少注册资本方案以及发行公司债券方案；拟订公司合并、分立、解散方案；决定公司内部机构的设置；制定公司的基本管理制度。

3.三个“1+1=1”的制衡机理

职工董事中存在一定比例的基层和中层职工，其目的和缘由主要有两项：第一，防止董事会脱离“地气”，使董事会决策准确；第二，保障基层和中层职工在董事会中应有的席位，从而保障他们的利益。

中国上市公司存在任人唯亲的董事会文化[①]。目前中国股份有限公司普遍存在董事长优先聘用、提拔其裙带人员之现象。当董事长兼职总经理时，出现不能胜任总经理职务的情况时，董事长群体A和经营工作人员群体M不会主动也不能顺利解聘总经理，但监事会B可以单独不受约束解聘总经理职务，可以确保总经理尽职尽责。而监事会B无权罢免董事长，只有董事会才有权罢免董事长。监事会B拥有职工聘任、解聘制度的否决权以及可以单独解聘任一职工的权利，可以有效阻止董事长优先聘用、提拔其裙带人员之现象，实现不称职的人员得不到聘任和晋升，使全体职工忠于职守、尽职尽责和胜任工作。

关于董事会“过三分之二”原则通过决议还是“过半数”原则通过决议，考虑前者出现久议不决的现象多于后者，为提高效率防止决议难产，所以董事会宜采用“过半数”原则通过决议。

职工董事m人数7人，监事会B实际人数在5—8人，人数均较少，“过三分之二”原则通过决议与“过半数”原则通过决议，后者出现草率行使否决权的现象多于前者。为了职工董事m和监事会B严肃认真行使否决权以及监事会谨慎解聘职工，所以规定：职工董事m和监事会B行使否决权，以及监事会B解聘职工，采用“过三分之二”原则通过决议。如果采用“过三分之二”原则通过决议仍有较多的草率行为，可将“过三分之二”提高到“过四分之三”“过五分之四”，甚至提高到“过全票通过”来解决，这个议题需要在实践的过程中不断完善。

董事薪酬由股东大会决定，如果董事会自己决定自己的薪酬，必然大

① 郑志刚、刘小娟、张浩、侯文轩：《社会连接视角下的“中国式”内部人控制问题研究》,《经济管理》2021年第3期。

发薪水，必然损害股东的利益。职工董事既承担公司内具体某项工作，同时承担参与董事会会议的工作，干两份工作就应当挣两份钱，职工董事享受董事薪酬。此举具有显著的正面导向和激励作用，优秀工作者进入董事会是一种很大的荣誉，引导职工尽职尽责、忠于职守，从而提高企业凝聚力。

（1）第一个“1+1=1”：a2+b2=m或A+B=M，全体股东董事联手无法侵占职工的应得收入。

董事会作出决议采用“过半数”通过原则。职工董事m存在希望不合理高薪的倾向，非执行股东董事a2和b2存在给职工不合理低薪的倾向。当股东董事共同联手给职工不合理低薪时，职工董事必然积极反抗并捍卫自己的合理薪酬，但由于全体股东董事占据61.8%的席位超过半数，以及非执行股东董事a2+b2之和可能大于50%，使职工不合理低薪方案仍然可能通过，职工工资收入并不必然处于合理状态。所以职工董事m必须拥有一个职工薪酬方案的否决权，从而保证职工工资收入处于合理状态。当非执行股东董事a2+b2利用可能超过半数的优势强行通过职工不合理低薪方案时，职工董事m可以利用否决权及时修正不合理低薪方案。

当薪酬方案被职工董事m否决后，由监事会B审核职工董事m否决案合理与否。如果监事会B否决了职工董事m的否决案，董事会通过的职工薪酬方案则依然有效。如果监事会B没有否决职工董事m的否决案，则表明职工薪酬的确偏低，非执行股东董事a2+b2必须向职工董事m作出让步，董事会必须重新制订职工薪酬方案，直至非执行股东董事a2+b2与职工董事m达到一种平衡状态，从而使《劳动合同法》等法律中“职工与企业平等协商”的相关条款变成劳资双方事实上的真正平等协商，从而确保职工应有的合理薪酬。

当职工董事m过度使用薪酬方案的否决权从而实现不合理的高薪时，监事会B拥有职工董事m否决案的否决权，从而捍卫资方应有的利益。制度设计赋予职工董事m拥有职工薪酬方案的否决权，必须同时赋予监事会B拥有能够对峙职工董事m否决权的权利，从而实现非执行股东董事a2+b2与职工董事m达到一种制衡状态，从而实现劳资双方各自获得应该拥有的收入。资本要素拥有61.8%的收入分配权，劳动要素拥有38.2%的收入分配权，他们之间无法互相侵占对方的权力大小，无法“大欺小”同时也无法“小欺大”，是一种大与小之间的制衡机制。实现第一个“1+1=1”，即a2+b2=m。等号之意义是等号前的两方无法联手侵占等号后第三方的正当利益，即无法“2打1”；等号前部分与等号后部分处于制衡状态。

执行股东董事a1和b1为双重身份，是职工董事m与非执行股东董事a2+b2之间信息沟通与利益平衡的“桥梁”，能起到一定的提高整体的凝聚力以及平衡利益的作用。执行股东董事a1+b1在职工董事m与非执行股东董事a2+b2之间大多保持中立，所以a2+b2=m也意味着A+B=M。

（2）第二个“1+1=1”：A+m=b2或A+M=B，实际控制人与职工联手无法侵占其他股东的应得收入。

没有会计人员的签字和操办，企业资金无法转出和转入；没有销售部经理的签字，销售合同无法产生，产品无法出库和售出。董事长群体A无法依靠自身的力量单独完成不公正的关联交易损害其他股东董事群体B的正当利益，董事长群体A必须与部分职工联手通过暗箱操作才能损害其他股东董事群体B的正当利益。监事会B拥有的独立查账权和解聘任一职工的权力，可以通过随时解聘参与的职工，来即刻斩断这种损害其他股东董事群体B正当利益的行为，其他股东董事群体（监事会）B的正当利益能够得到有效保障。经营工作人员群体M参与这种不正当的损害行为，直接面临被监事会B单独随时解聘的可能和风险，由于成本和风险很大，决定了他们不会轻易参与此种不正当的损害行为，从而实现第二个“1+1=1”，即A+m=B或A+M=B。

（3）第三个“1+1=1”：B+m=A或B+M=A，其他股东与职工联手无法侵占实际控制人的应得收入。

如果监事会B以解聘职工在公司内的工作岗位来要挟、强迫部分职工损害董事长群体A的正当利益，以下三个原因决定监事会B与部分职工联手来损害董事长群体A的正当利益的行为不会发生：第一，由于董事长群体A在董事会中拥有很大的话语权，这些职工同时面临被董事会解聘的可能和风险，职工不会轻易参与这种不正当行为；第二，企业的高管人员大多由董事长群体中的a1担任，高管人员可以随时调离这些职工在企业内的工作岗位来捍卫董事长群体A的正当利益；第三，监事会B外表是一个小集体，但是由不同的股东董事组成，没有永恒的朋友、没有永恒的敌人，只有永恒的利益，各打各的小算盘，貌合神离。秦国灭掉晋国意味着秦国也会灭掉我楚国，楚国帮助晋国灭掉秦国也意味着晋国当老大后也会灭掉楚国。第二大股东损害第一大股东的正当利益，必然意味着第二大股东董事担任董事长后会损害我第三大股东的正当利益。与春秋战国时代六国没有真正形成合力阻挡秦国的强大一样，监事会不能真正形成合力损害董事长群体A的正当利益，从而实现第三个“1+1=1”，即B+m=A或B+M=A。

4.三个“1+1=1”的制衡机制实现“三方一圆”

上述制度的设计，使董事会中的三个小群体互相约束并制衡，任何两个小群体联手无法损害第三个小群体的正当利益，每一个小群体都会打消损害其他群体正当利益的想法和行为，属于每一个小群体的收入均会进入自己的口袋。董事会形成一个三足鼎立的结构，同时又是一个有机的整体，存在三个“1+1=1”的制衡机制，每一个小群体只有通过促进企业整体业绩的增长来实现自己收入的增长，大家都在为企业的壮大添砖加瓦，最终必然导致1个大圆的结果和效果，即3×（1+1=1）=1，实现“三方一圆”。

二、“三方一圆”收入分配制衡机制有利于提高企业凝聚力和国家竞争力

（一）劳资“两家人”变成“一家人”

之前劳资双方“两家人”的性质与“三方一圆”机制下的“一家人”的性质存在天壤之别，人与人之间真正的互相尊重与表面上的尊重完全是两种截然不同的味道和感觉。“一家人”是共患难的机制，企业困难时，员

工不会轻易离开企业，而是会想方设法与老板共渡难关，显然有利于企业渡过难关；否则，仅凭老板一人孤军奋战，未必可以顺利渡过难关。企业是在困难时破产的。之前是“两家人”的关系，表面上员工尊重老板，其内心并非真正尊重，甚至有些员工时不时地在背地里搞点小动作，不是利益共同体的本质决定了企业困难时员工与老板共患难只是表象、绝非真心实意。真心帮助一个人的“味道”和虚情假意帮助一个人的“味道”迥异。

（二）“三方一圆”机制有利于减少控制权争夺

现实中有关控制权争夺的案例数不胜数，中国也不乏控制权争夺的案例。近几年，中国的典型案例有雷士照明和深万科。在控制权争夺的过程中，各方利益都不免会受到伤害，于人于己于公司均无益处。[①]公司控制权争夺，不论是股东之间的争夺，还是股东与职工之间的争夺，均是内耗和内讧，只能降低企业的凝聚力、竞争力。人们的私利欲望无穷尽，只要存在侵占其他群体的正当利益的可能和机会，必然存在不合理的权利争夺；只有大股东、中小股东和职工均无法侵占其他群体的正当利益，属于任一方的利益均能足额进入自己的口袋，不合理的控制权争夺之现象才会大幅减少。“三方一圆”机制，使任何一方的正当利益不会被其他两方联手侵占，担任董事长以及绝对控股不会给自己带来额外的益处，这势必减少人们对公司控制权的争夺。

（三）“三方一圆”机制杜绝实际控制人攫取超额收入现象，增强公司凝聚力

1987年，任正非同其他几位合伙人共同投资成立深圳市华为技术有限公司，当时注册资本只有2万元。经过30多年的努力，华为从一家名不见经传的、只能做小型模拟交换机代理的代理商发展成了一家超大型的知名跨国集团公司。华为重视研究与创新，2023年研发投入达到1647亿元人

---

① 谢志华：《公司控制权的本质》，《北京工商大学学报（社会科学版）》2019年第5期。

民币，占全年收入的23.4%，十年累计投入的研发费用超过1.11万亿元人民币。[①]任正非在不断缩减自己的持股比例，2020年其持股比例首次低于1%，从任正非持股及分红比例逐渐降低的变化趋势中可以看出，华为是一家“以人为本”的企业。为了让付出努力的员工得到更多的回报，任正非宁愿少拿钱。华为租用当地最安全、最好的公寓提供给员工住宿。华为工资薪金及其他福利支出逐年增加，从2016年的941.79亿元增加到2020年的1390.95亿元，每位员工的平均工资从50多万元涨到70多万元。[②]

2000年，互联网泡沫破裂，互联网公司哀鸿遍野，很快传导到无线通讯领域，各巨头为了活下去大打价格战，华为也不得不跟着降价。2001年2月，任正非写了《华为的冬天》一文，预警华为的冬天在未来2—3年到来。到了2002年，全球IT业的泡沫已经吹破，IT业最严酷的寒冬到来。2002年，华为产品价格降幅超过20%，销售收入首次出现负增长，净利润不到上一年度的一半。2003年春节结束后开始上班的第一天，华为总监级以上的干部共454人向人力资源部递交了自愿降薪10%的申请。随后科级以上干部纷纷响应，表示愿意降薪，与公司风雨同舟、共渡难关。公司最终同意了干部的这种自愿降薪申请行为，但是自愿降薪只限于总监级以上行政主管。业务专家、骨干都不在此列。相反，对于绩效出众、职业化技能不断提升的优秀员工，还是依照原来的制度涨了工资，目的是确保自愿和公平。[③④]华为上下一心、共患难的企业文化和机制使华为成功渡过了2002—2003年的困境。若仅凭任正非一人单枪匹马，则未必能够顺利渡过当时的困境。华为之所以拥有共患难的企业文化和机制，深层次的根源是华为坚持“钱散人聚”的理念。“钱散人聚”不是仅仅停留在口号上，而是实际做

① 《华为发布2023年年度报告：整体经营情况符合预期》，www.huawei.com/cn/news/2024/3/huawei-annual-report-2023。

② 朱翠娇、张颖超：《华为公司的股东、管理层和职工收入结构研究》，《中国集体经济》2023年第11期。

③ 沈方楠：《华为28条军规——任正非的管理哲学》，中国法制出版社2015年版，第199页。

④ 卓雄华、俞桂莲：《股动人心》，中信出版集团2022年版，第37页。

到了“钱散人聚”，企业给职工很高的待遇，没有实际控制人攫取超额收入现象，应当归属于职工和其他股东的收入没有被任正非侵占。

任正非的脾气很火爆，常看到一些干部被他严厉训斥得狗血淋头。[①]但任正非高风亮节，没有将其他股东以及职工的应得收入装入自己的口袋，给职工很高的待遇，不存在实际控制人获得超额收入的现象。大伙虽然被他严厉训斥也愿意追随他，他是一位京剧中关云长侠肝义胆的“红脸汉”，不是曹孟德狡猾奸诈的“白脸汉”。华为没有实际控制人超额收入的现象，才有了股东之间以及劳资双方之间很好的凝聚力和团结的局面，企业才能够创造出巨大的收入，企业才能够投入巨额资金用于研发，才能掌握核心技术。

华为投入巨资用于研发是掌握核心技术的表象，是直接原因，企业内部很好的凝聚力才是华为快速壮大的根本，企业内不存在实际控制人超额收入现象则是形成企业凝聚力的前提条件。人心齐，泰山移。大伙齐心协力，核心技术才能被攻破，新产品才能不断问世，企业利润必然随之增加。如果任正非将属于其他股东以及职工的收入装进自己的口袋，那么企业内部必定人心涣散、四分五裂；不团结必定祸起萧墙，必定无法创造出巨大财富和收入，可用于研发的资金必定捉襟见肘。人心散发展慢，甚至可能破产弥孙散。

实际控制人的权力不受制约必然存在超额收入现象。高风亮节之士少之又少，企盼每一位民营企业老板视钞票如粪土纯属妄想，资本的贪婪本性决定大多数人会想方设法多吃多占。只有法律制度的强制性，通过其他股东以及劳动要素的权力来制约实际控制人的权力，且达到制衡状态，才有可能杜绝实际控制人超额收入的现象。“三方一圆”的收入分配制衡机制设计可以轻松地杜绝实际控制人超额收入现象，虽然不能使中国的民营企业个个成为华为，但是能够使它们在华为的成长轨道上快速成长壮大。

① 李洪文、[英]大卫·德克莱默、田涛：《任正非的思想魅力》，《资本市场》2016年第2期。

（四）“三方一圆”机制使董事会接“地气”，提高决策准确性

劳资双方每年召开12—24次经营发展讨论会，董事会中职工占据38.2%的席位并拥有38.2%的决策权和收入分配权，劳资双方之间有顺畅的信息沟通渠道；高、中、基层职工董事比例按照职工实际状况来确定，董事会不仅有“司令”，还有“士兵”，天地相连，上下气息相通，董事会没有脱离“地气”，紧贴“地气”必定有利于提高决策准确性。如果天地不相连，中间出现断裂，没有根基的董事会决策必定不准确。之前中国的公司治理，董事会将基层职工排除在外，严重违背中国共产党的实事求是、群众路线的法宝。基层职工进入董事会并拥有决策权，是实事求是、群众路线法宝在公司治理中的具体运用。

（五）在收入初次分配中，“三方一圆”机制实现每一要素均能获得应有收入

企业的所有权归属股东或资本所有，但是企业创造的财富和收入由劳动、资本、技术和管理等生产要素共同拥有，其中劳动和资本是最主要的两个要素。劳动要素和资本要素拥有实质性的收入决定权，且两者权力分配适当，并且互不侵占对方的应有权力，则可实现劳动要素和资本要素分别得到应有收入。

“三方一圆”的制衡机制，在董事会中股东、职工董事分别占据61.8%和38.2%的席位，分别拥有61.8%、38.2%的决策权和收入分配权，且互相无法侵占对方的权力，处于一种制衡状态。董事会决定职工薪酬方案，职工董事m拥有一个职工薪酬方案的否决权，监事会B拥有职工董事否决案的否决权，股东拥有且只拥有61.8%的收入决定权，职工拥有且只拥有38.2%的收入决定权，股东董事无法剥夺职工董事应有的收入决定权，职工董事也无法剥夺股东董事应有的收入决定权，实现股东和职工分别能够足额获得他们应有的收入。股东代表维护资本要素的收入，职工代表维护劳动要

素的收入，资本和劳动要素分别足额拥有他们应有的收入决定权，且不会被对方剥夺，从而实现资本和劳动要素分别能够足额获得他们应有的收入。

职工董事中高层、中层和基层人员比例，依据与职工实际人员比例相符的原则来确定。中层和基层职工在董事会中占据应有的席位，他们拥有应有的决策权和收入决定权，他们的利益能够得到有效保障。

职工通过技术和管理的途径，对企业做出贡献，创造出财富和收入。职工董事在董事会中拥有实质性的决策权和收入决定权，职工的技术要素和管理要素的应得收入也能得到保障。

股东不分民族、种族、国家，每一位大股东分别以每10%持股量各自直接派出一名董事，这是绝对公平的举措。外国资本在董事会中占据应有的席位，他们的应得收入也能得到保障。

习近平总书记指出："优化分配结构，发展壮大中等收入群体，有利于增强高质量发展的内生动力，是畅通国民经济循环的一个关键环节。要坚持按劳分配为主体、多种分配方式并存，提高劳动报酬在初次分配中的比重，健全工资合理增长机制，探索通过土地、资本等要素使用权、收益权增加中低收入群体要素收入，切实保障劳动者待遇和权益，不断壮大中等收入群体。"① "三方一圆"的制衡机制能够实现每一要素全部足额拥有自己应有的收入决定权，劳动者的应得收入能够得到有效保障，每一群体以及每一要素均能足额获得他们的应得利益和收入，任一群体的利益不会被其他群体剥夺，这样的机制是社会主义人人平等的核心价值观在财富和收入分配环节的要求和体现，是实现共同富裕的前提和基础。

（六）中国不"排外"，外资大举进入中国，可以促进经济增长

目前，全世界的公司治理，都存在一定的"排外"现象，外国股东在董事会中没有足额占据应有的席位，外国股东的部分应得收入被东道国股

① 《习近平关于尊重和保障人权论述摘编》，中央文献出版社2021年版，第58—59页。

东侵占，“排外”现象违背公平原则，不利于资本的高效流转，不利于全球经济的发展。

2017年，习近平主席在联合国日内瓦总部发表演讲，提出中国政府构建人类命运共同体的主张。他指出：“在联合国、世界贸易组织、世界卫生组织、世界知识产权组织、世界气象组织、国际电信联盟、万国邮政联盟、国际移民组织、国际劳工组织等机构，各国平等参与决策，构成了完善全球治理的重要力量。新形势下，我们要坚持主权平等，推动各国权利平等、机会平等、规则平等。”[①]2018年，习近平总书记指出：“中国人民将继续与世界同行、为人类作出更大贡献，坚定不移走和平发展道路，积极发展全球伙伴关系，坚定支持多边主义，积极参与推动全球治理体系变革，推动建设新型国际关系，推动构建人类命运共同体。无论中国发展到什么程度，我们都不会威胁谁，都不会颠覆现行国际体系，都不会谋求建立势力范围。中国始终是世界和平的建设者、全球发展的贡献者、国际秩序的维护者。综合研判世界发展大势，经济全球化是不可逆转的时代潮流。正是基于这样的判断，我在中共十九大报告中强调，中国坚持对外开放的基本国策，坚持打开国门搞建设。我要明确告诉大家，中国开放的大门不会关闭，只会越开越大！”[②]

中国的大门越开越大的基本国策、合作共赢的理念和机会规则平等的原则，要求中国《公司法》出台世界上最公平的制度：股东不分民族、种族、国家，每一位大股东分别以每10%持股量各自直接派出一名董事，全体小股东以其持股总量按每10%持股量选派一名董事。中国绝不“排外”，绝不挤占外国资本的收入决定权和财富，外国资本的应得收入会足额进入他们的口袋。这样的公平制度是大国担当的具体表现，是中华民族五千年文明的魅力在财富和收入分配环节的体现。丘吉尔有一句名言：你塑造房子，然后房子塑造你。如果中国《公司法》率先在世界上出台这样的制度，

① 《习近平著作选读》（第二卷），人民出版社2017年版，第539页。

② 《习近平著作选读》（第三卷），人民出版社2020年版，第194页。

是彰显中国合作共赢理念的强力证据和切实举措，外国资本会向往中华大地，它们会加快步伐进入中国并大量投资，势必促进经济的发展。

（七）“三方一圆”机制有利于提高国家竞争力

企业是组成国家肌体的重要细胞，每一细胞的强大势必成就国家的强大。企业竞争力是国家竞争力的主要组成部分，“三方一圆”的制度设计提高企业凝聚力和竞争力，国家竞争力随之得到增强和提高，国家经济增长速度势必提高。

（八）“三方一圆”机制有利于缩小贫富差距

托马斯·皮凯蒂在《21世纪资本论》中，用海量数据证明了贫富差距扩大的内在原因：私人资本收益率大于经济增长率。“三方一圆”的机制消灭了股东之间的收入侵占，消灭了资本要素侵占劳动要素应得收入的权力，斩断了实际控制人超额收入现象，私人资本收益率必然降低。企业竞争力、国家竞争力的提高，经济增长率势必提高。私人资本收益率大于经济增长率的不等式被打破、改变，必然有利于缩小贫富差距。

“三方一圆”的收入分配制衡机制是对德国劳资共决制的发展和完善，较好地解决了劳资谈判的缺陷。劳资双方每年召开12—24次经营发展讨论会，能够使股东及时掌握公司存在的问题并及时解决，从而提高公司决策准确性，并有利于引导劳资双方向“一家人”的氛围发展。“三方一圆”机制使劳资双方变成事实上的真正平等协商，职工拥有38.2%的决策权和收入分配权，从而确保职工应有的合理收入。“三方一圆”机制使任何一方的正当利益不会被其他两方联手侵占，杜绝实际控制人超额收入现象，企业内讧、内耗必然减少，大伙齐心协力，增强了凝聚力，企业竞争力必然同步增大，国家竞争力随之强大。该机制确保在财富和收入初次分配环节，每一要素均能足额获得他们的应得利益和收入，有利于早日实现共同富裕。

第六章

Chapter 6

“公地悲剧”治理之道

第一节　中国国有企业发展历程

发展壮大国有企业和国有经济，不仅是一个经济课题，更是一个重大的政治课题。中国政府坚持国有企业在国家发展中的重要地位不动摇，坚持中国共产党的领导，坚决抵制“私有化”“去国有化”“去主导化”等错误思想言论，保持清醒头脑，坚持稳步改革推进，遵循市场经济规律和企业发展规律，坚持建设现代企业制度的方向，经过不懈努力、探索，经历股份制改革和混合所有制改革，逐渐形成中国特色现代国有企业制度，实现了国有企业做大做强。

一、中国国有企业改革历程

1978年12月，党的十一届三中全会召开以后，中国拉开了改革开放序幕。国有企业从此也走上了改革探索之路。纵观中国国有企业改革40余年的发展历程，共经历了以下四个阶段。

（一）第一阶段（1979—1984年），对国营企业放权让利

在1978年改革开放以前，国家实行计划经济，政府对国营企业实行计划管理，物资统一调配，产品统收统销，就业统包统揽，盈亏由国家负责，国营企业没有经营自主权，国营企业是政府部门的附属物，企业产供销、人财物完全由国家计划管理。

改革开放之初，政府只是对国有企业进行了部分放权让利，逐渐调整利益关系，国有企业没有成为真正的市场主体。1979年7月国务院发布了《关于国营企业实行利润留成的规定》，出台了一些松绑、扩权、留利的政策措施，并在一些地区挑选了一批企业开展试点。1981—1982年，开始试行工业经济责任制，实行利润留成、盈亏包干。1983—1984年，开展了利

改税、拨改贷改革。利改税把原先企业应上缴利润改为税收形式，调整了国家和企业的分配关系。利改税改革分两步完成：第一步，1983年对盈利的国营企业征收所得税，其余利润上交国家财政；第二步，1984年10月起将原来上缴财政改为按11种税种向国家纳税，利税并存逐渐过渡到以税代利。同时1983年开始拨改贷，国家对新设国有企业或国有企业的新上项目，不再提供资本金，改为全部由企业贷款。

国家对国有企业放权方面出台的主要法规有：1979年国务院制定的《关于扩大国营工业企业经营管理自主权的若干规定》，1981年制定的《国营工业企业职工代表大会暂行条例》，1982年制定的《国营工厂厂长工作暂行条例》，1983年制定的《国营工业企业暂行条例》，1984年制定的《关于进一步扩大国营工业企业经营管理自主权的暂行规定》等，这些规定，将生产经营计划、产品销售、产品价格、物资选购等权力向企业逐渐下放。这一阶段是改进了的计划经济理论指导下的国有企业扩大自主权。

（二）第二阶段（1984—1993年），国有企业的两权分离

1984年10月，党的十二届三中全会通过《关于经济体制改革的决定》，提出中国社会主义经济是有计划的商品经济，认为计划和市场是内在统一的，提出“国家调节市场，市场引导企业”的指导方针。这个理论把国有企业定义为相对独立的商品生产者和经营者，国有企业必须要实行两权分离：所有权和经营权的分离。国有企业改革重点是通过两权分离转换企业内部经营机制、增强企业活力，使企业逐步成为真正的市场主体。

1986年，全国人大通过《中华人民共和国民法通则》，以民事基本法的形式第一次规定了企业法人制度，确立国有企业的法人实体地位。

1986年12月，国务院颁布了《关于深化企业改革增强企业活力的若干规定》，提出所有权与经营权分离。对于全民所有制小型企业，可以试行租赁、承包经营；对亏损、微利的中型企业，可以进行租赁、承包试点；对中大型企业，可以进行经营责任制和股份制试点。1987年年底实行承包经营责任制的全民所有制企业占企业总数的83%，到了1988年年底，这个比

例扩大到了90%以上。

1988年2月27日，国务院发布了《全民所有制工业企业承包经营责任制暂行条例》，同年4月13日，第七届全国人民代表大会第一次会议通过了《中华人民共和国全民所有制工业企业法》，对企业法律地位、两权分离、企业权利义务、承包制、租赁制、企业自主权、厂长负责制及企业党组织的作用和地位、职工民主管理形式等进行了规范。

1992年，推广徐州“破三铁”的经验，即打破“铁饭碗”“铁工资”“铁交椅”，对国有企业开展内部的三项制度（劳动用工制度、收入分配制度、干部人事制度）改革，拉开了国有企业内部改革的序幕。

1992年7月，国务院颁布《全民所有制工业企业转换经营机制条例》，明确规定了14项企业经营自主权。

（三）第三阶段（1993—2003年），国有企业的制度创新

1992年10月，党的十四大明确提出中国经济体制改革的目标是建立社会主义市场经济体制。

1993年11月，党的十四届三中全会通过《关于建立社会主义市场经济体制若干问题的决定》，进一步明确国有企业改革的基本方向是：建立适应市场经济要求，产权清晰、权责明确、政企分开、管理科学的现代企业制度。

1994年，国家进行百户现代企业制度试点。

1995年，党的十四届五中全会提出“抓大放小”，扶优扶强。

1997年9月，党的十五大进一步提出：要调整和完善所有制结构，探索以公有制为主体的多种实体形式。

1998—2000年，国有企业实施了改革脱困3年攻坚，通过债转股、技改贴息、政策性关闭破产等一系列政策措施，减轻企业负担，推动企业技术进步和产业升级，促进国有企业的优胜劣汰，实现了国有企业的整体扭亏为盈。

1999年9月，党的十五届四中全会发布《中共中央关于国有企业改革和

发展若干重大问题的决定》，按照现代企业制度的要求，中央和地方选择了2500多家国有企业开展了公司股份制改革。

2003年10月，党的十六届三中全会通过《中共中央关于完善社会主义市场经济体制若干问题的决定》，提出股份制是公有制的主要实现形式，要建立“归属清晰、权责明确、保护严格、流转畅通”的现代产权制度。

（四）第四阶段（2003年至今），国资监管和分类改革

2003年3月，国资委成立。同年5月，国务院发布了《企业国有资产监督管理暂行条例》，明确了新的国有资产管理体制，规定了国有资产监督管理机构作为政府特设机构的性质和主要职责。

国资委成立后，国有企业改革向纵深发展，对国有经济布局进行战略性调整，实施国有经济“有进有退，有所为有所不为”的方针，使中国国有经济向关系国民经济命脉的重要行业和关键领域集中。中央企业80%以上的资产集中在石油石化、电力、国防、通信、运输、矿业、冶金、机械行业，在经济发展中发挥了“骨干”作用。

2007年，党的十七大报告提出，以现代产权制度为基础，发展混合所有制经济。

2013年，党的十八届三中全会通过了《中共中央关于全面深化改革若干重大问题的决定》，中国国有企业改革进入全面深化阶段。深化国企改革就是要使市场对资源配置起决定性作用，把国有企业打造成为完全独立的市场主体，推进国有企业与市场经济深度融合。同时，国资管理体制相应地进行改革，国资监管以管资本为主。

2015年，《中共中央、国务院关于深化国有企业改革的指导意见》《国务院关于国有企业发展混合所有制经济的意见》出台，明确在坚持公有制主体地位、发挥国有经济主导作用的基础上，分类、分层推进国有企业混合所有制改革，提高国有资本配置和运行效率，优化国有经济布局，增强国有经济活力、控制力、影响力和抗风险能力，主动适应和引领经济发展新常态；促进国有企业转换经营机制，放大国有资本功能，实现国有资产

保值增值，实现各种所有制资本取长补短、相互促进、共同发展，夯实社会主义基本经济制度的微观基础。

2016年10月，习近平总书记在全国国有企业党的建设工作会议上发表重要讲话，明确提出要建立中国特色现代国有企业制度，把党的领导融入公司治理各环节，把企业党组织内嵌到公司治理结构之中，明确和落实党组织的法定地位。

2017年4月，国务院办公厅发布《关于进一步完善国有企业法人治理结构的指导意见》，明确了党组织在国有企业中的领导核心和政治核心地位，以及“把方向、管大局、保落实”的重要职能，在推进国有企业公司制改革、建立国有企业法人治理结构的过程中，要坚持党的领导，把加强党的领导和完善公司治理统一起来。

2020年12月，国务院国资委与财政部联合发布了《国有企业公司章程制定管理办法》，明确国有企业公司章程的制定管理要坚持党的全面领导。

2021年，中共中央印发了《关于中央企业在完善公司治理中加强党的领导的意见》。《中国共产党组织工作条例》指出：“中央企业党委（党组）是党的组织体系重要组成部分，在公司治理结构中具有法定地位，在企业发挥把方向、管大局、促落实的领导作用，明确了中央企业党委（党组）在决策、执行、监督等各环节的权责和工作方式。”

二、国有企业劳动用工制度

中国国有企业劳动用工制度与国企改革进程密切相关，并随改革进程而不断发展，逐渐适应市场经济的内在要求。

（一）计划经济体制下的固定工阶段（1949—1978年）

改革开放前，国营企业实行“充分就业”“统包统配”的用工制度。劳动者一旦经国家各级劳动人事部门正式分配、安排招收录用到国营企业事业单位工作，便终身为国家职工，职工不会失业并享受国家提供的福利保障。这种机制使国营企业管理者和劳动者缺乏积极性，企业负担过重，没有创新和活力，生产效率低下，经济发展缓慢展。

（二）多渠道用工的固定工制（1978—1984年）

1978年拉开改革开放大幕，用工制度发生改变。在政府统筹规划和指导下，实行劳动部门介绍就业、自愿就业和自谋职业相结合的“三结合”方针。1983年出台的《关于招工考核择优录用的暂行规定》对招工范围、考核的内容、择优的标准、录用审批等做出了规定。《关于企业职工要求“停薪留职”问题的通知》（1983年）允许职工“停薪留职”从事个体经营活动。这些政策没有根本改变国营企业用工模式，劳动者对国家和企业的依附关系仍没有得到根本改变。

（三）内部“双轨制”用工阶段（1984—1993年）

国家陆续发布了《关于认真执行改革劳动制度几个规定的通知》《国营企业实行劳动合同制暂行规定》《国营企业辞退职工暂行规定》《国营企业职工待业保险暂行规定》《国营企业招用工人暂行规定》等一系列政策规定。用工制度逐步从传统的固定用工模式向市场经济用工模式转变，呈现制度转轨的特征，实行内部“双轨制”：固定工与劳动合同工并存的制度。

1986年起，国营企业新招收的职工统一实行劳动合同制，以书面形式明确双方的权责利，但是原有职工仍维持原来固定工制度，因此在企业形成了内部“双轨制”的用工模式。

1992年，国家发布《关于扩大试行全员劳动合同制的通知》，推行全员劳动合同制，明确扩大全员劳动合同制的地区、企业范围。这一时期的改革劳动关系双方的利益主体身份逐渐明晰。

（四）市场化用工阶段（1993年至今）

1993年出台《中共中央关于建立社会主义市场经济体制若干问题的决定》《关于建立社会主义市场经济体制时期劳动体制改革总体设想》，1994

年出台《中华人民共和国劳动法》《关于全面实行劳动合同制的通知》。国企改革要求国有企业在各地区、各行业全面推行劳动合同制。

国有企业劳资关系由行政机制向契约方式转变，劳资关系的管理逐步纳入法制化轨道。20世纪90年代后期，部分国有企业改革实行减员增效、下岗分流，大量的劳动者解除原有的劳动关系，以临时工、劳务工、合同工等形式重新进入国有企业和其他企业就业。21世纪初国有企业引入了劳务派遣等新的用工形式。

三、国有企业领导人制度

（一）1978—1994年的国有企业领导人制度

1978年以来，国家陆续出台了《关于加快工业发展若干问题的决定（草案）》（1978年）、《国营工厂厂长工作暂行条例》（1982年）、《国营工业企业暂行条例》（1983年）、《全民所有制工业企业厂长工作条例》（1986年）、《全民所有制工业企业职工代表大会条例》（1986年）、《中华人民共和国全民所有制工业企业法》（1988年）等政策制度，逐步建立健全党委领导下的厂长负责制。

国有企业实行党委集体领导、职工民主管理、厂长行政指挥。厂长由政府主管部门委任或者以招聘方式产生，或者通过企业职工代表大会选举方式产生。厂长领导企业的生产经营管理活动，决定企业机构的设置；任免或者聘用、解除企业的中层行政领导干部；提请政府主管部门任免或者聘任、解聘副厂长。

（二）1994年至今

1994年，国家明确建立社会主义市场经济，国有企业加快建立现代企业制度，逐渐深化企业内部人事制度改革，逐步建立符合企业特点的现代企业人事制度。企业党组织发挥政治核心作用，坚持党管干部原则，推进双向进人、交叉任职，企业党委成员按照法定程序进入董事会、监事会。选人用人是党管干部和董事会选聘经营管理者相结合、组织考核和公开向社会招聘相结合的机制。2003年国资委成立后，中央企业开始国有独资公司建立和完善董事会试点等改革，并探索董事会选聘经营管理者。2015年的《国务院关于国有企业发展混合所有制经济的意见》明确落实董事会对经理层成员等高级经营管理人员选聘、业绩考核和薪酬管理等职权，通过市场化方式选聘职业经理人依法负责企业经营管理。

（三）目前国有企业领导人员构成、任用及考核评价

目前国有企业的领导人包括：设立董事会企业的董事长、副董事长、董事（不含外部董事、职工董事），总经理（总裁）、副总经理（副总裁）、总会计师；未设立董事会企业的总经理（总裁、院长、所长、局长、主任）、副总经理（副总裁、副院长、副所长、副局长、副主任）、总会计师；企业党组（党委）书记、副书记、党委常委党组成员，纪委书记（纪检组组长）。

国有企业领导人采用组织选拔、公开招聘、竞争上岗等方式；任用中央企业管理人员，采取委任制、聘任制、选任制。企业领导人员的综合考核评价，以年度考核评价为基础，考核内容有政治素质、业务能力、工作实绩、勤勉尽责和廉洁自律等。考核采用企业内部民主测评、上级管理部门评价、监事会评价等多维度途径测评。

四、国有企业薪酬制度

（一）工资制度

1985年开始在全国实施工资总额同经济效益挂钩的办法。1997年实施国有企业在国家指导线的范围内，在与经济效益挂钩的基础上可以自由调整工资的制度。2008年，国资委在部分国有企业试行工资总额预算管理制

度，将职工工资总额预算纳入企业预算管理体系中，探索由直接管理转向间接调控。2010年国资委印发了《中央企业工资总额预算管理暂行办法》，进一步规范和完善了工资总额预算管理体系。2015年国资委要求，国有企业要严格落实工资总额和经济效益挂钩的制度，企业工资总额增幅不得超过效益增幅，效益下降的企业工资总额必须下降；企业利润总额如果下降超过10%以上，职工平均工资降幅不得低于3%。

（二）高管薪酬制度

1997年开始，国有企业实行年薪制。2004年《中央企业负责人薪酬管理暂行办法》确定了中央企业负责人薪酬由基薪、绩效薪金和中长期激励三部分构成。基薪根据企业经营规模、经营管理难度、所承担的战略责任和所在地区企业平均工资、所在行业平均工资等因素综合确定。绩效薪金与经营业绩挂钩，根据考核结果，由企业一次性提取、分期兑现，绩效薪金的60%在年度考核结束后随时兑现，其余40%延期兑现。2014年《关于深化中央管理企业负责人薪酬制度改革的意见》指出："健全中央企业负责人薪酬分配的激励和约束机制；坚持分类分级管理，建立与中央企业负责人选任方式相匹配、与企业功能性质相适应的差异化薪酬分配方法；坚持统筹兼顾，形成负责人薪酬与职工之间的合理工资收入分配关系。"

（三）中长期激励制度

2006年《国有控股上市公司（境外）实施股权激励试行办法》《国有控股上市公司（境内）实施股权激励试行办法》相继出台，股权激励制度逐渐在国有境内上市企业中实施。国务院国资委2008年出台了《关于规范国有控股上市公司实施股权激励制度有关问题的通知》，就股权激励实施条件、业绩指标、激励收益等方面进行了明确规定。2010年国务院国资委出台了《关于在部分中央企业开展分红权激励试点工作的通知》，中央企业开始实施分红权激励。

（四）国有企业薪酬特点

目前，中国国有企业员工的薪酬由职务工资、级别工资、岗位工资、技能工资、绩效工资、年功工资等组成。职务工资由工作职务决定，一个职务对应一个工资标准。每一职务层次中有若干个级别，每一级别对应一个工资档次。岗位工资根据岗位责任、技能等因素确定岗位系数，作为确定岗位工资的依据。技能工资根据劳动技能的档次和等级来确定的工资。绩效工资是以对员工绩效的考核为基础，将工资与考核结果相挂钩的工资。年功工资主要根据职工逐年积累的劳动贡献来核定的一种工资形式。

高管和企业负责人大多采用基本年薪、绩效年薪及任期激励组成的年薪制。年薪制呈现低固定、高浮动的特点，浮动的绩效年薪与企业经营业绩挂钩。

国有企业改革发展逐渐探索出与市场经济相适应，具有中国企业特色的薪酬体系，职工的工资收入与企业的业绩总体相适应，避免了高管人员过度的高薪，同时能较好地激发员工的积极性。

五、国有企业股份制改革

20世纪80年代中后期，中国国有企业改革的主要方式是承包经营责任制，经济体制改革目标是建立有计划的商品经济体制，但这一时期开始了股份制改革探索，在一定范围内开展了股份制改革试点。中国国有企业股份制改革的成功探索，为后来的现代企业制度改革和混合所有制改革奠定了基础。

1984年，中国开始在国有大中型企业试点进行股份制改革，同年11月，上海飞乐音响公司向企业职工和公众发行股票，成为第一家上市公司。1986年11月14日，中国改革开放的总设计师邓小平将飞乐音响股票赠送给来访的时任美国纽约证券交易所主席约翰·范尔霖先生，飞乐音响由此载入了中国股份制改革的史册。飞乐音响股票于1986年9月26日在中国工商银行上海静安信托业务部上市交易，后来股票转至上海证券交易所交易。

上海证券交易所成立于1990年11月26日，同年12月19日开业。目前上交所已经成为全球第三大证券交易所和全球最活跃的证券交易所之一。截至2022年年底，上交所股票总市值、IPO筹资额分别位居全球第三名、第一名。截至2024年2月2日，共交易股票2307只、总市值42.3万亿元；共交易基金689只、市值1.5万亿元。

深圳证券交易所于1990年12月1日开始营业，2022年深市股票成交金额、融资金额、IPO公司家数和股票市价总值分别位列世界第三位、第二位、第一位和第六位。截至2024年2月2日，共交易股票2883只、流通市值21万亿元；共交易基金662只、总市值5152亿元。

北京证券交易所于2021年9月3日注册成立，截至2024年2月2日，共交易股票244只、总市值1665亿元。

1985年10月，广东省佛山市国营无线电厂被确定为第一家国有大型工业企业股份制试点企业，其股本结构为：国有股95.7%、企业集体股1.43%、职工个人股2.87%。到1986年年底，全国各种股份制企业六七千家，股票集资额约60亿元。

1992年，徐州市国有企业改革掀起了以“砸三铁”为中心的企业劳动、工资和人事制度的改革，破除“铁饭碗”“铁工资”“铁交椅”，当时在中国引起极大反响。国有企业进行股份制改造，用工制度进行市场化改革，管理人才采用市场化聘用改革。

截至1994年年底，全国有3523家国有企业公司改组成为股份有限公司，募股前国资净资产数为229.95亿元；募股后，公司总资本数额为2864.71亿股。其中，国家股933.93亿股，占总股本的32.95%；国有法人股857.51亿股，占总股本的29.93%。①

1993年，上海石化、马鞍山钢铁等9家企业赴境外上市；1994年，东风汽车公司、武汉钢铁公司等22家企业于境外上市。到1994年，国内股票

① 潘岳主编：《中国工业经济总论》，经济科学出版社1997年版，第296页。

市场上市公司达到280多家，大多数是国有企业。

中央企业及其下属子企业的公司制、股份制改革，由2002年的30.4%提高到2008年9月的64.2%。一批大型国有企业先后在境外资本市场上市，在中国香港、纽约、新加坡等境外资本市场上市的中央企业控股公司达78家；在国内A股市场的1500多家上市公司中，国有股份的上市公司达到1100多家。①

在国有企业股份制改革的道路上，中国政府继续向前发展，不断出台相关制度，不断完善现代企业制度。截至2022年11月25日，中国国企上市公司共计1331家，数量占比为28%，营业收入和利润总额分别为34.65万亿元和4万亿元，占比分别高达65%和70%，总市值为40.74万亿元，在A股总市值的占比为47.07%。②

国有企业股份制改革，很多的国有企业发行股票在境内外上市。截至2024年2月，中国境内三家证券交易所股票总市值约65万亿元，中国股票市场不断发展壮大。1992年沪深两市发行股票筹集资金共68.91亿元，2021年上升为1.54万亿元。股票市场为国有企业脱困输送了大量“血液”，为国有企业筹集到巨额资金，实现了国有资产的保值增值和做大做强。中国股票市场为国有企业提供了巨额的资金，对国有企业的壮大有着功不可没的贡献。

六、国有企业混合所有制改革

（一）《关于国有企业发展混合所有制经济的意见》出台

2013年，党的十八届三中全会指出，积极发展混合所有制经济。国有资本、集体资本、非公有资本等交叉持股、相互融合的混合所有制经济，是基本经济制度的重要实现形式，有利于国有资本放大功能、保值增值、

① 刘仲黎：《新中国经济60年》，中国财政经济出版社2009年版，第66—67页。

② 陶勇：《国有上市公司市值管理如何破题？》，《董事会》2023年第3期。

提高竞争力，有利于各种所有制资本取长补短、相互促进、共同发展。允许更多国有经济和其他所有制经济发展成为混合所有制经济。国有资本投资项目允许非国有资本参股。允许混合所有制经济实行企业员工持股，形成资本所有者和劳动者的利益共同体。党的十八届三中全会召开至今，为深化混合所有制改革发展阶段。

2015年，国务院印发《关于国有企业发展混合所有制经济的意见》，鼓励各类资本参与国有企业混合所有制改革，这是中国政府在国有企业股份制改革成效良好后的进一步的探索和发展。《关于国有企业发展混合所有制经济的意见》提出分类、分层推进混合所有制改革的具体原则。

1.分类推进国有企业混合所有制改革

对主业处于关系国家安全、国民经济命脉的重要行业和关键领域、主要承担重大专项任务的商业类国有企业，要保持国有资本控股地位，支持非国有资本参股。对自然垄断行业，实行以政企分开、政资分开、特许经营、政府监管为主要内容的改革，根据不同行业特点实行网运分开、放开竞争性业务，促进公共资源配置市场化，同时加强分类依法监管，规范营利模式。

重要通信基础设施、枢纽型交通基础设施、重要江河流域控制性水利水电航电枢纽、跨流域调水工程等领域，实行国有独资或控股，允许符合条件的非国有企业依法通过特许经营、政府购买服务等方式参与建设和运营。

重要水资源、森林资源、战略性矿产资源等开发利用，实行国有独资或绝对控股，在强化环境、质量、安全监管的基础上，允许非国有资本进入，依法依规有序参与开发经营。

江河主干渠道、石油天然气主干管网、电网等，根据不同行业领域特点实行网运分开、主辅分离，除对自然垄断环节的管网实行国有独资或绝对控股外，放开竞争性业务，允许非国有资本平等进入。

核电、重要公共技术平台、气象测绘水文等基础数据采集利用等领域，实行国有独资或绝对控股，支持非国有企业投资参股以及参与特许经营和政府采购。粮食、石油、天然气等战略物资国家储备领域保持国有独资或控股。

国防军工等特殊产业，从事战略武器装备科研生产、关系国家战略安全和涉及国家核心机密的核心军工能力领域，实行国有独资或绝对控股。其他军工领域，分类逐步放宽市场准入，建立竞争性采购体制机制，支持非国有企业参与武器装备科研生产、维修服务和竞争性采购。

对其他服务国家战略目标、重要前瞻性战略性产业、生态环境保护、共用技术平台等重要行业和关键领域，加大国有资本投资力度，发挥国有资本引导和带动作用。

在水电气热、公共交通、公共设施等提供公共产品和服务的行业和领域，根据不同业务特点，加强分类指导，推进具备条件的企业实现投资主体多元化。通过购买服务、特许经营、委托代理等方式，鼓励非国有企业参与经营。

2.分层推进国有企业混合所有制改革

对国有企业集团公司二级及以下企业，以研发创新、生产服务等实体企业为重点，引入非国有资本，加快技术创新、管理创新、商业模式创新，合理限定法人层级，有效压缩管理层级。

在国家有明确规定的特定领域，坚持国有资本控股，形成合理的治理结构和市场化经营机制；在其他领域，鼓励通过整体上市、并购重组、发行可转债等方式，逐步调整国有股权比例，积极引入各类投资者，形成股权结构多元、股东行为规范、内部约束有效、运行高效灵活的经营机制。

（二）中国学术界对国有企业混合所有制改革的评价

2013年以来，中国政府稳步推进国有企业混合所有制改革，中国学术界给予高度关注和研究。

在公司决策环节，大多数研究发现，发生混合所有制改革的国有企业倾向于选择有利于价值提升的策略。筹资方面，吴秋生和独正元（2019）发现，国有企业混合所有制通过股权制衡和高层治理，增强了负债理性，非国有股东的治理作用能缓解国企过度负债。[①]杨兴全和尹兴强（2018）发现，通过股权融资优化公司治理结构，进而抑制了过度投资、促进现金持有水平的提升，并促进了研发投入。[②]股利分配方面，卢建词和姜广省（2018）发现，混合所有制通过强化高管监督以及形成股权制衡，使用于现金股利分配的剩余现金流增加；参股程度越高，现金股利分配强度越高、分配意愿越强。[③]战略方面，张双鹏等（2019）发现，混合所有制改革中股权权力与结构性权力的变动是影响战略变革的主要权力路径，混合所有制通过改变股权权力和结构性权力推动着企业战略变革。[④]

在公司运营效率环节，大部分研究发现，混合所有制改革有助于提高国有企业的生产、投资和分配效率。朱磊等（2019）认为，混合所有制改革强化了不同性质股东间的制衡，能够抑制股东资金侵占行为，能提高国有企业创新效率，进而提升企业整体创新水平。[⑤]祁怀锦等（2019）发现，混合所有制改革通过完善公司治理，降低了信息不对称程度并缓解了代理问题，进而提高了资产配置效率。[⑥]赵璨等（2021）发现，混合所有制改革显著提高了企业投资效率，对于国有企业而言，非国有资本的引入降低了企业过度投资；对于民营企业而言，国有资本的参股缓解了企业投资不

① 吴秋生、独正元：《混合所有制改革程度、政府隐性担保与国企过度负债》，《经济管理》2019年第8期。

② 杨兴全、尹兴强：《国企混改如何影响公司现金持有？》，《管理世界》2018年第11期。

③ 卢建词、姜广省：《混合所有制与国有企业现金股利分配》，《经济管理》2018年第2期。

④ 张双鹏、周建、周飞谷：《混合所有制改革对企业战略变革的影响研究——基于结构性权力的视角》，《管理评论》2019年第1期。

⑤ 朱磊、陈曦、王春燕：《国有企业混合所有制改革对企业创新的影响》，《经济管理》2019年第11期。

⑥ 祁怀锦、李晖、刘艳霞：《政府治理、国有企业混合所有制改革与资本配置效率》，《改革》2019年第7期。

足。[①]郝阳和龚六堂（2017）研究发现，混合所有的股权结构提高了公司绩效，混合所有制有助于弥补市场化的不足，异质性股东的“互补”使企业发挥了不同所有制资本的优势。[②]吴延兵（2014）研究表明，混合所有制企业技术创新能力最强，国有企业技术创新能力最弱，私营企业具有专利创新优势但其整体创新能力有待提高，外商投资企业创新投入少但在新产品和劳动生产率上拥有显著优势。[③]张玉娟和汤湘希（2018）研究发现，民营企业比国有企业进行的研发创新活动更多；股权集中度对企业创新的抑制作用在民营企业中更为显著，股权制衡度对企业创新的促进作用在国有企业中更为显著。[④]刘丽和刘丹（2020）研究发现，混合所有制经济模式有利于国有资源的优化配置，更好地激发企业活力，提升企业自主创新意识，增强企业的市场竞争力。[⑤]孙健慧等（2023）研究发现，引入非国有股东和增加非国有股东委派的董监高人员，均对国有企业绿色技术创新绩效有显著的积极影响。[⑥]王强和李鲁（2023）研究发现，混合所有制改革提升了国有企业的全要素生产率和市场份额，改制国企的全要素生产率显著高于未改制国企。[⑦]曹玉珊和陈哲（2023）研究结果表明，国企混改能直接或间接地推动国有企业的高质量发展；供应链协作，包括协同供应链创新和增强

① 赵璨、宿莉莎、曹伟：《混合所有制改革：治理效应还是资源效应？——基于不同产权性质下企业投资效率的研究》，《上海财经大学学报》2021年第1期。

② 郝阳、龚六堂：《国有、民营混合参股与公司绩效改进》，《经济研究》2017年第3期。

③ 吴延兵：《不同所有制企业技术创新能力考察》，《产业经济研究》2014年第2期。

④ 张玉娟、汤湘希：《股权结构、高管激励与企业创新——基于不同产权性质A股上市公司的数据》，《山西财经大学学报》2018年第9期。

⑤ 刘丽、刘丹：《混合所有制下国有企业董事会治理效率改进》，《中国冶金教育》2020年第4期。

⑥ 孙健慧、王淑蓓、张海波：《混合所有制改革促进绿色技术创新了吗？——兼论地方政府依赖效应的影响》，《会计之友》2023年第5期。

⑦ 王强、李鲁：《国有企业改革的资源配置效应及其机制研究》，《财经论丛》2023年第10期。

供应链信任，在国企混改促进国有企业高质量发展中发挥中介作用。①

少量的文献对混改持中立的观点。陈林（2018）研究发现，在统计意义上，混合所有制改革不能显著提升自然垄断环节的企业全要素生产率；相对于自然垄断环节，进行混合所有制改革后竞争性环节的企业生产效率得到显著提升。②刘汉民等（2018）研究认为，降低前五大股东中国有股占比有利于提高企业绩效，但过多提高非国有股占比不会提高企业绩效；提高非国有董事占比有利于提高企业绩效，但过多减少国有董事占比不会提高企业绩效；相比于股权结构，董事会结构对企业绩效的影响更大。③很少的文献持否定的观点。钟昀珈等（2016）研究发现，民营化抑制企业创新效率的一个重要途径是关联交易显著增加、投资显著减少。民营化后非国有大股东更多地表现出掏空动机，减少了创新活动，降低了创新效率。④

学术界对国有企业混合所有制改革，实证研究持肯定的声音居多，持否定的意见很少，表明国有企业混合所有制改革实现了国有资产保值增值，并能够促进国有资本做强做优。

（三）国有企业混合所有制改革的成效机制

王欣和韩宝山（2018）研究认为，多个大股东之间的制衡作用均有利于绩效改善，异质股东制衡比同质股东制衡更有利于绩效改善；第一大股东性质对股权结构与公司绩效的关系起调节作用，企业在推进混合所有制改革中，应当防止股权过于集中或过于分散；应在大股东间形成有效的股权制衡关系；国有企业引入民营、外资等非国有资本，实现真正意义上的

---

① 曹玉珊、陈哲：《混合所有制改革、供应链协作与企业高质量发展——基于国有上市公司的实证分析》，《财经理论与实践》2023年第4期。

② 陈林：《自然垄断与混合所有制改革——基于自然实验与成本函数的分析》，《经济研究》2018年第1期。

③ 刘汉民、齐宇、解晓晴：《股权和控制权配置：从对等到非对等的逻辑——基于央属混合所有制上市公司的实证研究》，《经济研究》2018年第5期。

④ 钟昀珈、张晨宇、陈德球：《国企民营化与企业创新效率：促进还是抑制？》，《财经研究》2016年第7期。

混合所有制是一种更优的股权结构。[①]郝云宏和汪茜（2015）研究认为，混改过程中不同所有权属性股东的制衡机制，证实了民营参股股东的制衡作用有利于国企效率的提升。[②]梁上坤等（2020）研究认为，多个大股东相互制衡的股权结构有助于改善公司绩效；混合所有制具有显著的治理效果，主要通过优化内部控制、提高信息透明度，进而抑制公司的违规行为；混合所有制程度越高的公司，其违规行为越少。[③]范玉仙和张占军（2021）研究认为，国有股比例在50%左右是保持国有企业经济绩效和创新能力均衡的合理区间，有利于提高企业发展质量。[④]马连福等（2015）研究认为，简单的股权混合并不能够改善公司的绩效表现，只有在完善的制度环境下，混合主体多样性才能体现出提升绩效的作用；混合主体深入性与公司绩效之间呈倒U形关系，当非国有股东持股比例处于30%—40%时，非国有性质股权提升绩效的作用最为显著；从混合主体制衡度看，在国有控股的企业中，外资股东的制衡效应优于民营股东。[⑤]

国有企业混合所有制改革，减少了国有股“一言堂”现象，股东之间权力的制衡机制是提升国有企业竞争力、创造力并提升经营业绩的机理所在，这是目前学术界普遍的认知。笔者认为，在混合所有制改革引发的所有权结构混合的基础上，在国有控股或国有股为第一大股东的混改模式下，从人们行为的本质——利益驱动的视角，混合所有制改革的国有企业若实施“三方一圆”的制衡机制，通过股东权力的统一与制衡机制，能够促进

① 王欣、韩宝山：《混合所有制企业股权结构治理效应分析》，《经济体制改革》2018年第6期。

② 郝云宏、汪茜：《混合所有制企业股权制衡机制研究——基于“鄂武商控制权之争”的案例解析》，《中国工业经济》2015年第3期。

③ 梁上坤、徐灿宇、司映雪：《混合所有制程度与公司违规行为》，《经济管理》2020年第8期。

④ 范玉仙、张占军：《混合所有制股权结构、公司治理效应与企业高质量发展》，《当代经济研究》2021年第3期。

⑤ 马连福、王丽丽、张琦：《混合所有制的优序选择：市场的逻辑》，《中国工业经济》2015年第7期。

国有资本做优做强，并能进一步很好地解决国有企业存在的“公地悲剧”之顽疾。

（四）中国国有企业改革成效显著

2000年，中国国有控股工业企业单位数为53489个，资产总计84014.9亿元，利润总额为2408.3亿元；2022年，中国国有控股工业企业单位数为27065个，资产总计604246.8亿元，利润总额为24399.4亿元。[①]22年间国有控股工业企业利润总额增长了9.13倍，资产增长了6.19倍，利润增长速度大于资产增长速度，表明国有资产的盈利能力得到提升，国有企业改革很好地解决了国有资产“公地悲剧”的世界性难题。

2012年，中国国有企业进入世界500强的数量只有65家。2022年共有99家国有企业上榜，较2021年增加3家，其中国务院国资委监管的央企（含招商局集团旗下的招商银行）47家；地方国资委监管的地方国企39家，较上年增加6家；财政部监管的金融等企业12家，另有福建的兴业银行再次上榜。[②]短短的10年时间，世界500强的企业，中国国有企业从65家增长到99家，这是中国国有企业稳步改革取得巨大成就的有力证据，中国成功探索出国有企业做大做强的机制。以下是部分企业的简介。

1.国家电网有限公司

国家电网有限公司成立于2002年12月29日，以投资建设运营电网为核心业务，是关系国家能源安全和国民经济命脉的特大型国有重点骨干企业。公司经营区域覆盖中国26个省（自治区、直辖市），供电范围占国土面积的88%，供电人口超过11亿人。近20多年来，国家电网持续保持全球特大型电网最长安全纪录，建成35项特高压输电工程，成为世界上输电能力最强、新能源并网规模最大的电网之一。公司的特高压输送技术和变频直流技术领先于世界。公司位列2023年《财富》世界500强第3位，连续11年获标

---

① 数据来源：《中国统计年鉴2023》。

② 国务院国有资产监督管理委员会，http：//www.sasac.gov.cn/n2588020/n2877938/n2879597/n30275940/c25684111/content.html。

准普尔、穆迪、惠誉三大国际评级机构国家主权级信用评级（标普A+、穆迪A1、惠誉A+），连续8年获中国500最具价值品牌第一名，连续6年位居全球公用事业品牌50强榜首，是全球最大的公用事业企业之一，也是具有行业引领力和国际影响力的创新型企业。公司积极参与“一带一路”建设，成功投资和参与运营巴西、菲律宾、葡萄牙、澳大利亚、意大利、希腊、阿曼、智利、巴基斯坦和中国香港10个国家和地区的能源网项目。国家电网公司投资和承建的项目均关系当地经济社会发展，是各个国家和地区的重要基础设施，所有项目运营平稳、管理规范，得到当地社会和监管机构的充分肯定和高度评价，树立了良好的国际信誉。

2. 中粮集团

中粮集团以农粮为核心主业，聚焦粮、油、糖、棉、肉、乳等品类，同时涉及食品、金融、地产领域。中粮集团积极推动拓展海外布局，不断提升全球粮油物流仓储能力，保障国际供应链稳定，形成了遍及主产区和主销区的农产品贸易物流网络，从事谷物、油脂油料、糖、肉、棉花等大宗农产品采购、储存、加工、运输和贸易。公司近一半营业收入来自海外，农产品全球年经营总量是中国年进口量的一倍以上。中粮集团是中国大豆、小麦、玉米、食糖等农产品进出口的主渠道。年综合加工能力超过9500万吨，为国人提供日常消费的主要农产品品类。中粮集团是中国油脂加工行业领导者之一，大米、面粉和啤酒原料加工、贸易及销售在国内行业中均处于领先地位，是中国位居前列的棉花贸易商，规模、技术领先的玉米深加工企业，同时还是中国领先的全产业链肉类企业和乳制品供应商。中粮集团旗下“福临门”“长城”“中茶”“家佳康”“酒鬼”“悦活”等品牌享誉中国市场，销售网点覆盖中国90%以上的地级市。中国第一瓶干红、干白葡萄酒，新中国第一家国有茶叶公司诞生于中粮集团。中粮集团稳步推进国有资本投资公司改革，形成以核心产品为主线的17个专业化公司，分别是中粮国际、中粮贸易、中粮粮谷、中粮油脂、中粮生物科技、中粮糖业、中国纺织、中粮科工、中粮酒业、中粮可口可乐、中粮家佳康、中国茶叶、蒙牛乳业、我买网、中粮包装、中粮资本和大悦城控股。中粮集团旗下拥有15家上市公司，其中包括中国食品、中粮包装、蒙牛乳业、大悦城地产、中粮家佳康、福田实业、现代牧业、中国圣牧8家香港上市公司，以及中粮糖业、妙可蓝多、中粮科技、大悦城控股、酒鬼酒、中粮资本、中粮科工7家内地公司。

3.中国航天科技集团有限公司

中国航天科技集团有限公司成立于1999年7月1日，其前身源于1956年成立的国防部第五研究院，历经第七机械工业部、航天工业部、航空航天工业部、中国航天工业总公司和中国航天科技集团公司沿革。公司是中国航天科技工业的主导力量，国家首批创新型企业，辖有1个创新院、8个大型科研生产联合体、9家专业公司及若干直属单位，拥有15家境内外上市公司。主要从事运载火箭、各类卫星、载人飞船、货运飞船、深空探测器、空间站等宇航产品和战略、战术导弹武器系统的研究、设计、生产、试验和发射服务。科研生产基地遍及北京、上海、天津、西安、成都、香港、深圳等地，是中国境内唯一的广播通信卫星运营服务商，中国影像信息记录产业中规模最大、技术最强的产品提供商。当前公司正在加快推进航天强国建设，实施载人航天、月球探测、北斗导航、高分辨率对地观测系统等国家重大科技专项，启动实施新一代重型运载火箭和重复使用航天运输系统、星际探测、空间飞行器在轨服务与维护、天地一体化信息网络等一批新的重大科技项目和重大工程。

4.中国兵器工业集团有限公司

中国兵器工业集团有限公司是一家面向陆军、海军、空军、火箭军、战略支援部队以及武警公安提供武器装备和技术保障服务的企业集团，除了为陆军提供坦克装甲车辆、远程压制、防空反导等主战装备之外，还向各军兵种提供智能化弹药、光电信息、毁伤技术等战略性、基础性产品。中国兵器工业集团有限公司积极推进军工技术民用化、产业化，集中力量打造汽车零部件、工程机械设备、铁路产品、石油化工、特种化工、民爆、光电信息、北斗产业、智能制造、应急产业等先进制造业板块和贸易流通、工程技术管理、金融服务等现代服务业板块。集团现有60余家子集团和直管单位，主要分布在北京、陕西、内蒙古等29个省（市、自治区），在全球70余个国家和地区设立了100余家境外分子公司和代表处。2022年年末，集团公司资产总额5197亿元，人员总量23余万人。

5. 中国核工业集团有限公司

中国核工业集团有限公司是中国核科技工业的主体，核能发展与核电建设的中坚、骨干企业，拥有完整的核科技工业体系。中国核工业的管理体制先后经历从三机部、二机部、核工业部、核工业总公司到中核集团的历史变迁，完整的核工业体系始终保存在中核集团并不断得到新的发展，为核工业的发展壮大奠定了重要基础。中核集团是中国核科技的开拓者，先后创造了多项新中国第一：第一颗原子弹爆炸成功，第一颗氢弹爆炸成功，第一艘核潜艇成功下水，第一座自行设计建造核电站——秦山核电站并网发电，自主知识产权三代核电技术——华龙一号全球首堆开工建造，自主研发的第一座快中子反应堆等。自主研发了多用途模块式小型反应堆（玲龙一号）、“燕龙”泳池式低温供热堆等多种堆型和中国环流器二号A核聚变研究装置，拥有极少数国家才具备的完整核科技工业体系。是中国唯一的专营核燃料生产商、供应商和服务商，核医学药物在中国市场的供应量达到70%以上，是中国唯一实现批量出口核电站的企业。

6. 中国中车股份有限公司

中国中车股份有限公司现有46家全资及控股子公司，员工17万余人。中国中车承继了中国北车股份有限公司、中国南车股份有限公司的全部业务和资产，是全球规模领先、品种齐全、技术一流的轨道交通装备供应商。主要经营：铁路机车车辆、动车组、城市轨道交通车辆、工程机械、各类机电设备、电子设备及零部件、电子电器及环保设备产品的研发、设计、制造、修理、销售、租赁与技术服务；信息咨询；实业投资与管理；资产管理；进出口业务。中国中车建设了世界领先的轨道交通装备产品技术平台和制造基地，以高速动车组、大功率机车、铁路货车、城市轨道车辆为代表的系列产品，已经全面达到世界先进水平，能够适应各种复杂的地理环境，满足多样化的市场需求。中国中车制造的高速动车组系列产品，已经成为中国向世界展示发展成就的重要名片。产品现已出口全球六大洲近百个国家和地区，并逐步从产品出口向技术输出、资本输出和全球化经营转变。

综上所述，中国国有企业改革从1978年至今，经历了对国营企业放权让利、两权分离、制度创新、国资监管和分类改革四个阶段。用工制度从统包统配发展成劳动合同制；国有企业领导人由政府主管部门委任发展为通过选拔、公开招聘、竞争上岗等方式；职工的工资收入与企业的业绩总体相适应，避免了高管人员过度的高薪，同时能较好地激发员工的积极性。1984年开始国有企业股份制试点改革，上海飞乐音响公司成为第一家上市公司。通过国有企业股份制改革，很多的国有企业发行股票在境内外上市。中国股票市场对国有企业提供了巨额的资金，对国有企业的壮大有着功不可没的贡献。2015年，继续推进国有企业发展混合所有制改革，这是中国政府在国有企业股份制改革取得良好成效后的进一步的探索和发展。混合所有制改革效果显著，实现了国有企业做大做强的目的，2012年中国国有企业进入世界500强的数量只有65家，但到2022年有99家国有企业上榜。中国本着摸着石头过河的原则，稳步推进，一步一个脚印，很好地解决了国有企业"公地悲剧"的难题，提高了国有企业经济效益，成功探索出中国特色的国有企业做大做强的机制。

第二节　"三方一圆"制衡机制解决"公地悲剧"之顽疾

"公地悲剧"蕴含的观念其实古已有之，名称则源于1968年美国生物学家哈定（Garrett Hardin）在《科学》杂志上发表的同名论文。哈定的理论基础是以18—19世纪公有的自由放牧地为背景的一个实验。在公共土地上，每位牧民都尽可能增加牲畜的数量，最终公地自由毁掉了一切，每个追逐个人利益最大化的行为，反而导致良田变成了荒漠。[①]

---

① Garrett Hardin，The 'Tragedy of the Commons，13 Science 1244（1968）.

国有资产的“公地悲剧”是世界各国普遍存在的现象，也是一个世界性难题，非中国独有。中国国有企业改革本着摸着石头过河的原则，稳步推进，较好地解决了国有企业“公地悲剧”的难题，成功探索出国有企业做大做强的机制，但是目前仍然存在一些美中不足的问题：员工缺乏积极性、消极怠工，管理粗放；只能上不能下，只能进不能出；存在腐败的现象；国有资产管理机构剥夺了董事会的部分职权；董事会与经理层关系不够顺畅；外部董事大多是“花瓶董事”；基层职工董事比例偏低；招聘人才存在任人唯亲现象；地方政府行政干预过多等。为此，笔者借助“三方一圆”的制衡机制，建议对国有控股模式的混改企业增设以下制度：国有资产管理机构决定董事长和党组书记；党组书记兼职董事长；党组会议是董事会会议的必须前置会议，且对董事会会议决议具有引导、导向的权力；党组不拥有决策权；董事会行使决策权；股东大会行使“最高决定权”，可以通过股东权力之间的约束与制衡机制，进一步解决存在的问题，从而更好地解决国有企业存在的“公地悲剧”之顽疾，更好地实现国有企业做优做强。

一、国有企业改革的美中不足

国有企业混合所有制改革有力地促进了国有资产保值增值，实现了国有资本做强做优。同时，通过梳理相关文献，笔者认为，目前国有企业仍然存在以下问题。

第一个，一些国有企业“守规定但不作为”，明哲保身、少冒风险，缺乏积极性、消极怠工、不作为，履责不力、管理粗放、决策准确性不高。

第二个，一些国有企业不但没有实现“能上能下、能进能出、能高能低”，反而出现“想要的人要不起、想留的人留不住、想辞的人辞不了”，大量无形资产依附在职工身上，国有企业人才流失导致国有资产“权益流失”，国有企业对核心骨干人员的激励不足，存在一定的论资排辈现象。

第三个，靠企谋私、利益输送，铺张浪费、四风不禁，即少数国有企业存在腐败现象。[①]纪检部门虽然没有停止给国有企业念“紧箍咒”，国有企业受纪检部门的严格监督和约束，腐败行为能够得到一定的阻断，但仍有少数国有企业存在很严重的“一言堂”现象。

第四个，国有资产管理机构剥夺了董事会的部分职权，如企业部分决策权、经理人员选聘权、经理人员考核权、决定经理人员的薪酬权等。

第五个，部分国有企业董事会的决策权与经理层的执行权关系不够顺畅，经理层不太认可执行董事会的决策，执行层不对董事会高度负责，董事会与经理层之间存在一定的冲突。

第六个，部分国有企业董事会中的外部董事由国有企业退休的高层领导担任，他们采取比较中庸的态度对待董事会的大小决议，不少企业董事是“花瓶董事”。

第七个，职工董事主要由工会主席、党委副书记、纪委书记、纪委副书记、集团主要部门负责人及下属子公司领导人担任，职工董事中很少有基层职工的身影，职工董事参与投票表决也只是一种形式。[②]

第八个，国有企业招聘人才，存在任人唯亲的现象。[③]此现象在民营企业中同样存在，甚至更加严重。

第九个，地方政府行政干预国有企业是比较常见的现象，直接影响国有企业管理决策的独立性。[④]

上述9个问题是中国目前部分国有企业存在的“公地悲剧”的具体表现。

---

① 第1—3个问题参见，项安波：《国企改革理论、政策与实践》，中国发展出版社2019年版，第227—230页。

② 第4—7个问题参见，彭建国：《国企改革一本通》，东方出版中心2021年版，第120—122页。

③ 第8个问题在民营企业同样也存在，参见，马草原、马文涛、李成：《中国劳动力市场所有制分割的根源与表现》，《管理世界》2017年第11期；郑志刚、刘小娟、张浩、侯文轩：《社会连接视角下的“中国式”内部人控制问题研究》，《经济管理》2021年第3期。

④ 第9个问题参见，梁翀：《国有企业混合所有制改革中现存问题与应对建议》，《经济管理文摘》2021年第3期。

二、“三方一圆”制衡机制解决“公地悲剧”之顽疾

（一）相对而言国有资本董事是“懒主人”“虚主体”

国有资产、资本的所有权归属于全体公民。全体公民的所有权与经理层的经营权存在以下多级委托代理过程：全体公民的所有权委托授权给全国人大及地方人大，全国人大及地方人大进一步委托授权给国务院及地方政府，国务院及地方政府进一步委托授权给国有资产管理机构，国有资产管理机构进一步委托授权给国有资本董事，董事会将经营权授权委托给经理层。

国有资本董事是代理行使全体公民所有权的最直接的主体人，他们相对于民营企业中私人资本董事是“虚主体”或“虚主人”。国有资本董事的合法收入有以下三项：第一项，理论上国有股份分红收入的十四亿分之一会归属自己，十四亿分之一的间接收入对董事积极工作的动力接近于零；第二项，国有资产管理机构、股东大会、董事会给他们确定的工资和董事薪酬；第三项，如果国有企业利润不错，存在职务晋升的机会。职务晋升的机会以不出现“安全门”事件为前提，如果出现“安全门”事件并被新闻媒体曝光，则晋升无望。民营企业中私人资本董事的合法收入只有两项：第一项，分红收入，分红收入不需要稀释14亿倍，缴纳个人所得税后剩余部分全归自己所有；第二项，享受的董事薪酬，如果是执行董事还享受职工工资收入。

人们为之奋斗的一切，都同他们的利益有关。利益包含物质财富、权力、社会荣誉、学术成就等，只是不同的人追求的目标有所区别而已。私人资本董事以经济利益为主要目标，国有资本董事除追求经济利益之外，还追求政治进步。利益的大小决定工作动力的大小。无利不起早，利益越大必然越积极、主动，无利必然漫不经心。

民营企业的经营业绩与私人资本董事的利益紧密联系在一起，董事们拼命工作，付出越多回报越多，回报投入比（回报除以投入）显著大于国

有资本董事的回报投入比，巨大的利益吸引力促使他们“五加二”“白加黑”“996”地拼命工作。国有资本董事的回报投入比不及私人资本东董事，于是他们表现为实际上的“懒洋洋”，呕心沥血做贡献的不多。

国有企业混合所有制改革，若在国有股份中加入私人资本股权，在全部由“懒主人”“虚主人”组成的董事会中增加“勤主人”“实主人”的私人资本董事，增强董事会的实干性和认真性，则董事会将会变成一个真正牵肠挂肚企业经营状况的组织。工作态度认真与否会产生天壤之别的后果，董事会实干性的增强，上文中第一个问题中消极怠工、不作为、履责不力、管理粗放、决策失误等不良现象必定会改观。

（二）轻松解决“想辞的人辞不了、只能上不能下、只能进不能出、只能高不能低”的难题

不论是国有企业还是民营企业，当经理层、职工不能胜任工作或出现贪污腐败行为时，董事们解聘、降职这些职工均是“得罪人”，对董事而言这个成本非常巨大。国有资本董事们“得罪人”有两项回报：第一项，阻止职工一个14亿元的贪污行为，理论上会给自己带来1元的间接收入；第二项，会获得刚正不阿、两袖清风的美誉并增加晋升的机会和可能。综合评价国有资本董事的成本大于收入，国有资本董事们仍会睁一眼闭一眼，该解聘的没有被解聘，该降职的没有被降职，于是出现“想辞的人辞不了、只能上不能下、只能进不能出、只能高不能低”的现象。而在民营企业中，董事们阻止职工一个14亿元的贪污行为，会给企业带来14亿元的收入，回报大于成本，巨大的利益驱动决定他们会毫不留情地降职、解雇贪污腐败的职工。

借鉴“三方一圆”制衡机制，若董事长由国有资本董事担任，监事会B主要由私人资本董事组成，监事会B拥有任一职工的解聘权和降职权，会及时降职、解雇贪污腐败的职工，则上文中第二个问题“想辞的人辞不了、只能上不能下、只能进不能出、只能高不能低”的不良现象会迎刃而解，

轻松实现“能上能下、能进能出、能高能低、想辞的人随时辞”。

（三）私人资本董事谢绝地方政府的干涉

国有企业大多是当地政府的“钱袋子”，因此地方政府与国有企业通常具有紧密的联系。地方政府在地方财政最大化的驱动下行政干预国有企业的经营决策，直接影响国有企业董事会的独立决策。根深蒂固的官本位思想导致地方政府自认为干涉国有企业是“老子管儿子”——天经地义，政府管企业是顺理成章——何错之有？

地方政府对国有资本董事的晋升存在提供帮助的可能和机会，在“与地方官员关系和睦，对我的职务晋升可能没有很大裨益但是绝对没有坏处”的思想下，国有资本董事原本不乐意接受干涉，但是最终会与地方政府保持一团和气并接受干涉，他们在自身利益的驱动下很少会谢绝地方政府的干涉。

但是私人资本董事很少谋求政府的乌纱帽，他们可以通过经济上荣华富贵来彰显精彩的人生。当地方政府干涉并影响企业经济效益时，他们会义无反顾地婉言谢绝。第九个问题可以得到解决。

（四）阻断任人唯亲地招聘人才

2022年全国城镇私营单位就业人员平均工资为65237元。2022年全国城镇非私营单位就业人员平均工资为114029元：其中国有单位123623元、城镇集体单位77868元、其他单位109895元。[①]

马草原等（2017）研究发现，父辈的就业性质成为决定子女能否获得国有企业“进入许可”的关键，求职者的家庭背景起到了关键作用，就业于国有单位的父母往往通过高收入和自身的政治与社会地位帮助子女在国有企业职位竞争中获胜，由此形成劳动力市场分割的代际传承，两个劳动力市场（国有部门和私有部门）在一定程度上形成了相对封闭的内部

① 数据来源：《中国劳动统计年鉴2023》。

循环。[①]

国有单位职工较高的收入，国有企业自然是广大求职者向往的就业单位。国有企业招聘人才时，在人情巨大的力量支配下，对本企业职工子女给予倾斜和照顾，优先聘任本企业职工子女。优先聘任能够胜任工作岗位的本企业职工子女无可厚非（本企业职工子女中不乏品行姣姣者），但也存在大量庸庸之辈。

混改前，董事会是“一言堂”，优先聘任本企业职工子女的招聘制度能够顺利通过，职工子女中庸庸之辈也能得到聘任。但是在“三方一圆”制衡机制下，主要由私人资本董事组成的监事会B拥有“职工聘任制度的否决权”，监事会B必定倾向优先聘任自己的子女、自己的裙带人员，会否决优先聘任本企业职工子女的聘任制度。权衡利弊后，董事会只能没有倾斜倾向，公平、平等地招聘人才，庸庸之辈很难得到聘任，于是第八个问题——任人唯亲地招聘人才得到解决。

解聘一名职工很难，被解聘者不会对解聘自己的企业大唱赞歌，相反会大肆抹黑该企业。解聘一名职工的成本和代价非常巨大，最理想的状态是全体职工品行端正，并且完全能够胜任工作岗位，即实现零解聘。这需要在招聘的源头上实现公开、平等地招聘人才。平庸之辈得不到聘任是实现零解聘的首要条件。

（五）基层、中层职工在董事会中占据应有比例的席位

目前国有企业职工董事主要由工会主席、党委副书记等高层人员组成，董事会中缺乏中层和基层职工应有的席位和比例。权力决定利益，中层和基层职工在董事会中应有席位的权力被高层人员剥夺，这是他们的收入显著低于高层人员的根本原因所在。中层和基层职工中能力出众者不满足于较低的收入，以及他们的才华没有很好的展示、显现的平台和渠道，以及

① 马草原、马文涛、李成：《中国劳动力市场所有制分割的根源与表现》，《管理世界》2017年第11期。

他们的人格尊严得不到应有的尊重，于是他们跳槽高就或独自创业，企业便出现了“想要的人要不起、想留的人留不住”之现象。若职工董事中增加基层和中层人员比例，按照“与职工实际人员比例相符的原则来确定”，缩小企业内职工的收入差距和贫富差距，增加基层、中层职工的收入，营造一个能够很好地展示中层和基层人员才华的平台和氛围，则“想要的人要不起、想留的人留不住”之现象和上文中第七个问题便可迎刃而解。

销售一线的工作人员要比销售部经理、总经理提前感知到某个新产品的销售状况，最了解公司经营状况的是中层和基层职工，董事会将最了解公司经营状况的群体排斥在外，必然出现决策不准确、不科学的情况。职工董事占据董事会38.2%的席位，以及董事会中有基层、中层职工董事应有的比例和席位，使董事会紧密连接地气，能够使股东董事及时掌握公司存在的问题并及时解决，提高董事会决策准确性，从而提高公司运行效率、降低产品成本、提高企业竞争力。“三方一圆”的制衡机制使国有企业决策准确性不高的问题得到较好地解决。

（六）私人资本董事取代“花瓶董事”

外部董事和非执行董事同义，是指不在上市公司担任任何管理或技术职务的董事。外部董事是美国常用的概念，非执行董事则是英国常用的说法。中国证监会最早的说法是“外部董事”，并将其定义为不在公司任职的董事。

国有资本董事们“得罪人”——解聘或降职不称职的职工，尚且有一个增加职务晋升机会的回报和收入。而外部董事“得罪人”——解聘不称职的职工或阻止国有资本董事的腐败行为则会付出巨大的成本：他们“得罪人”就意味着十有八九会丧失外部董事资格并丧失董事薪酬。没有人乐意做赔本的买卖，国有企业中的外部董事，是“虚主体”聘任、委任的一个“更虚的主体”，“更虚的主体”必然是“花瓶摆设”，必然不会阻止国有资本董事、经理层的腐败行为。

在“三方一圆”制衡机制下，由其他股东直接选派自己的董事取代

"更虚的主体"，由真正关心企业的人取代口头上关心企业的人，由干实事的人取代"走形式"的人，增加董事会实的成分和色彩，会显著改变混改前"虚主体"的状况，使之变成一个真正有人密切关心、关注企业发展的"实主体"。董事会由"虚"变"实"，生产效率必定提高，国有资本的经济效益也定能提高。在"三方一圆"制衡机制下，由其他股东直接选派自己的董事取代外部董事，是解决上文中第六个问题——"花瓶董事"的根本之道，并能进一步改善第一个问题和现象。

（七）国有资产管理机构下放企业决策权

国有资本董事的决定权归属于国有资产管理机构，国有资本董事向国有资产管理机构负责；私人资本董事决定权归属于私人资本所有，私人资本董事向私人资本所有人负责。

人们的行为准则是：向决定、委任或聘任自己工作岗位的组织负责。只有决定、委任或聘任自己工作岗位的组织有权力考核自己的工作成绩。国有资产管理机构有权力考核国有资本董事的工作成绩，但无权力考核私人资本董事的工作成绩；私人资本所有人有权力考核私人资本董事的工作成绩，但无权力考核国有资本董事的工作成绩。全体股东董事的工作成绩考核权归属于全体股东。

在法学界，关保英（2014）认为，行政事态的模糊性和职权的不明确性是导致行政推诿的一个因素：如果某种行政行为有利可图，行政主体就会积极、主动地去做；如果一个行政行为不会带来行政系统自身的利益，那么它就有可能对这样的行政行为予以排斥。行政上的不作为是行政主体消极对待行政职权的表现，不作为必然与行政推诿的大量存在联系在一起。[①]张喜红（2016）认为，权责一致是责任政治建设的基本前提，权责一致是现代公共行政的一条基本原理；权责一致意味着公共权力行使者履行职责和义务应与其所拥有的权力相匹配；为保证责任主体顺利履行其职责和义务，必须赋予

① 关保英：《行政推诿研究》，《苏州大学学报（法学版）》2014年第1期。

其足够的权力；责任主体所拥有的权力应以其能够履行职责和义务为限。[1]

董事会向股东大会负责，这是董事会的义务，权责明确和权责对等原则要求这个义务所对应的权力是：企业决策权、企业职工（包括经理层）的聘任权和解聘权、职工（包括经理层）的薪酬决定权，这些权力应从国有资产管理机构下放。

人们的又一行为准则是：向支付自己薪酬的组织负责。如果职工聘任权、职工薪酬决定权只归属于董事会所有，那么经理层只会向董事会负责，不会同时向其他组织负责，经理层的经营权与董事会的决策权非常明确且非常顺畅。但是目前由于历史遗留和历史惯性，国有资产管理机构拥有部分企业决策权、经理层的部分聘任权和解聘权、经理层的部分薪酬决定权。经理层的经营权既要服从国有资产管理机构，又要服从董事会，且董事会的“行政级别”低于国有资产管理机构的“行政级别”，于是出现第五个问题——“经理层不太认可董事会决策”的现象，目前国有资产管理机构部分架空、侵占董事会的权力是其根本原因。

目前国有企业的决策权同时归属于董事会和国有资产管理机构，权力的主体不够明确，必然意味着完成权力所对应的义务的主体不会明确。人们对权力趋之若鹜，对义务敬而远之、互相推脱。互相推脱某项工作任务必然意味着此项工作效果不佳。国有资产管理机构有决定、考核国有资本董事的权力，但是只有董事会拥有企业决策权、职工的聘任权、职工的薪酬决定权，明确权力与责任，且权责对等，则可将上文中第四个、第五个现象和问题很好地解决。

（八）中国共产党党组的领导权、董事会决策权和股东大会的“最高决定权”的统一与约束

1.坚持党的领导是中国特色国有企业制度的根与魂

国有企业及混合所有制改革必须坚持中国共产党的领导，原因主要有

① 张喜红：《权责一致：责任政治建设的基本前提》，《思想战线》2016年第6期。

以下四项。

第一，国有企业混合所有制改革，股权多元化后，董事会的决策以经济效益为第一原则，不会主动承担应该承担的社会责任，而经济效益为第一原则存在唯利是图的倾向和可能，存在个体损害全局的现象。中国共产党的方针政策以全局为原则，在追求经济效益的同时追求社会效益。减少和杜绝唯利是图的倾向，减少和杜绝局部损害全局的现象，以及在经济和社会效益中探寻合理的平衡点，因此必须坚持中国共产党的领导。

第二，由于国有经济在国民经济中起基础性作用，根基不牢、地动山摇，国有经济必须掌控在国家手中，国家的改革发展必须坚持中国共产党的领导，否则可能会天下大乱。

第三，改革开放摸着石头过河的宝贵经验告诉我们，若改变国有经济的基础性地位，可能会引发经济状况的巨大震动。坚持中国共产党的领导可保证改革平稳向前推进，否则会引发经济和社会的局部的动荡。

第四，中国共产党的方针政策以共同富裕为目标，国有企业混合所有制改革有可能出现贫富差距过大。坚持中国共产党的领导可保证改革不会偏离共同富裕的方向。

习近平总书记在全国国有企业党的建设工作会议上指出："中国特色现代国有企业制度，'特'就特在把党的领导融入公司治理各环节，把企业党组织内嵌到公司治理结构之中，明确和落实党组织在公司法人治理结构中的法定地位，做到组织落实、干部到位、职责明确、监督严格。……要明确党组织在决策、执行、监督各环节的权责和工作方式，使党组织发挥作用组织化、制度化、具体化。要处理好党组织和其他治理主体的关系，明确权责边界，做到无缝衔接，形成各司其职、各负其责、协调运转、有效制衡的公司治理机制。"①这些论述为党组织在公司治理中的定位指明了方向，应进一步明确和落实党组织在公司治理结构中的法定地位，把党组织的职责分工、工作任务纳入国有企业的组织管理体制之中。

---

① 《习近平谈治国理政》（第二卷），外文出版社2017年版，第176—177页。

2.党组领导权与董事会决策权的统一与约束

如何利用“三方一圆”的制衡机制是解决国有控股或第一大股东为国有股的混改企业面临的问题，笔者提出以下建议：党组书记兼职董事长；国有资产管理机构决定董事长和党组书记；党组会议是董事会会议的必须前置会议；党组会议决议对董事会会议决议具有引导、导向的权力。这些制度设计是坚持党的领导、保障国有企业不会偏离共同富裕方向的制度保障，用党的方针政策引导企业战略，确保党旗指到哪里，国有企业发展到哪里。

权力的主体人天生具有扩大自己应有权力界限的本性，党组的领导权和董事会的决策权均存在僭越自己应有界限的倾向。党组的领导权存在侵占董事会决策权的倾向，必须明确党组织把方向、管大局、保落实，从而杜绝这种倾向行为的发生。董事会也存在侵占党组领导权的倾向，有时董事会不很乐意接受党组的领导，而“党组会议是董事会会议的必须前置会议，党组会议决议对董事会会议决议具有引导、导向的权力”的制度设计能够杜绝这种倾向行为的发生。这些制度设计可以确保党组的领导权和董事会的决策权实现权责边界明确、各司其职、各负其责。

但是“各司其职、各负其责”存在着向对立、分裂的方向发展的缺陷。“党组书记兼职董事长”的制度设计，党组与董事会由于“党组书记兼职董事长”得到连接，通过董事长的无缝衔接和协调运转，实现各司其职不分裂、各负其责是一体，实现党组领导权与董事会决策权在统一的前提下处于领导与被领导的稳定状态。

3.董事长不能兼职总经理

企业党组织向上级党组织负责，党组会议务必严格执行党的方针政策，不会犯方向性和原则性的错误，但是企业党组会议决议绝非完美无缺、至清至纯，可能存在与企业实际情况脱节的现象，所以董事会的决定与党组会议决议可以存在一定的偏差，但是不得违背党组会议决议的方向。

党组会议决议对董事会的决定拥有领导的权力，但是董事会向股东大会负责，不向党组会议负责。总经理应当认真研究党组会议决议，但是其执行董事会的决定，向董事会负责。董事会任命、罢免总经理，但党组织不能拥有任命、罢免总经理的权力。权责明确、权责对等原则要求总经理不能向党组织负责。权责不明确、不对等，必然存在以下不良后果：权力大家拼命争，责任想方设法互相推，无法准确追责，张三可能被李四冤枉背黑锅。

雷海民等（2012）研究发现，董事长与总经理分离有益于企业运营效率的提高；党委书记、董事长和总经理三职合一运营效率最低。[①]党委书记需要兼职董事长，但是不能再兼职总经理职务。如果党委书记、董事长、总经理三个职务集中于一人“一肩挑”，权力太集中。一种“集权”的机制，当决策权与经营权之间不存在互相约束与制衡的机制时，则必然很容易产生腐败。

党委书记、董事长两职务由一人担任，其他人担任总经理，这种决策权与经营权分离，起到了一种约束与制衡作用，他们只有在“共同合作”条件下才能完成某个腐败事件，如果一人“胆小”“不参与”或“不合作”，某个腐败事件则很难完成，腐败案件必然较少发生。两人智慧胜一人，分权制度设计同时有利于提高决策的准确性和经营效率。

总经理向董事会负责，给董事会和董事长汇报工作，这是总经理的责任。按照权责明确、权责对等原则要求，总经理对应的权力是他有权给副总经理安排、布置工作任务，总经理的权力不能被董事长或其他人剥夺。董事长有权给总经理安排布置工作任务，但是董事长不能越过总经理直接给副总经理安排布置工作任务，否则“架空”总经理会出现管理系统的混乱局面。安排布置工作任务必须坚持逐级原则，不能越级。董事长是“司令”，最容易出现越级直接给副总经理或其他人安排布置工作任务的错误，所以必须明确，严禁董事长跨越总经理越级安排布置工作任务。当然在总经理出现婚丧嫁娶等特殊情况暂不能履行职务时，董事长可以特殊情况特

① 雷海民、梁巧转、李家军：《公司政治治理影响企业的运营效率吗？——基于中国上市公司的非参数检验》，《中国工业经济》2012年第9期。

殊处理，可以直接给副总经理安排布置工作任务。这是另一回事了。

4.董事会决策权与股东大会“最高决定权”的统一与约束

董事会的决策权和股东大会的“最高决定权”也存在互相僭越应有界限的行为倾向。董事希望董事会决定董事薪酬，如此实为董事自己决定自己的薪酬，达到自己高薪之目的，因此需要“股东大会决定董事薪酬”的制度来阻止董事僭越权力界限的行为倾向。股东希望由股东大会决定董事长和监事会主席的薪酬，但是股东并不准确知晓董事长和监事会主席的实际业绩，只有董事会才清楚董事长和监事会主席的实际工作业绩，因此需要“董事会决定董事长和监事会主席的薪酬”的制度来阻止股东僭越权力界限的行为倾向。明确董事会和股东大会的权力清单，是防止董事会和股东大会僭越应有权力界限的有效措施。

董事会决策权的权力清单：制定公司职工（包括总经理）聘任、解聘制度以及职工薪酬制度；决定董事长和监事会主席薪酬；董事会拥有职工聘任权；董事会与监事会同时拥有任一职工的解聘权；董事会与监事会同时拥有查账的权力；召集股东大会，并向股东大会报告工作；执行股东大会决议；制订公司经营计划；制订公司年度财务预算、决算方案；制订公司利润分配和弥补亏损方案；制订公司增加或者减少注册资本方案以及发行公司债券方案；拟定公司合并、分立、解散方案；决定公司内部机构的设置；制定公司的基本管理制度。

股东大会的“最高决定权”的权力清单：决定董事薪酬；决定公司投资方案；审议批准董事会报告；审议批准监事会报告；审议批准公司的年度财务预算方案、决算方案；审议批准公司的利润分配方案和弥补亏损方案；对公司增加或者减少注册资本作出决议；对发行公司债券作出决议；对公司合并、分立、解散、清算或者变更公司形式作出决议；修改公司章程。

5.实现党组、董事会、股东大会权力的统一与制衡

严格权责明确和权责对等原则，明确党组、董事会、股东大会的权力清单，在统一的前提下，平衡、制衡党组的领导权和董事会的决策权；在统一的理念下，合理分配、配置董事会和股东大会的权力，通过各司其职、有效

制衡的机理实现权力的约束与平衡；通过无缝衔接、协调运转的机制实现党组的领导权、董事会决策权和股东大会的“最高决定权”的统一和一体。

（九）腐败现象会大幅减少

“三方一圆”的制衡机制使董事会形成三个小群体：董事长群体、其他股东董事群体（或监事会）、经营工作人员群体，三个小群体互相约束并制衡，任何两个小群体联手无法损害第三个小群体的正当利益，每一个小群体都会打消损害其他小群体正当利益的想法和行为，属于每一个小群体的收入均会进入自己的口袋。

“三方一圆”制衡机制下的国有企业，所有股东的收入、资产记载在一个账本、一个账户中，分红前所有股东的资金、财产搅在一起，只有分红时才各入各的账户，国有股份分红资金进入国库，私人股份的分红资金进入私人账户。国有股份分红资金进入国库后，此时该企业的所有董事、经理层和职工无法贪污腐败，他们欲腐败只有在分红前进行，只能在分红前侵占全体股东的收入。腐败行为无非有以下两种情形：一是过度的高薪；二是采取隐蔽的手段，通过转移、掏空等暗箱操作的交易损公肥私。

股东大会决定董事薪酬，董事欲过度高薪的想法无法得逞。董事长的薪酬由监事会主席主持的董事会会议决定，监事会主席薪酬由董事长主持的董事会会议决定，他俩追求过度高薪的想法也无法得逞，只能获得与其工作成绩相符的薪酬。职工董事虽然拥有职工薪酬制度的否决权，但是监事会B审核职工董事m否决案合理与否，可实现职工薪酬处于合理的状态，职工追求过度高薪的想法也无法得逞。

三个小群体均无法单独完成暗箱操作的交易。董事长群体欲与经营工作人员群体联手进行暗箱操作，必然侵占其他股东董事群体（或监事会）的利益，监事会拥有“任一职工的解聘权”可以随时斩断这种暗箱操作。监事会没有职工聘任权，决定经营工作人员群体不会乐意与监事会联手完成暗箱操作来侵占国有股份的收入；监事会貌合神离的心态，决定他们很小可能会形成合力，与经营工作人员联手来实施暗箱操作侵占国有股份的收入。国有企业存在的第三个问题——腐败现象得到较好地解决，国有财产流失的现象必然会得到大幅度减少。

三、关于国有参股、国有独资公司的探讨

上述结论是以国有控股模式（包括国有股为第一大股东）为前提的，此模式也是目前国内学术界研究的主要模式。国有企业共三种模式：国有控股、国有参股和国有独资。学术界对国有股参股模式的研究很少，相关文献甚少，其中涂国前等（2010）的《制衡股东性质与制衡效果——来自中国民营化上市公司的经验证据》一文格外引人注目。该文实证研究发现，国有股东制衡（指国有股参股或国有股东为第二大股东）公司更可能被民营控股股东掏空，民营股东制衡公司更不可能被民营控股股东掏空，不同性质的制衡股东具有不同的制衡效果，有政治关系的民营控股股东更可能实施掏空。[①]“三方一圆”的制衡机制应运在国有股参股模式下能否促进国有资本做优做强，能否减少国有资本流失，以及能否减少腐败现象，笔者无从判断实施后的效果，有待和业内人士共同探讨。在学术界没有足够的理由和证据表明国有股参股模式能够促进国有资本做优做强、减少国有资本流失之前，笔者不主张以国有股参股模式大面积开展国有企业混合所有制改革，但是可以小范围地开展试验和探索，根据试验结果决定是否大面积地开展、实施。

目前国有独资公司，大多涉及国家战略安全，如军事、航天领域，是国家需要的特殊企业类型。对这类型企业，必须以国家战略安全和基础保障为第一目标和原则来评判其价值与意义，绝不能以经济效益最大化来评判和要求。国资委考核国有独资企业董事的业绩，需要以国家战略和基础保障的指标为主，以经济效益的指标为辅，如何在国家战略安全与经济效益之间找到合适的平衡点，笔者对此议题心有余力不足。

① 涂国前、刘峰：《制衡股东性质与制衡效果——来自中国民营化上市公司的经验证据》，《管理世界》2010年第11期。

参考文献

[1][德]卡尔·马克思:《资本论》,何小禾编译,重庆出版集团2006年版。

[2]《马克思恩格斯选集》(第一卷),人民出版社1972年版。

[3]《马克思恩格斯选集》(第二卷),人民出版社1972年版。

[4]《马克思恩格斯选集》(第三卷),人民出版社1972年版。

[5]《马克思恩格斯文集》(第1卷),人民出版社2009年版。

[6]《毛泽东选集》(第一卷),人民出版社1991年版。

[7]《毛泽东文集》(第七卷),人民出版社1999年版。

[8]《毛泽东文集》(第八卷),人民出版社1999年版。

[9]《周恩来选集》(下卷),人民出版社1984年版。

[10]周恩来:《政府工作报告》,人民日报1954年09月24日。

[11]《刘少奇选集》(下卷),人民出版社1985年版。

[12]《邓小平文选》(第一卷),人民出版社1994年版。

[13]《邓小平文选》(第二卷),人民出版社1994年版。

[14]《邓小平文选》(第三卷),人民出版社1993年版。

[15]《习近平谈治国理政》,外文出版社2014年版。

[16]《习近平谈治国理政》(第二卷),外文出版社2017年版。

[17]《习近平谈治国理政》(第三卷),外文出版社2020年版。

[18]《习近平谈治国理政》(第四卷),外文出版社2022年版。

[19]《习近平著作选读》(第二卷),人民出版社2023年版。

[20]《习近平关于尊重和保障人权论述摘编》,中央文献出版社2021年版。

[21]《习近平关于社会主义社会建设论述摘编》，中央文献出版社2017年版。

[22] 习近平：《扎实推动共同富裕》，《求是》，2021年第20期。

[23] 习近平：《立足我国国情和我国发展实践发展当代中国马克思主义政治经济学 》，《人民日报》，2015年11月25日。

[24] 习近平：《关于〈中共中央关于制定国民经济和社会发展第十四个五年规划和二〇三五年远景目标的建议〉的说明》，《人民日报》2020年11月4日。

[25]《四书五经》，岳麓书社2002年版。

[26] 国家教委社科司：《马克思主义原理》，高等教育出版社1988年版。

[27] 蔡继明：《从狭义价值论到广义价值论》，商务印书馆2022年版。

[28] 仲继银：《董事会与公司治理》，中国发展出版社2014年版。

[29] 胡鞍钢、胡光宇：《公司治理中外比较》，新华出版社2004版。

[30] 丁建弘：《德国通史》，上海社会科学出版社2012年版。

[31] 孟钟捷：《20世纪德国企业代表会体制演变研究》，上海人民出版社2016年版。

[32] 李维安：《公司治理学》，高等教育出版社2005年版。

[33] 张清华：《德国市场经济体制》，兰州大学出版社1994年版。

[34] 资中筠：《20世纪的美国》，商务印书馆2018年版。

[35] 王涌：《战后德国经济与社会结构变化研究》，中国出版集团2016年版。

[36] 周茂荣、丁安新、马颖：《德国社会市场经济与中国经济改革》，武汉大学出版社1999版。

[37] 张洋荣：《德国社会市场经济理论与实践考察》，成都科技大学出版社1992年版。

[38] 周弘、彼得·荣根、朱民：《德国马克与经济增长》，社会科学文献出版社2014年版。

［39］殷铜生：《德国经济通论》，北京社会科学出版社2017年版。

［40］费孝通：《乡土中国》，人民出版社2015年版。

［41］程汉大：《西方宪政史论》，中国政法大学出版社2015年版。

［42］张丽琴：《欧洲集体谈判研究——以英、德、瑞为例》，中国政法大学出版社2016年版。

［43］孔祥婷：《中国上市公司董事会特征结构的形成机理、制度特征与动态演变》，中山大学出版社2023年版。

［44］常凯：《劳动关系学》，中国劳动社会保障出版社2005年版。

［45］吴清军：《中国劳动关系学40年（1978—2018）》，中国社会科学出版社2018年版。

［46］孔晓旭：《国有企业政治治理对董事会决策德影响研究》，首都经济贸易大学出版社2023年版。

［47］项安波：《国企改革理论、政策与实践》，中国发展出版社2019年版。

［48］彭建国：《国企改革一本通》，东方出版中心2021年版。

［49］贾潘岳主编：《中国工业经济总论》，经济科学出版社1997年版。

［50］刘仲黎：《新中国经济60年》，中国财政经济出版社2009年版。

［51］贾可卿：《共同富裕与分配正义》，人民出版社2018年版。

［52］何玉长：《新中国国有企业改革思想研究》，经济科学出版社2019年版。

［53］高凤勤：《公平分配视角下的中国遗产税问题研究》，经济科学出版社2017年版。

［54］李秀林等：《辩证唯物主义和历史唯物主义原理》，中国人民大学出版社2022年版。

［55］浙江省苏州工业园区地方税务局：《个人所得税征收国际比较》，中国税务出版社2017年版。

［56］中共中央文献研究室：《建国以来重要文献选编》（第4册），中央文献出版社1993年版。

[57]《中国共产党章程汇编（从一大——十七大）》，中共中央党校出版社2007年版。

[58]《中共中央关于党的百年奋斗重大成就和历史经验的决议》，人民出版社2021年版。

[59]《中共中央在延安：一个马克思主义政党的崛起》，人民出版社2019年版。

[60] 沈方楠：《华为28条军规——任正非的管理哲学》，中国法制出版社2015年版。

[61] 卓雄华、俞桂莲：《股动人心》，中信出版集团2022年版。

[62] 朱圆：《美国公司治理机制晚近发展》，北京大学出版社2010年版。

[63] 陈恕祥、杨培雷：《西方发达国家劳资关系研究》，武汉大学出版社1998年版。

[64][英] 亚当·斯密：《国富论》（上卷），郭大力、王亚南译，商务印书馆2011年版。

[65][美] 斯坦利·L.布鲁、兰迪·R.格兰特：《经济思想史》，邸晓燕等译，北京大学出版社2008年版。

[66][美] 约翰·R.康芒斯：《制度经济学》（上册），于树生译，商务印书馆1983年版。

[67][德] 黑尔加·格雷宾：《德国工人运动史》，李长山、朱中龙译，河南人民出版社1993年版。

[68][法] 纪尧姆·杜瓦尔：《德国模式为什么看起来更成功》，杨凌艺译，人民邮电出版社2016版。

[69][英] 玛丽·弗尔布鲁克：《德国史1918—2014》，卿文辉译，人民出版社2018年版。

[70][法] 托马斯·皮凯蒂：《21世纪资本论》，巴曙松等译，中信出版社2014年版。

[71][德] 马库·路德、格尔·克里格尔、德克·菲尔泽：《监事会的

权利与义务》，人民出版社2019年版。

[72][美]安德烈亚斯·维尔申：《二十世纪德国史》，上海三联书店2018年版。

[73][美]詹姆斯·柯比·马丁等：《美国史》，商务印书馆2014年版。

[74][美]加里·M.沃尔顿、休·罗考夫：《美国经济史》，中国人民大学出版社2014年版。

[75][德]维尔纳·阿贝尔斯豪塞：《德国战后经济史》，史世伟译，中国社会科学出版社2018年版。

[76][美]G.威廉·多姆霍夫：《谁统治美国？》，外语教学与研究出版社2017年版。

[77][美]约瑟夫·E.斯蒂格利茨：《美国真相》，刘斌、刘一鸣、刘嘉牧译，机械工业出版社2020年版。

[78][美]约瑟夫·E.斯蒂格利茨：《不平等的代价》，张子源译，机械工业出版社2022年版。

[79][美]托马斯·戴伊、哈蒙·齐格勒、路易斯·舒伯特：《民主的反讽：美国精英政治是如何运作的》，林朝晖译，新华出版社2016年版。

[80][美]卢西恩·伯切西、杰西·弗里德：《无功受禄——审视美国高管薪酬制度》，法律出版社2009年版。

[81][美]安格斯·迪顿：《远离不平等》，崔传刚译，中信出版社2014年版。

[82][美]格里·蔡森：《危机与未来——美国工会组织的发展》，刘宝坤译，中国工人出版社2022年版。

[83][美]小罗伯特·鲁格劳特·普莱切特、阿尔弗雷德·约翰·弗罗斯特：《艾略特波浪理论》，陈鑫译，百家出版社2011年版。

[84]谷书堂、蔡继明：《按贡献分配是社会主义初级阶段的分配原则》，《经济学家》1989年第2期。

[85]蔡继明：《按贡献分配——社会主义初级阶段的分配原则》，《人民论坛》1998年第4期。

[86] 杨圣明:《论资本的二重性问题》,《学术探索》2005年第4期。

[87] 李兆熙:《挪威国有控股公司和股份公司的治理——对挪威国家石油公司和海德鲁公司的研究》,《经济管理》2001年第6期。

[88] 张慧君:《北欧福利国家向何处去:挪威经验及启示》,《科学社会主义》2011年第4期。

[89] 孔东民、刘莎莎:《中小股东投票权、公司决策与公司治理》,《管理世界》2017年第7期。

[90] 彭珂怡:《实证分析中国独立董事制度的有效性及改进》,《现代商业》2020年第16期。

[91] 王新:《威廉二世和德国社会民主党》,《历史教学》1964年第9期。

[92] 孟钟捷、邓白桦:《纳粹党的企业代表会政策与德国经济民主的消亡》,《武汉大学学报》2007年第2期。

[93] 贺水金:《德、中币制改革——"新马克奇迹"与金圆券改革失败之比较研究》,《上海经济研究》2010年第9期。

[94] 李向民、邱立成:《美、德劳资关系发展的路径依赖研究》,《经济体制改革》2008年第2期。

[95] 彭丁带:《美国的独立董事制度及其对我国的启示》,《法学评论》2007年第5期。

[96] 谈明洪、李秀彬:《世界主要国家城市人均用地研究及其对我国的启示》,《自然资源学报》2010年第11期。

[97] 冯根福:《西方主要国家公司股权结构与股东监控机制比较研究》,《当代经济科学》1997年第6期。

[98] 韩春、陈元福、李晓鹏:《德国劳资共决制对中国建构和谐劳动关系的启示》,《学理论》2013年第21期。

[99] 岳伟、邢来顺:《联邦德国劳资共决制的形成及影响》,《安徽师范大学学报(人文社会科学版)》2011年第6期。

[100] 徐志强、吴芳:《德国劳资共决制度立法及对我国建构和谐劳动关系的启示》,《天津市工会管理干部学院学报》2016年第1期。

[101] 王倩:《德国特殊解雇保护制度及其启示》,《德国研究》2014年第2期。

[102] 姜维真:《德国解雇保护法律制度述评》,《华北水利水电学院学报(社科版)》2011年第3期。

[103] 邓红英:《浅析默克尔政府的就业改革》,《长江论坛》2008年第5期。

[104] 李云龙:《金钱政治暴露美国民主虚假一面》,《人民日报》2019年3月18日。

[105] 彭真明、江华:《美国独立董事制度与德国监事会制度之比较》,《法学评论》2003年第1期。

[106] 申世永:《董事会宜由全体股东代表和职工代表共同组建》,《经济研究导刊》2019年第31期。

[107] 朱青:《论优化我国税制结构的方向》,《税务研究》2021年第10期。

[108] 刘彩凤:《英国劳动关系的发展——工会、集体谈判与劳动争议处理》,《当代经济研究》2010年第3期。

[109] 杨海涛:《德国工会发展的历史考察》,《中国劳动关系学院学报》2007年第3期。

[110] 张莉芬:《对德国工会制度的反思——从德铁大罢工谈起》,《工会理论研究》2017年第4期。

[111] 刘仁宝:《集体协商谈判模式的国际比较》,《山东工会论坛》2019年4期。

[112] 严明:《德国的工资集体谈判简介》,《工会理论研究(上海工会管理干部学院学报)》2005年第4期。

[113] 周剑云:《试论美国劳资集体谈判的确立——1935年〈瓦格纳法〉的缘起》,《世界历史》2009年第4期。

[114] 董晓杰:《试论美国工会兴衰的原因——基于一种法团主义的视角》,《中国劳动关系学院学报》2014年第4期。

［115］金世育、刘婷婷：《新自由主义下的美国工会力量与收入公平——基于权力资源理论的分析》，《工会理论研究（上海工会管理职业学院学报）》2015年第4期。

［116］刘军伟：《美国企业工资集体谈判制度变迁及其启示》，《求索》2017年第10期。

［117］张敬：《挪威集体谈判制度的现状研究》，《企业导报》2011年第9期。

［118］钱玉波：《美国工人罢工运动：发展历程、特征与新趋势（1776—2018）》，《海派经济学》2020年第1期。

［119］马草原、马文涛、李成：《中国劳动力市场所有制分割的根源与表现》，《管理世界》2017年第11期。

［120］王天玉：《劳动者集体行动治理的司法逻辑——基于2008—2014年已公开的308件罢工案件判决》，《法制与社会发展》2015年第2期。

［121］张来明：《中等收入国家成长为高收入国家的基本做法与思考》，《管理世界》2021年第2期。

［122］蒋谦：《黄金分割率的哲学意蕴》，《科学技术与辩证法》1999年第4期。

［123］郑志刚、刘小娟、张浩、侯文轩：《社会连接视角下的“中国式”内部人控制问题研究》，《经济管理》2021年第3期。

［124］谢志华：《公司控制权的本质》，《北京工商大学学报（社会科学版）》2019年第5期。

［125］朱翠娇、张颖超：《华为公司的股东、管理层和职工收入结构研究》，《中国集体经济》2023年第11期。

［126］李洪文、大卫·德克莱默、田涛：《任正非的思想魅力》，《资本市场》2016年第2期。

［127］李荣融：《宏大的工程宝贵的经验——记国有企业改革发展30年》，《求是》2008年第16期。

［128］陶勇：《国有上市公司市值管理如何破题》，《董事会》2023年第3期。

［129］吴秋生、独正元：《混合所有制改革程度、政府隐性担保与国企过度负债》，《经济管理》2019年第8期。

［130］杨兴全、尹兴强：《国企混改如何影响公司现金持有？》，《管理世界》2018年第11期。

［131］卢建词、姜广省：《混合所有制与国有企业现金股利分配》，《经济管理》2018年第2期。

［132］张双鹏、周建、周飞谷：《混合所有制改革对企业战略变革的影响研究——基于结构性权力的视角》，《管理评论》2019年第1期。

［133］朱磊、陈曦、王春燕：《国有企业混合所有制改革对企业创新的影响》，《经济管理》2019年第11期。

［134］祁怀锦、李晖、刘艳霞：《政府治理、国有企业混合所有制改革与资本配置效率》，《改革》2019年第7期。

［135］赵璨、宿莉莎、曹伟：《混合所有制改革：治理效应还是资源效应？——基于不同产权性质下企业投资效率的研究》，《上海财经大学学报》2021年第1期。

［136］郝阳、龚六堂：《国有、民营混合参股与公司绩效改进》，《经济研究》2017年第3期。

［137］吴延兵：《不同所有制企业技术创新能力考察》，《产业经济研究》2014年第2期。

［138］张玉娟、汤湘希：《股权结构、高管激励与企业创新——基于不同产权性质A股上市公司的数据》，《山西财经大学学报》2018年第9期。

［139］刘丽、刘丹：《混合所有制下国有企业董事会治理效率改进》，《中国冶金教育》2020年第4期。

［140］孙健慧、王淑蓓、张海波：《混合所有制改革促进绿色技术创新了吗？——兼论地方政府依赖效应的影响》，《会计之友》2023年第5期。

［141］王强、李鲁：《国有企业改革的资源配置效应及其机制研究》，《财经论丛》2023年第10期。

［142］曹玉珊、陈哲：《混合所有制改革、供应链协作与企业高质量发

展——基于国有上市公司的实证分析》,《财经理论与实践》2023年第4期。

［143］陈林:《自然垄断与混合所有制改革——基于自然实验与成本函数的分析》,《经济研究》2018年第1期。

［144］刘汉民、齐宇、解晓晴:《股权和控制权配置:从对等到非对等的逻辑——基于央属混合所有制上市公司的实证研究》,《经济研究》2018年第5期。

［145］钟昀珈、张晨宇、陈德球:《国企民营化与企业创新效率:促进还是抑制?》,《财经研究》2016年第7期。

［146］王欣、韩宝山:《混合所有制企业股权结构治理效应分析》,《经济体制改革》2018年第6期。

［147］郝云宏、汪茜:《混合所有制企业股权制衡机制研究——基于"鄂武商控制权之争"的案例解析》,《中国工业经济》2015年第3期。

［148］刘诚、杨继东:《社会关系、独立董事任命与董事会独立性》,《世界经济》2012年第12期。

［149］陈德萍、陈永圣:《股权集中度、股权制衡度与公司绩效关系研究——2007—2009年中小企业板块的实证检验》,《会计研究》2011年第1期。

［150］梁上坤、徐灿宇、司映雪:《混合所有制程度与公司违规行为》,《经济管理》2020年第8期。

［151］范玉仙、张占军:《混合所有制股权结构、公司治理效应与企业高质量发展》,《当代经济研究》2021年第3期。

［152］马连福、王丽丽、张琦:《混合所有制的优序选择:市场的逻辑》,《中国工业经济》2015年第7期。

［153］梁翀:《国有企业混合所有制改革中现存问题与应对建议》,《经济管理文摘》2021年第3期。

［154］关保英:《行政推诿研究》,《苏州大学学报(法学版)》2014年第1期。

［155］张喜红:《权责一致:责任政治建设的基本前提》,《思想战线》2016年第6期。

［156］涂国前、刘峰：《制衡股东性质与制衡效果——来自中国民营化上市公司的经验证据》，《管理世界》2010年第11期。

［157］李常青、赖建清：《董事会特征影响公司绩效吗？》，《金融研究》2004年第05期。

［158］唐雪松、申慧：《独立董事监督中的动机——基于独立意见的经验证据》，《管理世界》2010年第9期。

［159］李文勤、徐光华：《董事会结构、产权性质与企业社会责任绩效——基于制度环境视角》，《会计之友》2017年第21期。

［160］刘汉民、薛丽娜：《独董薪酬激励对经理人超额薪酬的影响：促进或抑制》，《现代财经》2020年第6期。

［161］祝继高、叶康涛、陆正飞：《谁是更积极的监督者：非控股股东董事还是独立董事？》，《经济研究》2015第9期。

［162］吴伊菡、董斌：《异议独董：尽职还是卸责》，《现代财经（天津财经大学学报）》2021年第6期。

［163］卢太平、马腾飞：《独立董事薪酬与大股东掏空：激励还是合谋》，《财贸研究》2021年第12期。

［164］郑志刚、梁昕雯：《中国上市公司应如何为独立董事制定薪酬激励合约》，《中国工业经济》2017年第2期。

［165］王跃堂、赵子夜：《董事会的独立性是否影响公司绩效？》，《经济研究》2006年第5期。

［166］毛建辉：《独立董事声誉能抑制大股东掏空行为吗？——基于中小板的经验数据》，《南京审计大学学报》2018年第5期。

［167］周军：《社会网络视角下独立董事与企业创新绩效》，《财经论丛》2018年第4期。

［168］胡泽雯、叶建木：《独董网络位置影响企业社会责任履行吗？——基于行业竞争的调节作用》，《财会通讯》2020年第21期。

［169］宫婧祎：《创业板公司独立董事特征与企业绩效的关系研究》，《作家天地》2020年第17期。

[170] 丁明发、周光磊、张晓艳等:《女性董事对上市公司大股东掏空的抑制作用——基于中国市场的实证研究》,《金融与经济》2020年第10期。

[171] 谢柳芳、孙鹏阁:《具有审计经历的独立董事是否更尽职?——基于高管在职消费的视角》,《审计与经济研究》2020年第6期。

[172] 周泽将、卢倩楠、雷玲:《独立董事薪酬激励抑制了企业违规行为吗?》,《中央财经大学学报》2021年第2期。

[173] 向锐、林融玉:《学者型独董与内部控制质量——基于中国上市公司的经验证据》,《厦门大学学报(哲学社会科学版)》2022年第2期。

[174] 雷海民、梁巧转、李家军:《公司政治治理影响企业的运营效率吗?——基于中国上市公司的非参数检验》,《中国工业经济》2012年第9期。

[175] 张光宇:《论劳动法范围内的罢工与罢工制度的实质》,《长春大学学报》2006年第5期。

[176] 托马斯·皮凯蒂、杨利、加布里埃尔·祖克曼、刘欢:《中国资本积累、私有财产与不平等的增1978—2015》,《财经智库》2019年第4期。

[177]《中国与世界各国已耕土地面积及全人口每人均摊耕地面积比较表》,《地理学报》1935年第4期。

[178] 洪丽:《当代国外居民收人差距的实证研究及对中国的启示》,武汉大学2010年博士论文。

[179] 何丽:《中国劳动关系集体协商法律制度研究》,西南政法大学2023年博士论文。

[180] 冯英华:《经济全球化对欧洲福利国家的挑战》,上海外国语大学2007年硕士论文。

[181] 吕善辉:《施罗德政府以来德国社民党福利制度改革析论》,河北师范大学2009年硕士论文。

[182] 李光玉:《德国社会市场经济模式研究》,山东大学2010年硕士论文。

[183] 游晓宇:《中国集体谈判制度的现状及其完善建议》,福建师范大学2022年硕士论文。

［184］连艺华：《基于黄金分割在艺术设计领域里的应用研究》，哈尔滨理工大学2019年硕士论文。

［185］郭轶男：《黄金分割研究》，辽宁师范大学2009年硕士论文。

［186］张金美：《人际判断中的黄金分割假设》，华东师范大学2014年硕士论文。

［187］《正确发挥市场作用和政府作用，推动经济社会持续健康发展》，《人民日报》2014年5月28日。

［188］《沪市上市公司2011年度董事、监事和高级管理人员履职情况分析》，www.sse.com.cn/aboutus/research/research/c/research20120810f.pdf。